JN080912

東工大英単

科学・技術例文集　新装版

東京工業大学
Tokyo Institute of Technology

研究社

Practical English Expressions for Science and Technology

PRINTED IN JAPAN

Introduction

新装版　まえがき

『東工大英単　科学・技術例文集』を2011年に出版して、10年が経ちました。本書の意図したことは、伊賀健一元学長の「初版まえがき」(vページ) をご覧いただけましたら幸いです。

本書『東工大英単　科学・技術例文集　新装版』では、科学・技術分野の論文を読む、あるいは自らが著すときに基本となる単語 (253語) を厳選し、基本例文、関連語、科学・技術例文を1ページ程度にコンパクトにまとめています。2600を超える例文は、読者の方がそれぞれの分野で接する英語理解に大きく役に立つと思います。単語はアルファベット順となっていますが、どこからでも読めますし、『新装版』には索引もつけましたので、気になるところから捲ることができます。無料ダウンロード音声 (10時間12分 !) も合わせて聴いていただき、学びを深めていただければ幸いです。また、今回の改訂に当たって、コラムは全面的に書き改めました。最先端の科学・技術研究に携わっている研究者のコラム8本もぜひご覧ください。

この10年で、東京工業大学も大きく変わりました。学部、大学院をまとめた6つの学院 (理学院、工学院、物質理工学院、情報理工学院、生命理工学院、環境・社会理工学院)、学士課程から博士課程に至るまでの教養教育を提供するリベラルアーツ研究教育院、従来の附置研究所を統合、強化し、最先端研究を推進する科学技術創成研究院などに大きく再編しました。2018年3月、本学は、世界最高水準の教育研究活動の展開が相当程度見込まれる指定国立大学法人として指定されました (2021年6月時点で全国で9法人)。世界中から集まる学生、研究者ともに、科学技術の新たな可能性を掘り起こし, 社会との対話の中で新時代を切り拓くことに取り組んでいます。

インターネットがあらゆるところに浸透し、動画、SNSをはじめ、何もかもがオンラインとなり、誰しもが情報を発信し、受けること

by Kazuya Masu

(President,
Tokyo Institute of Technology)

が当たり前の社会になっています。このように社会が大きく変化している中、2020年1月からの新型コロナ感染症（COVID-19）のまん延により教育現場や研究現場のみならず、社会活動が一変しました。ICT（Information and Communication Technology）が社会の隅々にまで行き届いてなかったら、この危機を乗り越えるためにもっと多くの困難があったかもしれません。同時に、社会全体がグローバル化し、英語でのコミュニケーションも当たり前に行われています。変化が激しく、学ぶことも多くなっているからこそ、基礎の学びがより重要になります。

本書は、科学・技術に係わる多くの方々に対して、英語の基礎をコンパクトにまとめています。これから科学・技術分野に進もうとする方、今、大学で学んでいる方、社会で科学・技術分野に携わっている多くの方の学びの一助となり、読者の皆さんがグローバルに活躍される人材になることを祈念しています。

2021年6月

東京工業大学
学長　益　一哉
Kazuya Masu
President, Tokyo Institute of Technology

Foreword

初版　まえがき

「東工大の英単？」

そういぶかる方もおられるかもしれません。本書は、英語を学び、使おうとしている方々、特に理工系の大学・学部への進学をめざす学生諸君、科学・技術の論文やレポートを書き、国際舞台で活躍しようとする研究者向けに編纂した『東工大英単　科学・技術例文集』です。試しによくご存じの英単語を一つ、本書で引いてみてください。その良さがすぐにおわかりになると思います。

まず、東京工業大学（Tokyo Institute of Technology）について、ご紹介しましょう。東京工業大学のもとになった東京職工学校は、1881年（明治14年）に、東京の蔵前の地に作られました。江戸時代の米倉があった隅田川のほとりです。日本の将来は技術にありと、ものつくりを進めるために作られたのです。のちに東京高等工業学校を経て、1929年に大学になりました。東工大の名前で親しまれ、130年の歴史をもつ、わが国最大の国立理工系大学で、常に時代の最先端を切り拓き、「頼りになる大学」の役割を果たしてきました。密度の濃い専門教育とユニークな卓越研究は、東工大の存在を内外から認めていただくところとなっています。

東工大は創造性豊かな教育によって、2000年にノーベル化学賞を受賞した白川英樹博士をはじめ、数多くの優れた人財を世に送り出してきました。この実績をもとに、確かな基礎力を修得した「創造型人間」の育成をめざしています。東工大のものつくり教育は、「ものつくり教育研究支援センター」を土壌として、実践の場で「ものつくり」に自主的・主体的に取り組み、確かな基礎学力と深い専門性の修得を訓練する独得のプログラムもあります。激しい時代の変化に柔軟に対応する適応能力、人と人とを結びつける統合力をもつ人材の養成も、東工大の大きな使命です。

Foreword

東工大には、３つの学部（理学、工学、生命理工学）、６つの大学院研究科（理工学［理学系、工学系］、生命理工学、総合理工学、情報理工学、社会理工学、イノベーションマネジメント）、統合研究院の下に５つの組織（資源化学研究所、精密工学研究所、応用セラミックス研究所、原子炉工学研究所、像情報工学研究所）、そして数多くの研究教育施設・センターがあります。こうした学部、研究所を通じて、東工大は社会や産業界の要請に応えてきました。また、先端科学技術、融合領域、新規領域の発展にも意欲的に取り組んでいます。

今日、急速にグローバル化が進展しつつあります。学生諸君も国際的なコンテストに出場する機会も増えてきました。それには、世界の共通語である英語は不可欠です。

「世界で科学・技術をリードしていくために必要な英語力」こそ、今のわが国に求められています。理工系の研究者、技術者、学生は、文系の人たち以上に、英語を使って論文を書いたり、学会などで発表することが求められます。そのため、東工大では、世界に通用する英語力養成にも力を入れたカリキュラムを組んでいます。

こうした実践的な英語力を身につける上で、基本的な指針となるガイドのようなものを作成したいと、かねてから考えていました。この実現に向けて、常に理工系の学生に接している外国語研究教育センターの英語教員、そして理学系・工学系・情報系・生物系の研究者で英語に精通した教員たちの相互協力のもと、「東工大英語学術語彙データベース」を作りました。このデータベースには、理工系の受験生から科学者までが使える実践的な科学・技術系の英語例文が集められ、これからも常時追加される予定です。

また、われわれは、東工大の英知を結集した「東工大英語学術語彙データベース」のエッセンスを、東工大のみならず理工系を志す受験生、全国の大学や研究機関の学生や研究者のみなさまに公開したい、と願っておりました。そして、このたび、研究社の協力を得て、本書『東工大英単　科学・技術例文集』として刊行できる運びとなったのです。

本書には、「東工大英語学術語彙データベース」のなかから、理工系の論文を読んだり書いたりする上で頻度が高いと思われる英単語 253 語を選びました。それぞれの単語には、理系・文系の論文で共通に使われる「基本例文」と、特に理工系の研究論文でよく使われる「科学・技術例文」をできる限り収録しました。そのため、収録語数は限られましたが、それでも「基本例文」を 855,「関連語」関係 292,「類語」関係 26, そして「科学・技術例文」を 889 と、合計 2062 の例文を収録しました。どれも、理工系の論文やレポートを書く際のお悩みにお応えできる例文ばかりです。ページをめくっていただければ、なるほどそうなのか、と納得していただけると思います。

「世界で科学・技術をリードしていくために必要な英語力」には、英語を正確に聴きとり、英語で自分の意見を発信することも求められます。付属 CD（MP3）には、英文の音声も収録しました（収録時間は 220 分になります）。ぜひ CD で英語話者の正確な発音をご確認いただき、英語のリスニング／スピーキング学習に役立てて下さい。

東京工業大学は、2011 年に創立 130 周年を迎えます。この記念すべき年に、本書『東工大英単　科学・技術例文集』を刊行できることに、大きな喜びを感じております。今、世界は大きく変わろうとしていますが、これは試練でもあり、発展への大きなチャンスでもあります。『東工大英単　科学・技術例文集』が、世界で科学・技術をリードしていこうとするみなさまのお役に立つことを、心より願っています。

2011 年 2 月

東京工業大学
元学長　伊賀　健一
Kenichi Iga
Former President,
Tokyo Institute of Technology

by Kenichi Iga
(Former President,
Tokyo Institute of Technology)

『東工大英単　科学・技術例文集』
執筆者一覧

佐伯泰樹（外国語研究教育センター［執筆当時］）
上西哲雄（外国語研究教育センター［執筆当時］）
小川高義（外国語研究教育センター［執筆当時］）
リース・モートン（外国語研究教育センター［執筆当時］）
時田アリソン（外国語研究教育センター［執筆当時］）
田村斉敏（リベラルアーツ研究教育院）
石原由貴（リベラルアーツ研究教育院）
北川依子（リベラルアーツ研究教育院）
原田大介（リベラルアーツ研究教育院）
薩摩竜郎（リベラルアーツ研究教育院）
木山ロリンダ（リベラルアーツ研究教育院・リーダーシップ教育院）
ヒュー・デフェランティ（リベラルアーツ研究教育院）
安納真理子（リベラルアーツ研究教育院）

橋本義規（理学院 数学系）
一色剛（工学院 情報通信系）
三宮工（物質理工学院 材料系）
徳永健伸（情報理工学院 情報工学系）
山口雄輝（生命理工学院 生命理工学系）
齊藤滋規（環境・社会理工学院 融合理工学系）
鈴木賢治（科学技術創成研究院 未来産業技術研究所）
北村匡平（リベラルアーツ研究教育院）

監　修

益一哉（学長）
伊賀健一（旧版刊行時学長）

目　　次

本書の使い方

●見出し語
収録語数は253語です。発音記号は研究社の『コンパスローズ英和辞典』の発音表記に準拠しました。同辞典2187ページをご覧ください。

●基本例文
日常的に使われる表現を集めました。例文総数は855です。日常会話表現集としてもご活用ください。

●関連語
見出し語に関連した語、句、例文をまとめました。ここにも計292の例文を掲載しています（「類語」関係の例文も26あります）。

DOWNLOAD 137

instrument /ínstrumənt/
n. 器械、道具、計器、楽器、手段
⇨「準備する、建てる」という動詞に由来し、instruct と同語源。

基本例文

□ **Several sensitive *instruments* are installed in this room.** この部屋には高感度の**計器**がいろいろ備えつけてある。

□ **"What *instrument* do you play?" "I play the piano."** 「あなたは何の**楽器**をやりますか。」「ピアノです。」

□ **Language is an *instrument* for communication.** 言語は伝達の**手段**である。

関連語

astronomical instrument 天文学用器械　**drawing instrument** 製図器械
electronic instrument 電子機器　**instrument panel** 計器板
laboratory instrument 実験器具　**precision instrument** 精密機械
instrumental *adj.* 重要な役割を果たす、道具の、器楽の　*n.* 器楽曲
instrumental conditioning 道具的条件付け
He was *instrumental* in establishing the company as a leader in the industry. 彼は会社を業界のリーダーとする上で、**大いに力があった**。

科学・技術例文

□ **These *instruments* measure and record atmospheric pollution.** これらの**計器**は大気汚染を測定、記録する。

□ **We need an *instrument* for identifying and measuring gases in an unknown mixture.** 未知の混合物に含まれる気体を同定し測定するための**器械**が必要である。

□ **A microscope is an optical *instrument* which uses lenses to produce a magnified image of very small objects such as microbes.** 顕微鏡は、レンズを使って、微生物のような非常に小さい物体の拡大画像を作る光学**器械**である。

□ **The continuous use of cell phones during flights can interfere with the aircraft's cockpit *instruments* such as GPS receivers, and cause an accident.** 飛行中の継続的な携帯電話の使用は、GPS受信機のような飛行機の操縦室にある**機器**の使用を妨げ、事故を引き起こす可能性がある。

□ **Progress in astronomical research owes much to the development of *instrument* technology.** 天文学の研究の進歩は**機械**技術の発達によるところが大きい。

●ダウンロード音声
付属の音声CD（MP3）には、基本例文と科学・技術例文の全例文（合計1744）の音声データを収録しました（収録時間は10時間12分にもなります）。すべて英語話者（男女）が吹き込んでいます。正しい英語の発音法をご確認ください。くわしくは289ページをご覧ください。

●訳語、語義・語源情報
訳語のほか、必要に応じて語義・語源情報も記しました。

●科学・技術例文
科学・技術系の論文に頻出する表現を収集し、その使い方を用例にして示しました。例文総数は889にのぼります。科学・技術系の論文の読解や執筆の際にぜひご活用ください。

■〈新装版〉には、「理学院」（p. 26）、「工学院」（p. 61）、「物質理工学院」（p. 91）、「情報理工学院」（p. 119）「生命理工学院」（p. 157）、「環境・社会理工学院」（p. 186）、「科学技術創成研究院」（p. 232）、「リベラルアーツ研究教育院」（p. 268）の専門教員による各分野の英語学習アドバイス記事も追加しました。

※

東工大英語学術語彙データベース（Tokyo Tech DEVAP［Database of English Vocabulary for Academic Purposes］）

東京工業大学はグローバル時代に求められる「英語でものつくり」を提案できる人材育成のために、理工系の英単語データベースを構築しました。東京工業大学の教員によって、これまでの英語教育を通じて蓄積されてきた学術語彙を整理し、大学の財産としてデータベース化しました。『東工大英単』はこのデータベースを活用し、編纂しました。

東工大英単

科学・技術例文集

新装版

absorb /əbsɔ́ɚb, -zɔ́ɚb | -zɔ́ːb, -sɔ́ːb/

v. 吸収する、取り込む、同化させる、心を奪う、(企業などを) 吸収合併する

⇨「あるものを元あった場所から引き離して呑み込む」というのが原義。呑み込まれ、取り込まれたものは独立した存在ではなくなり、相手方に同化されることになる。観察力や注意力などについて使われると、それらが一つの対象に集中していることを示す。

基本例文

☐ **Children have an amazing capacity for *absorbing* new information.** 子供たちには新しい情報を**取り入れる**驚くべき能力がある。

☐ **She is completely *absorbed* in trying to solve the puzzle.** 彼女は難問を解決しようと一心不乱に**取り組んで**いる。

☐ **The movie is sure to *absorb* the viewers' attention.** その映画は、見る人を**引きつける**はずだ。

☐ **Adjacent towns were *absorbed* into the city.** 隣接した町々がその市に**合併**された。

関連語

absorption *n.* 吸収、同化　**absorption spectrum** 吸収スペクトル
⇨ 用例はほかに「科学・技術例文」に示した。
absorptive *adj.* 吸収力のある、吸収性の
⇨ 用例は「科学・技術例文」に示した。
absorbent *adj.* 吸収性の　**absorbent cotton** 脱脂綿　**absorbent paper** 吸取り紙
absorber *n.* 吸収装置　**shock absorber** 緩衝装置
absorbance *n.* 吸光度

科学・技術例文

☐ **Some toxic chemicals can be *absorbed* into the body through the skin.** 毒性化学物質の中には皮膚をとおして身体に**吸収される**ものがある。

☐ **Black *absorbs* the most light because it *absorbs* all colors of light. White, on the contrary, *absorbs* the least amount of light because it reflects all colors of light.** 黒は、あらゆる色の光を**吸収する**ため、**吸収する**光量はもっとも多い。逆に、白はあらゆる色の光を反射し、**吸収する**光量はもっとも少ない。

☐ **The majority of digestion and *absorption* of food takes place in the small intestine.** 食物の消化**吸収**はその大部分が小腸で行なわれる。

☐ **When sound travels through an acoustically *absorptive* material, the sound energy is converted into heat and dissipated.** 音が**吸**音材を通り抜ける時、音のエネルギーは熱に変換されて散逸する。

accelerate /əksélərèɪt, æk-/

v. 速める、促進する、時期を早める、加速する、速くなる

⇨ 速度を速める場合にも、物事の起こる時期を早める場合にも用いられる。

基本例文

☐ **The Ferrari Mondial can *accelerate* from 0 to 60 mph in 6.5 seconds.** フェラーリ・モンディアルは走り出してから6.5秒で時速60マイルまで**加速**できる。

☐ **The car *accelerated* to overtake the bus.** 車はバスを追い越そうと**加速した**。

☐ **The government took measures to *accelerate* economic growth.** 政府は経済成長を**促進する**ための方策を講じた。

☐ **He had to *accelerate* his departure due to adverse weather conditions.** 悪天候のため彼は出発を**早める**ことにした。

関連語

acceleration *n.* 加速、加速度

positive acceleration 正の加速度 ⇔ **negative acceleration** 負の加速度

acceleration of gravity（=**acceleration due to gravity**）重力加速（度）

⇨ 用例はほかに「科学・技術例文」に示した。

accelerator *n.* 加速装置、自動車のアクセル（=**accelerator pedal**；米語では **gas pedal** も）、【物理】（粒子）加速器（=**particle accelerator**）、【電気】加速電極、【化学】促進剤（触媒）

accelerator mass spectrometry（**AMS**）加速器質量分析（自然界に存在する微量放射性同位元素の高感度測定装置）

accelerative, acceleratory *adj.* 加速的な、促進的な

decelerate *v.* 減速する、減速させる

科学・技術例文

☐ **To *accelerate* your PC's performance, increase the amount of RAM.** パソコンの処理速度を**速める**には、RAM（ランダムアクセスメモリー）の容量を増やしなさい。

☐ **Researchers are trying to discover factors that can *accelerate* human aging.** 研究者たちは人間の老化を**加速する**要因を発見しようとしている。

☐ **The institute announced a new program to *accelerate* research to reduce greenhouse gases.** その研究所は温室効果ガスを減らすための研究を**促進する**新たなプログラムを発表した。

☐ **The values of the *acceleration* due to gravity are different on other planets, which results in different weights for the same object.** 他の惑星では重力**加速度**が違うので、同じ物体の重さが異なることになる。

accept /əksépt, æk-/

v. 受諾する、認める、入学・入会を許す、信じる

⇨「もらう、受け取る (take to oneself)」というのが原義。(不本意ながら) 容認する、(責任を) 引き受ける、という意味になることもある。

基本例文

☐ **She has decided to *accept* his marriage proposal.** 女は男からの結婚のプロポーズを**受ける**ことにした。

☐ **It is generally *accepted* that cigarette smoking seriously damages your health.** 喫煙が健康に深刻な害をあたえることは、一般に**認められている**。

☐ **His brother was *accepted* by Trinity College, University of Cambridge, in 2007 to study physics.** 彼の兄は 2007 年にケンブリッジ大学のトリニティカレッジに**入学を許可され**、物理学を勉強した。

☐ **The theater will not *accept* responsibility for items lost or stolen.** 劇場では、遺失物や盗まれた物に対する責任は**負い**ません。

関連語

acceptable *adj.* 受け入れられる、満足な

Such behaviors are not socially *acceptable*. そのような振る舞いは社会的に**容認**されない。

acceptance *n.* 受容、好評

Her new theory gained *acceptance* around the world. 彼女の新しい理論は全世界に**受け入れられた**。[**gained** の代わりに **found, met with** も可]

acceptance speech 受賞演説、大統領受諾演説

acceptor *n.* 受容体

electron acceptor 電子受容体　**water acceptor** 水分受容体

⇨ 用例はほかに「科学・技術例文」に示した。

科学・技術例文

☐ **They have surfaces which *accept* ink readily from a pen and can be easily erased.** ペンのインクの**乗り**がよく、簡単に消せるような表面がある。

☐ **According to a recent survey, just under half of Britons *accept* the theory of evolution as the best description for the development of life.** 最近の調査によると、英国人の半数弱が、進化論を生命の発展の最良の説明として**受け入れている**。

☐ **Electron donors and electron *acceptors* are classified into types based on their structure before interaction.** 電子供与体と電子**受容体**は、作用を起こす前の化学構造によって区分される。

access /ǽkses/

n. 接近

v. 近づく、アクセスする

⇨ なんらかの利便のために、どこかに近づく（あるいは中へ入る）。approach と異なり、接近した対象に出入りする、交信する、という意味にもなる。また接近の方法、権限、難易度に関わる。動詞は、コンピュータ用語の「アクセスする」の意味で使うことが多い。

基本例文

☐ **All residents have equal *access* to the library.** 住民は誰でも図書館を**利用できる**。

☐ **In the past, women were often denied *access* to higher education.** 女性が高等教育を**受けられ**ない時代もあった。

☐ **He gave way to a sudden *access* of rage.** いきなり怒りが**高まって**、われを忘れた。［いわば rage が「**やって来た**」ということで、「増大、突発」の意味を感じさせる］

関連語

limited-access *adj.*（道路に）進入の制限がされている
random access ランダムアクセス（データの読み出し順序が任意である）
sequential access 順次アクセス（磁気テープのように先頭から順に読み出す）
accessible *adj.* 近づきやすい（入手や理解が容易である）
The author's own retelling made the story more *accessible* to younger readers. 著者自身が書き換えて、若い読者にも**わかりやすい**物語にした。
accessibility *n.* 近づきやすいこと
The building was refurbished to provide better *accessibility* for wheelchair users. 車椅子でも**行きやすい**建物に改装された。
accession *n.* 接近、取得、同意
accession number アクセッション番号（ゲノムデータベースなどの受け入れ番号、固有ID）

科学・技術例文

☐ **This new program will facilitate *access* of researchers to the latest relevant information.** このプログラムのおかげで、研究者が最新の関連情報に**アクセスできる**だろう。

☐ **The protective film will delay the corrosion process by reducing *access* of oxygen to the surface of the metal.** 保護膜が金属の表面に**触れる**酸素を減らして、錆の進行を遅らせるだろう。

☐ **The patients' medical records are confidential and should have *access* restricted to the doctors and nurses.** 患者の記録は取り扱いに注意して、医者と看護師だけが**利用できる**ようにする。

A

accumulate /əkjúːmjʊlèɪt/

v. 蓄積する、たまる、増える

⇨「塵も積もれば山となる」という諺のように、時間の経過とともに小さなものが積み重なって大きくなっていく、というのが基本的な意味である。他動詞では、「ためる」「増やす」「集める」。

基本例文

☐ **The more data one *accumulates*, the more likely it is to obtain an effective solution to the problem.** データが**蓄積して**いくと、問題の有効な解決法が見いだせる。

☐ **Volcanic ash *accumulated* to a depth of 5 centimeters.** 火山灰が5センチ**積もった**。

☐ **The more fatigue *accumulates*, the higher the risk becomes for muscle overexertion injuries.** 疲労が**蓄積す**ればするほど（＝たまればたまるほど）、筋肉への過度の負担が原因となるケガのリスクが高まる。

関連語

accumulated debt 累積債務
accumulated errors 累積誤差
　My watch runs for a year with *accumulated errors* of less than 0.1 second. 私の時計は一年に0.1秒と狂わない（＝**累積誤差**が0.1秒未満である）。
accumulative *adj.* 累積的な（＝**cumulative**）、（財産を）ためようとする（＝**acquisitive**）
accumulation *n.* 蓄積（物）、蓄え
　salt accumulation 塩分の蓄積　**intra-abdominal fat accumulation** 内臓脂肪の蓄積
accumulator *n.* アキュムレータ、累算器

科学・技術例文

☐ **No gas that dissolves in water *accumulates* in the atmosphere.** 水に溶解する気体は大気中に**堆積する**ことはない。

☐ **The harmful chemical *accumulates* in the tissues of plants and animals.** その有害化学物質は動植物の組織内に**蓄積する**。

☐ **Over the years the researcher had *accumulated* a great amount of medical evidence for the benefits of the method.** 研究者が長年にわたって、その方法が医学的に有効だという大量の証拠を**集めていた**。

☐ **Plant cells *accumulate* water and a variety of small molecules in the vacuoles.** 植物細胞は液胞内に水と多様な小分子を**蓄積する**。

achieve /ətʃíːv/

v. 成し遂げる、達成する、成就する

⇨「目的や仕事をやりとげる」こと、またそれによって「(名声や成功を) 手にする」ことを意味する。

基本例文

☐ **He promised to *achieve* his goal within five years.** 彼は5年以内に目標を**達成する**と約束した。

☐ **You have to work hard to *achieve* fame and success.** 名声と成功を**勝ち得る**には、一生懸命に頑張らねばならない。

☐ **These countries are expected to *achieve* 100 percent literacy among young people by 2015.** これらの国は、2015年までに若者の識字率100パーセント (という目標) を**達成する**ものと期待されている。

関連語

achievement *n.* 達成、業績

achievement test 学力検査、アチーブメントテスト

a sense of achievement 達成感

I felt *a* tremendous *sense of achievement* after winning the game. 試合に勝って、すごい**達成感**があった。

achievable *adj.* 達成可能な

Is this an *achievable* goal or an impossible dream? これは**手の届く**目標か、かなわぬ夢か。

科学・技術例文

☐ **By improving the contact structures of their solar cells, they *achieved* higher efficiency in converting sunlight into electricity.** 太陽電池の接点構造を改良することによって、彼らは太陽光を電力に変換する際の効率向上を**果たした**。

☐ **Last year, a 22 percent reduction in average carbon dioxide emissions from these products was *achieved* compared to figures from the fiscal year ending March 2001.** 昨年、これらの製品の二酸化炭素排出量の平均は、2001年3月までの会計年度の数字と比べて22パーセントの削減を**達成した**。

☐ **They called for urgent action to halt the loss of biodiversity, setting specific goals to *achieve* during the next decade.** これからの10年で**達成**すべき具体的な目標を設定して、生物多様性の損失を食い止めるように緊急の行動を求めた。

active /ǽktɪv/

adj. 活発な、自発的な、積極的な、盛んな、利益を生む、有効な、(回路が) エネルギー源をもっている、エネルギーをあたえる、能動(態)の

⇨ 物理学では「放射性の (radioactive)」、化学では「活性の」、光学では「活性の」「旋光性のある」。

基本例文

☐ **He is amazingly *active* for his age.** 年の割には驚くほど**活動的**だ。

☐ **The government was *active* in encouraging foreign investment last year.** 去年は政府が外国資本の促進に**積極的**だった。

☐ **The famous actor played an *active* role in the reconstruction of his country.** その有名な俳優は祖国の再建に**積極的な**役割を演じた。

☐ **The verb is *active* in voice.** その動詞は**能動**態だ。

関連語

active transport 能動輸送 (濃度勾配に逆らって分子やイオンを輸送する細胞機能)
cf. **passive transport** 受動輸送、**passive diffusion** 受動拡散、単純拡散
inactive *adj.* 不活発な、不活性の
action *n.* 作用、作用量 (エネルギー×時間の次元をもち、その変分が運動方程式をあたえる量)
reaction *n.* 反作用、核反応
activate *v.* 活性化する、作動させる、放射性にする
activated carbon 活性炭
radioactive *adj.* 放射性 (能) のある

科学・技術例文

☐ **The main *active* ingredient of this digestive is pantothenic acid.** この胃腸薬の**有効**成分は主としてパントテン酸です。

☐ **The volcano was fairly *active* on that day.** その日は火山の活動がかなり**活発**だった。

☐ **It is known that formation of *active* oxygen species within the cellular environment is accelerated under stress conditions.** 細胞内での**活性**酸素種の形成はストレス下で速められることが知られている。

adapt /ədǽpt/

v. 適合させる、適応させる、順応させる

⇨新たな状況・条件に合うよう変化させる、または特定の目的・用途にあわせて変更を加えることをいう。文芸作品に用いられると、「脚色する」「翻案する」といった意味になる。adopt /ədɑ́(:)pt | ədɔ́pt/（採用する、養子にする）と混同しないよう注意。

基本例文

☐ **The plan of the house was *adapted* to the needs of a large family.** その家は大家族が暮らすのに**適する**よう設計された。

☐ **Most of the devices are specially *adapted* for use by disabled people.** 装置の大半は、障碍のある人が使えるよう特別に**改造した**ものである。

☐ **She *adapted* herself easily to her new workplace.** 新しい職場に容易に**順応した**。

関連語

adapter, adaptor *n.* アダプタ
AC (alternating current) adapter AC アダプタ
terminal adapter 端末装置アダプタ
adaptive *adj.* 適応できる、適応［順応］性のある
adaptive control system 適応制御システム
adaptive filter【電子工学】適応フィルタ
adaptive convergence【生物】適応的収斂（収束）
adaptive behavior 適応行動
adaptive immunity 適応免疫、獲得免疫
⇔ **innate immunity, natural immunity** 自然免疫

科学・技術例文

☐ **Rimmed steel is particularly *adapted* to cold-forming operation.** リムド鋼は特に冷間形成作業に**適している**。

☐ **Infrared scanners, which had been originally developed for military use, were *adapted* for use in detecting forest fires.** 元々軍用に開発された赤外線スキャナが森林火災の探知用に**改造された**。

☐ **We have to *adapt* all the equipment to suit our needs.** 自分たちのニーズに装備全体に合うように**手を加える**必要がある。

☐ **The process is *adapted* to welding thin material, 0.5 centimeters thick or less.** この手法は0.5センチ以下の薄い素材を溶接するのに**適している**。

add /ǽd/

v. 加える、加算する〔to〕、合計する、増やす〔to〕、足し算をする

⇨ 原義は「何かに付け加える」。転じて、すでにある複数のものをあわせる、増加させるという意味にも使う。

基本例文

☐ **I *added* wrong.**　加算を間違えた。

☐ **A nursery was *added* to the house.**　家に子供部屋を**建て増**した。

☐ **Is there anything else you'd like to *add*?**　ほかに**付け加え**（て言い）たいことはありますか。

☐ **The child isn't much good at *adding* yet.**　あの子はまだ**足し算**があまり上手ではない。

関連語

add in . . . 〜を算入する、足す

If you want your stew thicker, you can *add in* some extra potatoes.　濃いシチューが好みなら、ジャガイモを余分に**入れ**てもよろしい。

add to . . . 〜を増す、大きくする

Such a policy would only *add to* inflation.　そのような政策はただインフレを**増大させる**ことになるだけだ。

add up 計算が合う　**The figures don't *add up*.**　この数字では**合計が合わ**ない。

合算する　***Add up* these figures.**　この数字を**合計し**なさい。

add up to . . . 合計が〜になる　**The figures *add up to* 600.**　その数は**合計** 600 **となる**。

add-on *n.* アドオン、拡張機能　*adj.* アドオン式の、付加型の

addition *n.* 付加、追加、加算　**do/perform addition** 足し算する

the four basic operations of arithmetic（addition, subtraction, multiplication, division）

四則演算（加減乗除）

subtract *v.* 引く　***Subtract* 2 from 5 and you get 3.**　5 引く 2 は 3。

multiply *v.* 掛ける　***Multiply* 5 and 3. = Five time three.**　5 と 3 を掛けなさい。

divide *v.* 割る　**9 *divides* 36.**　9 で 36 が割り切れる。

6 *divided* by 2 is/gives/equals 3. = *Divide* 2 into 6 and you get 3.　6 割る 2 は 3。

科学・技術例文

☐ **Three *added* to four make(s) seven. = Four and three are seven.**　4 **足す** 3 は 7。

☐ **In this experiment, they *added* a Na-rich solution to mouse cells.**　この実験では、マウスの細胞に、Na（ナトリウム）を多く含む溶液を**添加した**。

☐ **Improving pedestrian safety isn't all about *adding* guardrails to dangerous stretches of the roads.**　歩行者の安全を向上させることは、危ない箇所にガードレールを**付ける**というだけの話ではない。

advance /ədvǽns | -vɑ́ːns/

v. 前進する、昇進させる、(価格などが) 上昇する、前払いする

n. 前進、昇進、(価格などの) 上昇、前払い

⇨「前方に向かう」の意。空間的な前進から、時間的な進行、プロセスの進展、進歩、上昇といった意味のほか、ある出来事を本来の時期よりも早く引き起こすことを表わす場合がある。

基本例文

☐ **Snow has checked the army's *advance*.** 雪が**進**軍をはばんでいる。

☐ **Too much meat in the diet may *advance* the aging process.** 肉を摂りすぎる食習慣には老化を**促進する**可能性がある。

☐ **The price of gold is on the *advance*.** 金の価格が**上昇**している。

☐ **He received an enormous *advance* for movie rights to his book.** 彼は本の映画化権に対して多額の**前金**を受け取った。

関連語

in advance あらかじめ

The meeting agenda was announced a week *in advance*. 議事日程は会議の一週間**前に**発表された。

in advance of ～に先立って、よりも進んで

advanced *adj.* 進歩した、高等な、(疾患が) 進行した

advanced technology 先端技術　**advanced cancer** 進行癌

advanced level A レベル (イギリスの **General Certificate of Education** (**GCE**) 試験の上級。普通級として O レベル (**ordinary level**) がある)

She was eager to earn more *advanced* professional skills. 彼女はさらに**高度な**職業技術を身につけたがっていた。

advancement *n.* 前進、昇進、騰貴、前払い金

Much effort has been made for the *advancement* of the status of women. 女性の地位**向上**のために多大なる努力が払われてきた。

科学・技術例文

☐ **The technology driving this industry has *advanced* considerably in recent years.** この産業を動かすテクノロジーが、近年、大いに**進展した**。

☐ **When looking at paintings, our eyes tend to see warm colors *advance* and cold colors recede.** 人間の目で絵を見ると、暖色は**前に出て**、寒色は退くように感じるものだ。

☐ **The optical fiber marked a great *advance* in communications technology.** 光ファイバーは通信技術において偉大な**進歩**を画した。

agent /éɪdʒənt/

n. 代理人、反応・変化などを起こす力、作用因、作用物、薬剤

⇨ 語源は「する、行なう」の意味のラテン語動詞。ある組織を代表して仕事をする「代理店」や「官庁の代表者や事務官」、依頼者のためにサービスを提供する「スパイ」や「業者」など人を表わすほか、特に理工系分野では、反応・変化などを引き起こすものや原因など無生物を表わすのに用いられる。最近では、インターネットからのデータ取得などユーザーの指示によらずに定形処理を行なうコンピュータプログラム（intelligent agent, bot と呼ばれる）のことも指すが、「人に代わって行なう」という意味では自然な用法だと言える。

基本例文

□ **Our *agent* in Paris deals with all sales in EU countries.** EU 諸国での販売は、パリの**代理店**がすべて行なっている。

□ **He has been working as an insurance *agent* for ten years.** 彼は 10 年間保険**外交員**として働いている。

□ **A good writer cannot be successful without a good *agent*.** よい作家もよい**代理人**がいなければ成功をおさめることができない。

関連語

chemical agent 化学薬品、（軍事作戦に用いられる）化学剤［**Agent Orange** はベトナム戦争で米軍が用いた枯れ葉剤］
cleansing agent 洗剤（＝**cleanser**）
　Soap is a *cleansing agent*. 石鹸には洗浄**作用**がある。
cooling agent 冷却剤
oxidizing agent 酸化剤（＝**oxidant**）
reducing agent 還元剤（＝**reductant**）
wetting agent 湿潤剤（＝**wetting-out agent**）
etiologic agent 病原体
pharmaceutical agent 医薬品
agency *n.* 代理会社、（政府などの）機関、作用

科学・技術例文

□ **Rain and frost are natural *agents* that wear away rocks.** 雨や霜は岩を摩滅させる自然**力**である。

□ **Sunlight and water are *agents* of plant growth.** 日光と水は植物を育てる**元**になる。

□ **Bees are *agents* of fertilization.** ハチは植物の受精を**引き起こす**。

□ **You can download an update *agent* from the Internet and automatically update your software every week.** インターネットから更新**プログラム**をダウンロードして、ソフトを毎週自動的に更新することができる。

alternate /ɔ́:ltɚnèɪt | -tə-/

v. /ɔ́:ltɚnət | ɔ:ltə́:-/ 交替にする、互い違いになる
adj. 交互の、代わりの、一つ置きの
n. 代理人、代替物

基本例文

☐ **Day *alternates* with night.** 昼と夜が**交互に来る**。

☐ **The government *alternated* between the Democratic and Republican parties.** 民主党と共和党が**交互に**政権をとった。

☐ **They play tennis on *alternate* weekends.** 週末は一週**おきに**テニスをする。

関連語

alternative *adj.*（二つ以上のものから）どれか一つを選ぶべき、代替の
n.（二つ以上のものから）選択すべき一つ、選択肢、代案
alternative splicing（遺伝子の）選択的スプライシング
They were stuck in a traffic jam and had to find an *alternative* route. 渋滞に巻き込まれ、**別の**ルートを見つけねばならなかった。
She had no *alternative* but to leave school. 退学する以外の**方法**はなかった。
⇨用例はほかに「科学・技術例文」に示した。

alternately *adv.* 交互に
The family lived *alternately* in Tokyo and New York. その家族は東京とニューヨークに**交互に**住んだ。

alternating current（AC）交流　*cf.* **direct current**（DC）直流
Household utility current in most countries is *AC* with a frequency of 60 hertz, although in some countries it is 50 hertz. 家庭で使用する電力は、たいていの国では周波数 60 ヘルツの**交流**だが、50 ヘルツの国もある。

alternator *n.* 交流電源、交流発電機

科学・技術例文

☐ **To make it easier to read, we *alternate* background colors for the cells in the even and odd rows.** 読みやすくするため、セルの背景色を偶数列と奇数列で**交互に変えて**います。

☐ **Fossil fuels draw on finite resources that will eventually dwindle. By contrast, *alternative* energy sources, such as wind and solar energy, are constantly replenished and will never run out.** 化石燃料は、ゆくゆくは無くなってしまう限りある資源に頼っている。それに対し、風力や太陽熱といった**代替**エネルギー源は、つねに補給され、決して尽きることがない。

analysis /ənǽləsɪs/

n. 分析、解析、分解、精神分析（psychoanalysis）、システム分析（systems analysis）
⇨「全体」を個々の「構成物」に分けること。分析する作業だけではなく、分析した結果を指していることもある。複数形は analyses /ənǽləsìːz/. その反対が synthesis. ⇨ SYNTHESIS

基本例文

☐ **You need a doctor's *analysis* of your problem.**

= **You need a doctor to analyze your problem.** これは医者に**診て**もらわないとだめだ。

☐ **He gave an in-depth *analysis* of the current political situation.** 現在の政局を深く**分析**した。

☐ **This book provides a cutting-edge *analysis* of the key issues.** 争点にずばり斬り込んで**解析**する本である。

関連語

qualitative analysis 定性分析　**quantitative analysis** 定量分析
analysis of variance（**ANOVA**）分散分析　**analysis of covariance**（**ANCOVA**）共分散分析
in the final/last analysis 要するに、突き詰めて言えば
***In the final analysis*, everything is a matter of taste.** **結局は**何だって好みの問題だ。
analytical（= **analytic**）*adj.* 分析的な（方法による）、分析をするための、解析的な
analytical chemistry 分析化学　**analytical geometry** 解析幾何学
analytically *adv.* 分析的に、解析的に
She has an analytical mind and looks at everything *analytically*. ものごとを細かく考える人で、何につけ鋭い**分析的な**見方をする。
analyze *v.* 分析する、精神分析をする（= **psychoanalyze**）、解析する
⇨ 用例は「科学・技術例文」に示した。
analyst *n.* 分析家、解説者、アナリスト、精神分析医（= **psychoanalyst**）、システム分析者（= **systems analyst**）

科学・技術例文

☐ **Samples were frozen and stored for subsequent *analysis* at a reliable laboratory.** サンプルは、あとで信頼できる研究所で**分析するべきもの**として冷凍保存された。

☐ **Here we present a detailed *analysis* of the molecular structure of these chemicals.** では、このような化学物質の分子構造について詳しく**分析した結果**を発表します。

☐ **We should have the results of the survey *analyzed* by a disinterested third party.** 調査結果は、利害関係のない第三者に**分析して**もらおう。

apply /əplάɪ/

v. 適用する、応用する、利用する、申し込む

⇨ あるものを別のものに接触させる、というのが原義。そこで薬やペンキを「塗る」意味にもなる（*e.g.* apply lotion to the skin 皮膚にローションを塗る）。なんらかの効力や注意力を、ある目的に振り向けるのである。自動詞では「〜に適用される」（*e.g.* The same applies to other nations. 同じことが他の国にも当てはまる）。

基本例文

☐ **You need to know when to *apply* the brakes, and when not to.** ブレーキを**かける**、かけない、というタイミングを覚える必要がある。

☐ **Curl your eyelashes with a curler and then *apply* a coat of mascara.** カーラーで睫毛をカールしてから、マスカラを薄く**塗って**いきます。

☐ ***Apply* yourself to the basics and progress will follow.** 基本に**忠実で**あれば進歩する。

関連語

application *n.* 応用

We offer a wide range of products to be used for many different industrial *applications*.
当社では、さまざまな産業の現場で役に立つ（＝**応用**がきく）製品を取りそろえております。

applied *adj.* 応用した、理論を適用した

applied linguistics 応用言語学

applicable *adj.* 応用できる

a method applicable to other fields of research 他分野にも妥当な方法

科学・技術例文

☐ **They *applied* to the FCC for permission to launch a commercial satellite.** FCC に商業衛星の打ち上げ許可を**申請した**。［FCC＝連邦通信委員会］

☐ **A similar technique has been *applied* to the analysis of pesticide effects on plants.** 殺虫剤が植物にあたえる影響を分析するために、同様の方法が**使われている**。

☐ **This experience should help you *apply* theoretical knowledge to the solution of real-life issues.** 今度の経験で、理論上の知識を実際の問題解決に**応用できる**ようになるだろう。

assemble /əsémbl/

vt. 集める、収集する、（部品を集めて機械などを）組み立てる
vi. 集まる、集合する

⇨ CONSTRUCT

基本例文

☐ **The work is admirable for the vast amount of data it has *assembled*.** その著作は、膨大なデータを**集めた**という点でみごとなものだ。

☐ ***Assembling* and disassembling the complicated machinery requires very precise work.** 複雑な機械を**組み立てたり**分解したりするには、きわめて精密な作業が必要である。

☐ **All the applicants were asked to *assemble* for the exam at 9:00 am.** 全受験生は試験のために午前９時に**集まる**ようにと言われた。

関連語

assembly *n.* 会議、集団、組み立て作業
assembly line 組み立てライン
assembly drawing 組み立て図
assembly language 【コンピュータ】アセンブリ言語
freedom of assembly 集会の自由
The box says, "No *assembly* required." 箱に「**組み立て不要**」と書いてある。
assemblage *n.* 集合、コレクション

科学・技術例文

☐ ***Assemble* the rods, the pistons, and the cylinders into an engine.** ロッド、ピストン、およびシリンダーを部品として、エンジンを**組み立てなさい**。

☐ **A soldering operation is required to *assemble* the sophisticated electronic device.** その複雑な電子機器を**組み立てる**には、はんだ付け作業が必要である。

☐ **Soluble protein *assembles* with these nuclei to form amyloid fibers.** 水溶性タンパク質がこれらの凝集核と結合して（＝水溶性タンパク質が凝集核といっしょに**集まって**）アミロイド線維を形成する。

assess /əsés/

v. 評価する、査定する、(査定して) 割り当てる、課する

⇨ ある物の価値や性質を見きわめること、またそれに応じて税金や罰金を課することも意味する。名詞 assessment は評価・査定すること、あるいは評価・査定した内容・金額などを指す。

基本例文

☐ **It is essential to *assess* the environmental impact of the oil spill.** その石油流出事故による環境への影響を**見定める**必要がある。

☐ **Our property was *assessed* at $3,000,000.** われわれの資産は 300 万ドルと**査定された**。

☐ **I was *assessed* two hundred dollars for the fund.** その資金の分担として私は 200 ドルを**割り当てられた**。

関連語

assessment *n.* 評価、査定、査定額、(能力などの) 評価、分担金、割当金

make an assessment of . . . ～を査定する、評価する

standard of tax assessment 課税標準

environmental assessment 環境アセスメント

科学・技術例文

☐ **The extent of the catastrophe can be *assessed* by studying its effect on the natural environment.** 大災害の被害の規模は、それが自然環境に及ぼした影響を調べることで**査定する**ことができる。

☐ **Those scientists will be carrying out tests at some of the contaminated sites in order to *assess* their threats to human health, wildlife and the wider environment.** その科学者たちは、汚染された土地のうち何ヵ所かで検査を実施して、汚染地域が人の健康や野生生物、そして環境一般にあたえる脅威についての**査定**を進めるだろう。

☐ **It often takes more than ten years for a pharmaceutical company to research, develop, and *assess* a new drug.** 製薬会社が新薬の研究開発を行ない、**評価**を済ませるには 10 年以上かかることがめずらしくない。

assimilate /əsíməlèɪt/

v. 同化する、吸収する、理解する

⇨ similar, facsimile などと同じく、like（似ている）を意味するラテン語に由来し、「似たもの（同じようなもの）にする」というのが元来の意味。

基本例文

☐ **Many Japanese people have been *assimilated* into American society.** たくさんの日本人がアメリカ社会に**同化してきた**。

☐ **Mary was very quick to *assimilate* those new ideas.** メアリはそうした新たなアイデアをとても素早く**わがものにした**。

☐ **These consonants are often *assimilated* to the following sound.** これらの子音はしばしば後続の音に**同化される**。

関連語

assimilation *n.* 同化、消化吸収

assimilation process 同化作用（生物が外界から摂取した物質を化学変化させることにより、自らを構成する物質を作り出すこと）

assimilative *adj.* 同化（作用）の

⇨ 用例は「科学・技術例文」に示した。

科学・技術例文

☐ **The poison is gradually *assimilated* into the bones of young birds.** その毒はゆっくりとひな鳥の骨に**吸収される**。

☐ **Absorbing the pigment, these animals could not *assimilate* it into developing tissue.** これらの動物はその色素を吸収はしたが、発達過程の組織にその色素を**同化させる**ことはできなかった。

☐ **The digestive system *assimilates* low-calorie foods more easily than ordinary foods.** 消化器官は通常の食物よりカロリーの低い食べ物をより容易に**吸収する**。

☐ **As the creek does not have the sufficient *assimilative* capacity, discharges would have to be relocated outside the creek.** その湾には十分な**同化**容量がないため、工場廃水は湾の外側に出すようにする必要があるだろう。

attract /ətrǽkt/

v. （重力、磁力、魅力などで）引き寄せる

⇨魅力がある、という意味の自動詞として使われることもある 。好ましい印象の強い語だが、attract a lot of criticism（批判を浴びる）のような場合もありうる。

基本例文

☐ **The Olympic Games will *attract* many thousands of tourists to the city.** オリンピックで観光客が**押しかける**だろう。

☐ **What first *attracted* you to a career in medicine?** どうして医学の道へ**進もうと思った**のですか。

☐ **They got into the building without *attracting* anyone's attention.** 誰にも気づかれず（=注意を**引く**ことなく）ビルに入った。

☐ **Opposites *attract*.** 正反対は**引き合う**（=まったく異なる者が、かえって好きになる）。

関連語

attractant *n.* 誘引物質

attraction *n.* 引きつけること、引きつける力

chemical attraction 親和力

capillary attraction 毛細管引力、毛管引力

tourist attractions 観光の名所、アトラクション

⇨用例はほかに「科学・技術例文」に示した。

attractive *adj.* 引きつける力のある、魅力的な

A message board is a smart way to hide a less *attractive* feature on the wall. 伝言板を掛けると壁の（**よい**）ボロ隠しになる。

⇨ 用例はほかに「科学・技術例文」に示した。

科学・技術例文

☐ **Two magnets will *attract* or repel each other depending on how they are placed.** 磁石は置き方によって**引き合っ**たり反発したりする。

☐ **An ionic bond is an electrical *attraction* between positively and negatively charged atoms.** イオン結合とは、正負に帯電した原子が**引き合う**力である。

☐ **The *attractive* force between any two bodies is directly proportional to the product of the masses and inversely proportional to the square of the distance between the bodies.** 二つの物体に働く**引力**は質量の積に比例し、距離の二乗に反比例する。

automatic /ɔ̀ːṭəmǽṭɪk←/

adj. 自動（式）の、機械的な（無意識の、反射的な）、必然的な

⇨ self を意味する auto- を語源にもつ。自ら動くということで、外からコントロールできないような意味にも使われる。

n. 自動拳銃、自動変速装置付き車（オートマチック車）

基本例文

□ **This washing machine is fully *automatic*.** この洗濯機は全**自動**です。

□ **Her reaction was *automatic*.** 彼女の反応は**反射的**なものだった。

□ **Drunk driving results in an *automatic* fine.** 飲酒運転をすれば**必ず**罰金をとられます。

関連語

automatically *adv.* 自動で、機械的に、無意識に

The door locks *automatically*. ドアは**自動的に**錠がかかる。

People *automatically* assume that surgeons are male. 人はみな外科医は男性だと、**考えもなしに**決めてかかる。

⇨ 用例はほかに「科学・技術例文」に示した。

automate *v.* （工場、操作などを）オートメーション化する

Electronics has *automated* many aspects of modern living. 電子工学は現代生活の多くの面を**自動化している**。

automation *n.* （機械・工場・生産などの操作をできるだけ人手を使わずコンピュータなどにより調整制御する）自動操作（法）、オートメーション

Office *automation* meant the loss of some office workers' jobs. 事務処理の**自動化**に伴なって仕事がなくなった社員がでてきた。

automaton *n.* ロボット、（感情、思考がないかのように）行動する人

科学・技術例文

□ **Breathing is an *automatic* function of the body.** 呼吸は身体の**機械的な無意識の**機能である。

□ **Stress is your body's *automatic* response to danger including tightening of muscles and increasing of blood pressure among other things.** ストレスは筋肉の収縮、血圧の上昇といった、身体の危機への**反射的な**反応である。

□ **The apparatus *automatically* commences a response communication to a partner apparatus in response to a call received from it.** その装置は相手の装置からのコールに反応して、**自動的に**返信を始める。

balance /bǽləns/

n. 天秤、釣り合い、平衡、残高
v. 平衡を保たせる、比較対照して考える、均衡をとる、収支をあわせる

基本例文

☐ **This will alter the *balance* of power between the two countries.** これで両国間の勢力の**均衡**は変わるだろう。

☐ **Exports must go down to *balance* decreased imports.** 輸出を減らして、輸入の減少と**釣り合うようにし**なければならない。

☐ **You will not be charged to access your account to check your *balance*.** **残高**確認のための口座へのアクセスには課金されない。

☐ **Accessibility must be suitably *balanced* against security.** 便利さと安全性のあいだで適切な**バランスをとら**なければならない。

関連語

in (the) balance どちらとも決まらずに
The outcome of the new project is *in the balance*. 新プロジェクトの**成否はわからない**。
on balance すべてを考えると
These provisions would, *on balance*, be in our interest. **すべてを考えると**、この条項はわれわれに有利になるだろう。
off-balance *adj., adv.* 平衡を失った、平衡を失って
acid-base balance 酸塩基平衡
counterbalance *v.* ～と釣り合う、埋めあわせる　*n.* 釣り合いおもり（=**counterweight**）
A marathon runner *counterbalances* lack of speed with endurance. マラソンランナーは速力の不足を持久力で**埋めあわせる**。
imbalance *n.* 不均衡、アンバランス
The trade *imbalance* has been widened. 貿易収支の**不均衡**が拡大した。

科学・技術例文

☐ **A chemical *balance* is an instrument designed to weigh very small quantities precisely.** 化学**天秤**とは、ごくわずかな重量を精密に計るために設計された器具である。

☐ **A chemical equation is not *balanced* unless there is an equal number of atoms of each element on the left and right hand sides of the equation.** 化学式の左辺と右辺の各要素の原子数が等しくなければ、その化学式は**バランスがとれていない**。

☐ **Calculating heat *balance* is indispensable for maintaining proper equipment conditions for satellites in space.** 宇宙空間にある衛星の機器を適切な状態に保つためには、熱**収支**の計算が欠かせない。

base /béɪs/

n. 基部、土台、基礎、基点

⇨ 数学では、底辺、底面、基数、底、基底、化学では塩基の意で用いられる。基礎を置く、基づくという意味の動詞としてもよく用いられる。

基本例文

□ **There is a little hut at the *base* of the mountain.** 山の**麓**に小屋がある。

□ **He hurt the *base* of his thumb.** 彼は親指の**付け根**を痛めた。

□ **The *bases* are loaded. / The *bases* are full.** 満塁だ。[フルベースは和製英語。ちなみに四球は base on balls, walk, pass で、フォアボールとは言わない]

□ **Our company is *based* in Tokyo. = Ours is a Tokyo *based* company.** わが社は東京を**活動の拠点**としている。

□ **This TV drama is *based* on a true story.** このドラマは実話を**基にしている**。

関連語

off base 塁を離れて、間違って

Analysts seem to have been *off base* in their forecasts. アナリストは見込み**違い**をしていたようだ。

touch base (with somebody) (最近の様子を知るために) ～と連絡をとる

get to first base (成功までの) 第一段階に達する [野球の一塁の意味に基づくイディオム]

basic *adj.* 基礎の、塩基性の

A solution with pH greater than 7 is *basic*. pH が 7 を超える溶液は**塩基性**である。

科学・技術例文

□ **Acids react with *bases* to form salts and water.** 酸は**塩基**と反応し、塩と水を生成する。

□ **To find the area of a triangle, you must multiply the *base* by the height and then divide by 2.** 三角形の面積を求めるためには、**底辺**に高さを掛けて 2 で割りなさい。

□ **Binary numbers are written in *base* 2, using the two numbers 0 and 1.** 二進数は 2 を**基数**として、0 と 1 の二つの数字を使って表わされる。

□ **His analysis was *based* on empirical data and very convincing.** 彼の分析は経験的なデータに**基づいて**おり、非常に説得力があった。

□ **One of the advantages of web-*based* software is that its user need not worry about installing or updating it.** Web **ベースの**ソフトの利点の一つは、利用者がインストールや更新の心配をしなくてもよいことだ。

bend /bénd/

v. 曲げる、曲がる、屈服する、（目、心、努力を）傾ける
n. 身体を屈めること、屈曲、カーブ

基本例文

☐ **Better *bend* than break.** 〈諺〉折れるよりは**たわむ**ほうがよい（＝長いものには巻かれろ）。

☐ **The old man *bent* forward to pick up the parcel.** 老人は前**屈み**になって小包を持ち上げた。

☐ **The teachers finally agreed to *bend* the rules in her favor.** 先生たちはついに彼女のために規則を**曲げる**ことに同意した。

☐ **The car failed to get around the *bend* and crossed into the opposite lane.** 車は**カーブ**を曲がり損ねて反対車線に飛び出した。

関連語

bend one's mind to/on . . . 〜に専念する

The novelist tried to *bend his mind to* the work. 小説家は仕事に**専念し**ようと努めた。

be bent on . . . 〜を決心している、〜に熱心である

The kids *were bent on* making mischief. 子供たちはいたずらに**熱中していた**。

bent *n.* 好み、性癖

My daughter has a natural *bent* for music. 私の娘は生まれつき音楽が**好き**だ。

科学・技術例文

☐ **When he *bent* the wire back and forth, the *bending* joint became so hot that it felt almost burning.** 彼が針金を何度もくねくね**曲げる**と、**折り目**の部分が発火しそうなほど熱くなった。

☐ **A ray of light *bends* when it crosses the boundary from air to water, glass or other transparent material.** 光線は、水やガラスやその他の透明な物質を通過する際、空気との境界で**屈曲する**。

☐ **Once the iron rod was *bent* out of shape, it was difficult to return it to the original position.** 鉄の棒はいったん**曲がって**変形すると、元に戻すのは困難だった。

bind /báɪnd/

v. まとめる、束ねる、義務づける、結合させる、製本する
n. 結ぶこと、結ぶもの、結ばれた状態、苦しい状況

基本例文

☐ **Cultural ties helped to *bind* the two nations more closely together.** 文化的なつながりが両国を一層緊密に**結びつけ**た。

☐ **He had his hands *bound* behind his back with adhesive tape.** 両手を背中にまわして粘着テープで**縛られていた**。

☐ **We are all *bound* to secrecy on this matter.** この件については全員が守秘**義務を負っている**。

☐ **Mix the ingredients together, and add flour to *bind* the mixture.** よく混ぜてから小麦粉を入れてつなぎにします（=**まとめます**）。

関連語

double bind 板挟みの状態（相反する二つの要求があって、どう転んでも好結果が出ない）
in a bind 苦境にある（打開策が見えない）
bound *adj.* 縛られた、（運命、義務、決心として）きっと～する、（他の物質と）結合した
a country bound to reduce CO_2 emissions CO_2 の排出を削減する義務のある国
a snow-bound train 雪で動けなくなった列車
a San Francisco-bound train サンフランシスコ行きの列車
a spiral-bound notebook 螺旋綴じ（スパイラル製本）のノート
protein-bound iodine タンパク結合ヨウ素
binder *n.* 結ぶもの、接合剤、（料理の）つなぎ、バインダー
binding *adj.* 結合の
binding affinity 結合親和性　**binding site** 結合部位
⇨ 用例はほかに「科学・技術例文」に示した。
bounded *adj.*【数学】有界の
boundary *n.* 境界
boundary condition 境界条件

科学・技術例文

☐ **Hemoglobin functions to transport oxygen by *binding* it in the lungs and releasing it to the tissues throughout the body.** ヘモグロビンは肺で酸素と**結合**し、全身の組織に放出して、酸素の運び屋になっている。

☐ **Cement is suitable for use as a *binding* material, hardening the concrete mixture into a rock-hard mass.** セメントは**結合**材としての用途に適し、コンクリートを岩のように固くする。

burn /bə́ːn | bə́ːn/

v. 燃える、焼ける、やけどをする、熱く感じる

n. やけど、(ロケットなどの) 燃焼・噴射

⇨「燃える」を基本に、「やけどする」「熱く感じる」「噴射する」「燃焼 (酸化) する」など、広い範囲をカバーする単語。他動詞ではそれぞれ「燃やす」「やけどさせる」「燃焼 (酸化) させる」などになる。

基本例文

☐ **The house was *burned* to ashes.** その家は全**焼**した。

☐ **He *burned* his fingers on a hot stove.** 彼はストーブで指を**やけど**した。

☐ **We need to find the fuel that *burns* most efficiently.** もっとも効率よく**燃焼する**燃料を見つけなくてはいけない。

関連語

third-degree burn 第三度熱傷 (四つの段階に分類されるやけどのうち、第三段階を指す)
lean-burn engine 希薄燃焼エンジン
burning sterilization 火炎滅菌法
burn down 焼け落ちる、燃え尽きる、全焼する (させる)
burn out (ロケットなどが) 燃料を使い切る、(モーターが) 焼き切れる、(熱意・精力などが) 燃え尽きる
burnout *n.* (ロケットなどの) 燃料終了 (点)、燃え尽き、(極度の疲労・ストレスによる) 精神・肉体の虚脱状態
burnout syndrome 燃え尽き症候群

科学・技術例文

☐ **If the basal metabolic rate is low, it takes much longer for our body to *burn* fat.** 基礎代謝が低いと、身体が脂肪を**燃やす**のにずっと長い時間がかかります。

☐ **With this software, you can quickly and effortlessly *burn* data CDs.** このソフトがあれば、素早く簡単にデータ CD を**焼く** (作成する) ことができます。

☐ **In the pre-combustion chamber where a strong flow is present, the air-fuel mixture *burns* quickly, and a strong flame is blown into the main chamber.** 強い気流が生じる予燃焼室内では混合気が急速に**燃焼**し、強い炎が主燃焼室に吹き込まれることになる。

理学院の英語
School of Science

■英語でのコミュニケーションは必要不可欠

本学理学院は数学系、物理学系、化学系、地球惑星科学系と分野別に分かれており、各研究者はそれぞれの専門分野で基礎科学の研究に従事しています。科学技術分野一般に言えることかとは思いますが、これら基礎科学の研究において国境や文化的な壁はなく、様々な国の多様な背景を持った研究者たちが活躍しています。多種多様な研究者たちの意思疎通のツールとして、共通言語としての英語は極めて重要です。実際、ほとんどの出版論文や国際研究発表は英語で行われており、また研究者同士が議論する際にも英語で最低限のコミュニケーションが取れることは必要不可欠なスキルと言っていいでしょう。

理学院で研究されている専門分野をより細かく見てみると、各専門分野ごとに独特の学問的個性があります。その個性を反映して各専門分野で英語の使い方も多少は変わってくるかと思いますが、ここでは理学の研究の一例として、私の専門である数学で使われる英語について書かせていただきます。

■言い回しの巧さではなく数学の内容こそが重要

数学で使われる英語は、日常生活で話される英語とは大きく異なります。英語が流暢に話せるからといって、英語で書かれた数学の論文や専門書が理解できるとは限りません。これがどういうことか、日本語の数学専門書をご覧になるとすぐに理解されると思います。新聞や小説などに比べてはるかに単純で単調な日本語で書かれていることがほとんどですが、日本語が単純だからといって容易に内容が理解できるわけではないと思います。「日本語で書かれているのに外国語で書かれた本を読んでいるようだ」と感じる方もいるのではないでしょうか。数学的対象を厳密に定義し、厳密な証明を追求する数学の論理は、我々の日常生活の感覚とかけ離れていることも少なくありません。数学で使われる日本語は、日常生活で話される日本語とは大きく異なります。英語でもまったく同じです。

純粋な語学としては、数学で使われる英語は日常の英会話よりもはるかに簡単で単純であり、言い回しの巧い、洒落た、洗練された英語は必要ありません。「数学に流暢な英語などない、明晰な片言英語と明晰でない片言英語があるだけだ」という数学者の言葉を聞いたことがありますが、数学の英語が日常の英語とかけ離れていること、言い回しの巧さではなく数学の内容こそが重要であることを端的に表した素晴らしい言葉だと思います。

日常の英語でよく使われる単語でも、数学で用いられる場合は特別な意味を持つことがあります。簡単な例を挙げてみますと、重要な数学用語に well-defined という語があります。日常使われる英語としては、これは「明確に定められた」「輪郭のはっきりした」という意味になりますが、数学ではより強い意味で用いられます。日本語では「矛盾なく定義されている」「定義がうまくいっている」など様々な訳が当てられますが、どうもしっくりくる和訳がないので日本語でも well-defined とそのまま言ってしまうことが多いです。しかし、そもそも数学で定義が「矛盾なく」「うまくいく」とはどういうことでしょうか？ これは、定義されているものがちゃんと存在してただ一つに確定する、という意味です。例えば、少し高度な概念ですが、行列式の定義に現れる置換の符号のように「いくつか異なる計算方法があっても出てくる答えがただ一つに確定する」という場合は、well-defined です。一方で、定義自体に自己矛盾があって、定義を満たす数学的対象が存在しえない場合は、well-defined ではありません。ここまで説明すると、well-defined という用語を理解するために必要なのは、英語の語学力というよりも数学における定義とはどういうものかを理解していること、つまり数学の理解そのものだと気付かれるでしょう。

■正しい数式さえ書けば必ず通じる

数学の理解自体が重要であるとはいえ、現実に英語論文を読み、書き、また英語で議論するとなると、最低限英語の専門用語は覚えなければいけません。また、ある程度は英語特有の事情というものも出てきます。

覚えるべき専門用語はある程度ありますが、数学の概念自体を理解することの難しさに比べれば、覚えるべき英単語が増えることなど単なるおまけのようなもので、大したことはありません。英文の構造や言い回しもかなりワンパターンです。逆にある程度専門性が高くなってくると、先程の well-defined のように、専門書や論文で出てくる専門用語を英語のまま使うことが多くなってきます。和訳するのが面倒だから、という怠慢な事情もなくはないのですが、新しい概念だとそもそも日本語の定訳ができていないことも多く、日本語の会話の中でも英語の専門用語を使うことは少なくありません。

一方で、特に高校数学までに出てくる用語では、日本語と英語で少し語感の異なるものもあります。例えば、相加相乗平均は英語では AM-GM inequality などと言われることが多いのですが、これは英語で相加平均を意味する arithmetic mean と相乗平均を意味する geometric mean の頭文字に、不等式を意味する inequality を付け加えたものです。日本語の「相加相乗平均」を愚直に英訳してもこうはならないでしょう。このような表面的な違いはありますが、相加相乗平均という不等式自体は人類共通の知識です。相手に AM-GM inequality と言われて戸惑っても数式を書いてもらえば何のことか理解できますし、また日本語を愚直に英訳したような変な単語を使って相手に戸惑われても、正しい数式さえ書けば必ず通じます。

■「数学の英語」の最良の勉強法は、優れた数学者の英語に触れること

数学の定理は普遍的であり、国や文化の違いによって定理の正しさが影響を受けることはありませんが、一方で数学の教え方は国や文化によって微妙に異なります。その結果、同じ定理や概念であっても、その理解の仕方や持っているイメージが微妙に異なっていたり、同じ内容の定理を話しているのに言い回しが全然違っていたりすることが起こり得ます。しかしこれは問題でも何でもなく、一つの定理や概念を様々な角度から理解する素晴らしい機会であり、多種多様な数学者の考え方を知ることで数学の理解が深まります。

詰まるところ、数学で使われる英語に関しては、最初は少し戸惑うこともあるかもしれませんが、数学の内容自体を深く理解できていれば慣れるまでに大して時間はかかりません。このような「数学の英語力」を磨くためには、英語で書かれた優れた論文や教科書を読み、英語での優れた講義や研究発表を聞いて勉強するのが最良の勉強法だと思います。ただし「優れた」とは数学の内容が優れているという意味であり、英語の流暢さは特に関係ありません。優れた数学者の話す「明晰な片言英語」をぜひ体得してください。

本書を読んで英語を学ばれている学生の皆様が、各科学技術分野に必要な英語力を身につけて国際的に活躍されることを祈念しております。

橋本義規（理学院 数学系）

calculate /kǽlkjʊlèɪt/

v. 計算する、算定する、あらかじめ考慮する、計画する、解釈する、～と思う
⇨ 語源は「(計算のために用いた) 小さな石ころ」。

基本例文

☐ **The cost is *calculated* at a million dollars.** 費用は 100 万ドルと**見積もられ**ている。

☐ **His remarks are *calculated* to impress the girls.** あんなことを言って女の子の気をひこうという**魂胆**だ。

☐ **They *calculated* how much it would cost to own and operate a professional baseball team.** 球団の経営にかかるコストを**計算した**。

関連語

calculation *n.* 計算 (の結果)、推定、予測、熟慮、打算
calculator *n.* 計算者、計算機、計算表、打算的な人
calculative *adj.* 計算上の、計算高い (打算的な)
calculus *n.*【医学】(結石、歯石などの) 石、【数学】微分積分学、(特殊な) 計算法 [このあたりに「計算用の石ころ」という語源が生きているわけである。石を表わす場合のみ複数形は **calculi** となる]
biliary calculus 胆石 (= **gallstone**)　**renal calculus** 腎臓結石 (= **kidney stone**)
dental calculus 歯石 (= **tartar**)　**differential calculus** 微分 (= **differential**)
integral calculus 積分　**calculus of finite differences** 差分法
calculus of variations 変分法

科学・技術例文

☐ **How do they *calculate* the amount of CO_2 in the atmosphere?** 大気中の炭酸ガスの量をどのようにして**計算している**のですか。

☐ **The circumference of a circle can be *calculated* from its radius.** 円周は半径から**算出**できる。

☐ **From the mass and dimensions it is possible to *calculate* the mean density.** 質量と容積から平均密度を**計算する**ことが可能である。

☐ ***Calculate* it to the third decimal place.** 小数点以下 3 桁まで**計算せよ**。

capacity /kəpǽsəṭi/

n. 能力、性能、収容能力、容積、容量、(最大) 生産能力

⇨ 電気工学では、コンデンサが電気エネルギーを蓄える能力をいう。

基本例文

☐ **This work exceeds my *capacity* [*capacities*].** この仕事は私の**能力**を超えている。

☐ **We were amazed at her *capacity* for making the best of things.** 目一杯の結果を出す彼女の**能力**に驚嘆した。

☐ **The factory is operating at full *capacity* [at less than 70% of *capacity*].** その工場はフル (＝**生産能力**をフルに使って) 操業している [**最大生産能力**の 70% 未満で操業している]。

☐ **Regulations bar driving a truck with a load *capacity* over four tons.** 規則では、**最大**積載量が 4 トンを超えるトラックの運転は禁止されている。

関連語

breathing/vital capacity 肺活量
memory/storage capacity 記憶容量
binding capacity【化学】結合能
exercise capacity 運動能力
capacitive *adj.* 容量性の　**capacitive coupling**【電子工学】容量結合
capacitance *n.* 静電容量
capacitor *n.* コンデンサ、蓄電池

科学・技術例文

☐ **This additive contains chemical agents that possess powerful *capacities* to induce biological change.** この添加物には、生体の変化を誘発する強い**力**をもつ化学物質が含まれている。

☐ **The *capacity* of film to shrink when heated was locked into the film during the manufacturing process.** フィルムの製造工程で、加熱すれば収縮するという**性能**が定着した。

☐ **The car is powered by an engine with a *capacity* of 2,000 ccs.** その車は**排気量**二千 cc のエンジンで動く。

☐ **Generally, a 20°F rise doubles the *capacity* of air to hold moisture.** 一般に、華氏温度が 20 度上昇すると、大気が含む水蒸気の**容量**は二倍になる。

☐ **The region needs a power plant with a generating *capacity* of 500,000 kilowatts of electricity.** その地域は、**最大出力** 50 万キロワットの発電所一基を必要としている。

capture /kǽptʃɚ | -tʃə/

v. 捕捉する、捕獲する、獲得する、(記録や表現の対象として) つかまえる

⇨ 単に「捉える」「つかむ」だけでなく、しっかり捉えてわがものにする、支配権を握る、コントロールするところまでを意味内容として含む。量子力学では、「ミクロな物理系 (原子核や原子) が系外の素粒子を取り込んで反応を起こす」。天文学では、「天体が近くを通りかかった物質を、自分の引力の支配下に置く」。「(データなどを) コンピュータに取り込む」という意味もある。

基本例文

☐ **The newly-built company has *captured* 70% of the market.** その新興企業が 70% のシェアを**獲得している**。

☐ **Fortunately the doctor was able to *capture* the patient's confidence.** 医師は幸いにも患者の信頼を**得た**。

☐ **Elvis Presley's songs *captured* the spirit of a generation.** エルヴィスの歌は一世を**風靡した**。

☐ **It is extremely difficult to *capture* all these nuances in translation.** 翻訳によってこういったニュアンスをすべて**伝える**のは至難のわざである。

関連語

capture *n.* 獲得、捕獲、取り込み

data capture データ収集　**electron** [**meson**] **capture** 電子 [中間子] 捕獲

boron neutron capture therapy【医学】ホウ素中性子捕捉療法 (放射線療法の一種)

carbon capture and storage [**sequestration**] 炭素の回収と貯溜 [隔離]

laser capture microdissection レーザー (キャプチャー) マイクロダイセクション (組織切片から細胞レベルの精度で微小検体を切り出す手法・装置)

Neuron *capture* plays an important part in the cosmic nucleosynthesis of heavy elements. 中性子**捕獲**は、宇宙における元素合成によって重元素が作られるプロセスにおいて、重要な役割を果たしている。

[以上のように、科学・技術用語としては名詞として用いられることが多い]

科学・技術例文

☐ **Scrubbers *capture* 90 percent of the sulfur formerly emitted into the air.** スクラバー (排気ガス浄化装置) は、大気中に吐き出された硫黄の 90 パーセントを**捉える**。

☐ **Moisture is *captured* in tiny pores in the desiccant.** 湿気は乾燥剤の微細な孔に**捉えられる**。

☐ **To prevent the CO_2 building up in the atmosphere, we have to *capture* the CO_2, and sequestrate it.** 大気中の CO_2 が増えないようにするために、CO_2 を**回収して**貯溜しなくてはならない。

DOWNLOAD 29

cause /kɔ́:z/

n. 原因、理由、大義（個人や集団が掲げる理想・目標）
v. 原因となる

C

基本例文

☐ **There is no *cause* for alarm.**　あわてる**謂われ**はない。

☐ **You have no *cause* to have a grudge against him.**　彼に恨みをいだく**理由**はない。

☐ **They worked for a good *cause*.**　彼らは**大義**のために働いた。

☐ **Carelessness *caused* the accident.**　不注意が事故を**引き起こした**。

関連語

cause and effect 原因と結果
cause of action 訴訟原因（訴因）
lost cause 見込みのない企て、だめなもの
causal *adj.* 原因の、因果の　**causal relation/relationship** 因果関係
　⇨ 用例はほかに「科学・技術例文」に示した。
causality *n.* 因果関係、因果律
　⇨ 用例は「科学・技術例文」に示した。
causative *adj.*［文章語］原因となるような
　a factor causative of side effects 副作用を起こす要因

科学・技術例文

☐ **There are various theories regarding the *cause* of Munchausen Syndrome.**　ミュンヒハウゼン症候群の**原因**に関しては、さまざまな説が唱えられている。

☐ **With repeated exposure, lead can *cause* cognitive damage to human beings.**　鉛は頻繁に接触することで、人に認知障害を**もたらす**可能性がある。

☐ **By understanding how thalidomide *causes* physical disability, scientists may be able to invent safer variations of the drug.**　サリドマイドが身体障害をどのように**引き起こす**かを解明することによって、科学者はより安全な種類の薬を開発する可能性があるだろう。

☐ **Although they have been trying to teach computers about *cause* and effect, they are not good at dealing with *causality*.**　彼らはコンピュータに**原因**と結果について教え込もうとしてきたが、コンピュータは**因果律**を上手く扱うことができない。

☐ **It is clear that there is a strong *causal* relation［relationship］between El Niño and abnormal weather.**　異常気象とエルニーニョ現象には強い**因果関係**が認められる。

cell /sél/

n. 細胞、小部屋、電池、携帯電話、表計算シートの升目（セル）

⇨ 大きな全体を作りあげる小さな単位、というニュアンスが強い。たとえば、蜂の巣の小穴、組織内のチームや支部も cell である。また電池の場合には単独の cell が組みあわせられて battery になる。携帯電話（cellphone, cellular phone, mobile phone）では、小さな通信区域（これも cell）がネットワークをなしている。留置場の cell は、よく独房と訳されるが、二人以上が入る可能性もある。

基本例文

☐ **He spent a night in a police *cell* after a fight with a policeman.** 警官と喧嘩して、一晩、**留置場**にいた。

☐ **She called me on my *cell*.** 彼女から（私の）**携帯**に電話がかかった。

☐ **She called me on her *cell*.** 彼女が（自分の**携帯**で）私に電話をかけた。

☐ **Just think of how much personal information you have stored on your *cell* phone.** どれだけの個人情報を**携帯**に入れていることか。

関連語

dry cell 乾電池　**fuel cell** 燃料電池　**solar cell** 太陽電池
photoelectric cell 光電池
electrolytic cell 電解槽
brain cells 脳細胞　**white blood cells** 白血球　**cell membranes** 細胞膜
cell division 細胞分裂　**cell cycle** 細胞周期（細胞が分裂してから次の分裂までの周期）
unicellular organism 単細胞生物
stem cells 幹細胞　**induced pluripotent stem (iPS) cell** 人工多能性幹細胞（iPS 細胞）
cellulose セルロース（植物の細胞壁 **cell walls** の主成分）

科学・技術例文

☐ **Plants have *cell* walls in addition to *cell* membranes.** 植物には**細胞**膜のほかに**細胞**壁もある。

☐ **An electric *cell* is a device that generates electrical energy from chemical energy.** **電池**とは、化学エネルギーから電気エネルギーを発生させる装置である。

☐ **Red blood *cells* contain hemoglobin, which helps them to carry oxygen to all parts of the body.** 赤血**球**はヘモグロビンを持っていて、これが全身に酸素を行き渡らせるのに役立つ。

C

charge /tʃáɚdʒ | tʃɑ́:dʒ/

n. 請求金額、料金、負担、義務、管理、告発、電荷、充電

v. 負担をかける、義務を負わせる、委託する、詰める、充電する

⇨ 元来は「負担・負荷（をかける）」の意。金銭面からは「料金支払いの義務」、仕事面では「責任」を負わせることとなり、道義的あるいは法律的「負荷」は非難、告発の形をとる。また、電池には充電により電荷が詰め込まれる。

基本例文

☐ **Doctors and lawyers *charge* a fee for their services.** 医師や弁護士はその役務に対して料金を**請求する**。

☐ **The law *charges* the police with keeping order.** 法律は警察に秩序維持の**責任を課している**。

☐ **Special issues are sent to subscribers at no extra *charge*.** 予約購読者には特別号が追加**料金**なしで送付される。

☐ **I am in *charge* of this class this year.** 今年は、私がこのクラスの**担任**になっている。

☐ **The old man was found not guilty of all the *charges*.** 老人は、すべての**容疑**について無罪になった。

関連語

charger *n.* 充電器

discharge *v., n.* ⇨ DISCHARGE

overcharge *v., n.* 過充電（する）　**recharge** *v., n.* 再充電（する）

surcharge *n.* 追加料金、追徴金、過積載

With the rising oil prices, a fuel *surcharge* will be introduced and added to the price of air tickets. 原油価格の高騰に伴ない、燃油**特別付加運賃**が導入され、航空料金に付加されることになるだろう。

科学・技術例文

☐ **This cell phone lasts only three days on a full *charge*.** この携帯電話はフル**充電**でも３日しかもたない。［on a full charge の代わりに、when fully charged も可］

☐ **The negatively *charged* particles stored in the cloud can finally reach the ground in the form of lightning.** 雲中に蓄積されたマイナス**荷電**粒子が、ついには稲妻の形で地面に届くことがある。

circle /sə́ːkl | sə́ː-/

n. 円、円周

⇨ 厳密には、circle は円環円周を指し、circle によって囲まれる内部領域のことは disk と呼んで区別する。円形のものを表わすことから、輪になって集まり同じ興味を共有したり、活動を共にしたりする仲間、社会という意味にもなる。回る、囲むという動詞としても用いられる。

基本例文

☐ **Can you draw a perfect *circle* without compasses?** コンパスを使わずにきれいな**円**が描けますか。

☐ **Everyone in the village danced in a *circle*.** 村民全員が**輪**になって踊った。

☐ **He has a large *circle* of friends.** 彼は交際**範囲**が広い。

☐ **Their opinions have gone full *circle* and they have decided to ask for help.** 彼らの意見は（**一周**して）振り出しにもどり、助けを求めることにした。

関連語

arc *n.* 弧
center *n.* 中心
chord *n.* 弦
circular *adj.* 円形の、循環性の　**circular argument** 循環論法
circulate *v.* 循環する
　Blood *circulates* through the body. 血液は体内を**循環する**。
circulation *n.* 循環、流通、発行部数
circumference *n.* 円周
diameter *n.* 直径
ellipse *n.* 長円、楕円
radius *n.* 半径［複数形は **radii, radiuses**］

科学・技術例文

☐ **π is the ratio of a *circle's* circumference to its diameter.** π（円周率）は**円**周と直径との比である。

☐ **The area enclosed by a *circle* is π multiplied by the radius squared.** **円**の面積は半径の二乗に π を掛けたものである。

☐ **The satellite *circles* the earth in an hour and a half.** その衛星は 1 時間 30 分で地球を**一周する**。

classify /klǽsəfaì/

v. 分類する、等級に分ける、class（種、類、等級）に分ける

⇨「機密扱いする」という意味で使われることもある。

基本例文

☐ **The librarian *classified* the books according to subject.** 司書は本を主題別に**分類**した。

☐ **English words are usually *classified* into eight parts of speech.** 英単語は通常8つの品詞に**分類**される。

☐ **We tend to *classify* character as good or bad.** われわれは人格を善と悪に**分類**しがちである。

☐ **The file contained lots of documents marked "*classified*."** そのファイルには「**機密扱い**」と印された書類が多数入っていた。

関連語

classification *n.* 分類、区分、格付け

classification of wines ワインの分類

⇨ 用例はほかに「科学・技術例文」に示した。

classified advertising（新聞等で求人・求職・貸家・遺失物など項目別に分類した）小広告欄［**ad** と略す］

Check out our *classified ad* section for cars, jobs, real estate, pets and more. 車、仕事、不動産、ペット、その他の情報をお探しなら、本誌の**広告欄**をご覧ください。

科学・技術例文

☐ **Elements can be *classified* according to their properties. The major categories are the metals, nonmetals, and metalloids.** 元素はその特性によって**分類**できる。主な分類区分は金属、非金属、半金属である。

☐ **No consensus has been reached to establish a uniform *classification* scheme to monitor birds.** 鳥をモニターする際の**分類**法を統一しようとする動きにおいて、まだ意見は一致していない。

☐ **The study of plant *classification* is known as "taxonomy" and it is done by specialized botanists called "taxonomists."** 植物の**分類**に関する学問は「分類学」として知られ、「分類学者」と呼ばれる専門の植物学者が行なう。

code /kóʊd/

n. 法律体系、規律、規範、慣習、符号、略号、暗号、暗号体系
⇨ 分子生物学では「遺伝情報（genetic code）」。
v. 信号に変換する、暗号化（コード化）する
⇨ 分子生物学では「コードする」と言い、「遺伝情報によって表わす」「遺伝情報に指定する」の意味。遺伝情報はDNA内の塩基配列（nucleotide sequence）の形で保持されているので、「塩基配列によって表わす」と言い換えることもできる。

基本例文

☐ **They are mandated under the penal *code* to report to the police suspected non-accidental physical injury.** 偶発的でないと疑われる身体的損傷は警察に通報するよう刑**法**に定められている。

☐ **Any *code* of ethics must be predicated on the principles of truth and honesty.** 倫理に関する**規定**は、真理および誠実という二つの原理にのっとって定めなくてはならない。

☐ **Some messages were sent in clear and some in *code*.** メッセージの一部はそのままで、一部は**暗号**化されて送信された。

関連語

Morse code モールス信号　**zip/postal code** 郵便番号
binary/digital code【コンピュータ】二進コード、二進符号
ASCII（**American Standard Code for Information Interchange**）アスキー（情報交換用米国標準コード）
code blue（緊急救命措置が必要な場合の医療スタッフ向けの）緊急招集
coding region（遺伝子の）コード領域、翻訳領域
encode *v.* 暗号化（コード化）する　**decode** *v.*（暗号を）解読する ⇨ DECODE
codon *n.* コドン（遺伝情報の媒体となる記号に使われる3個のヌクレオチドの塩基配列）

科学・技術例文

☐ **In the standard genetic *code*, three nucleotides are needed to specify each amino acid.** 標準的な遺伝**情報**では、それぞれのアミノ酸を指定するのに3個のヌクレオチドが必要となる。

☐ **One of the striking features of the genetic *code* is that it is the same in procaryotes and eucaryotes.** 遺伝**情報**の著しい特徴は、それが原核生物と真核生物で同じだということである。

☐ **The informational content of this DNA is a part of what is necessary to *code* for the essential metabolic machinery of a cell.** このDNAがもつ情報の内容は、細胞に不可欠な代謝機構を**コードする**ために必要とされるものの一部である。

C

combine /kəmbáɪn/

v. 組みあわせる、化合させる

⇨「複数のものが一体化して機能するようにまとめる」、あるいは「一つのものが複数の機能をあわせもつ」というのが基本的な意味。

n. (農業用の) コンバイン (combine harvester)、(企業や政治組織の) 連合体

基本例文

☐ **We agreed to *combine* efforts to put out a better product.** よい製品づくりのために**協力**態勢をとった。

☐ **Several circumstances *combined* to make this project bigger than we had expected.** あれこれの事情が**重なって**、思ったより大きな企画になった。

☐ **Graphic designers *combine* artistic talent with technical proficiency.** グラフィックデザイナーは芸術的な才能と技術的な力量を**兼ね備える**。

関連語

combined *adj.* 組みあわせた

combined vaccine 混合ワクチン

a couple with a combined annual income of $100,000 合算して年収十万ドルの夫婦

combination *n.* 結合、組みあわせ、化合

lethal combination 同時に存在すると危険になるものの組みあわせ

winning combination 好結果の出る組みあわせ

combination fax, copier and printer 複合機 (ファックス、コピー、プリンターを兼ねる)

combination salad 野菜に肉やチーズをあわせたサラダ

combination therapy 併用療法 (一つの病気に複数の療法もしくは薬剤を用いる)

A *combination* of causes may contribute to this illness. いくつかの原因が**複合**して発病させるのかもしれない。

Some chemicals are safe by themselves but are toxic in *combination* with others. 化学薬品には、それだけなら安全だが、ほかの物質と**組みあわせる**と毒性をもつものがある。

⇨ 用例はほかに「科学・技術例文」に示した。

科学・技術例文

☐ **Atoms *combine* to form molecules.** 原子が**結合して**分子になる。

=**When atoms *combine*, they form molecules.**

=**Molecules are formed by the *combination* of atoms.**

☐ **You can *combine* oxygen and hydrogen into water and convert them back to oxygen and hydrogen, with the elements remaining the same.** 酸素と水素を**結合させた**水を、また酸素と水素に戻しても、元素そのものは変わらないのです。

☐ **Hydrogen peroxide is a *combination* of two hydrogen atoms and two oxygen atoms.** 過酸化水素は、水素原子二個と酸素原子二個の**化合物**である。

communicate /kəmjúːnəkèɪt/

v. 伝える、伝達する、連絡する、通信する

⇨「つながる」「理解し合う」「(病気・感情などが) 伝染する」の意味もある。原義は「共有する、分かち合う (share)」で、さらにさかのぼれば common と同語源。

基本例文

☐ **Mass media representatives should have the ability to *communicate* clearly and effectively to general audiences.** マスメディア関係者には、大衆に明確にかつ効果的に**伝える**能力が要求される。

☐ **The Pacific Ocean *communicates* with the Arctic Ocean through the Bering Strait.** 太平洋はベーリング海峡で北極海に**通じている**。

☐ **It is not unusual for parents and children to have difficulty *communicating* with each other.** 親子が**理解し合え**ないことはめずらしくない。

関連語

communication *n.* コミュニケーション、通信
fiber-optic communication 光ファイバー通信
satellite data communication 衛星データ通信
communicative *adj.* コミュニケーションの、おしゃべりな、話し好きの
She was not in a *communicative* mood. 人と**話をする**気分ではなかった。
communicable *adj.* 伝達可能の、伝染性の
There is no reliable evidence that Alzheimer's disease is *communicable*. アルツハイマー病が**伝染性**であるという確たる証拠はない。
communiqué *n.* コミュニケ、声明、公式発表［もとになっているフランス語の動詞 **communiquer** は英語の **communicate** に相当する］

科学・技術例文

☐ **This system allows the user to *communicate* a very large amount of information to others in a short period of time.** このシステムを使えば、短時間に大量の情報を**伝達する**ことができる。

☐ **You had better use a personal computer to *communicate* over the Internet.** インターネットで**通信する**ならパソコンを使ったほうがいい。

☐ **α-Amylase is secreted by salivary glands that *communicate* with oral cavity by ducts.** α-アミラーゼは、導管によって口腔と**つながっている**唾液腺から分泌される。

☐ **Rat's fleas *communicate* to man the disease known as bubonic plague.** ラットのノミによって腺ペストという名の病気がヒトに**感染する**。

C

compare /kəmpéə | -péə/

v. 比較する、なぞらえる、匹敵する、比較に耐える

⇨ 二つのものを同じ状態に並べてみることから、「比較する」「たとえる」「匹敵する」などの意味になる。A を B と「比較する」場合は、compare A with/to B の形で with と to の両方が使われる。「たとえる」の場合は本来 to を用いるのが正しいとされていたが、現在では使い分けが曖昧になりつつある。

基本例文

☐ **They *compared* my book with [to] his.** 彼らは私の本を彼の本と**比較した**。

☐ **Sometimes life is *compared* to voyage.** 時に人生は航海に**たとえられる**。

☐ **His plays are not to be *compared* with Shakespeare's.** 彼の劇はシェイクスピアとは**比べものにならない**（＝はるかに劣る）。

☐ **Production in Japan *compares* favorably [unfavorably] with that in America.** 日本の生産はアメリカの生産と**比べて**優る［劣る］。

関連語

comparison *n.* 比較
　in comparison with . . . 〜と比較すると
　beyond comparison 比較にならない（まったく別の）
　make a comparison with . . . 〜と比較する
comparative *adj.* 比較上の、比較の手法による
　comparative linguistics 比較言語学　　**comparative degree**【言語・文法】比較級
　comparative analysis 比較分析

科学・技術例文

☐ **To *compare* the performances of these algorithms, we carried out an extensive test.** それらアルゴリズムのパフォーマンスを**比較する**ため、大規模なテストを実施した。

☐ **There does not seem to be a significant advantage to this new approach when *compared* with the previous one.** 以前のものと**比べて**も、この新しいアプローチにはさほど利点がないように思われる。

☐ **Researchers found that those who *compared* their incomes with others tended to be less happy.** 研究者によれば、自分の収入を他人と**比べる**人は、幸福感に乏しい傾向がある。

complete /kəmplíːt/

adj. 完全な、徹底した、全部の、完璧な、完備した、できあがった
v. 完成する、仕上げる、(数・量を) そろえる、満たす
⇨ perfect は「内容的に完全である」ことに対し、complete は「必要なものをすべてそろえている」ことを指す。いわゆる「完全犯罪」は a perfect crime だが、もし a complete crime と言えば「(構成要件をそなえた) まったくの犯罪」になる。

基本例文

- ☐ **We seek the *complete* abolition of nuclear weapons.** 核兵器の**完全**廃絶を求める。
- ☐ **She is a *complete* stranger to me.** あんな人は**全然**知らない。
- ☐ **The following list is not *complete* yet.** 以下のリストはまだ**完全**ではない。
- ☐ **His cleverness and toughness made him the *complete* baseball player.** 頭が良くて身体が強いので、**非の打ち所のない**野球選手となった。
- ☐ **The building comes *complete* with a swimming pool and tennis court.** その建物はプールとテニスコートを**完備している**。
- ☐ **Please *complete* these forms and return them to me.** この用紙に**全部記入して**からお返しください。
- ☐ **To *complete* my misery, the ground I stepped in was filled with leeches.** 挙句のはてに、私が踏み込んだ土地はヒルだらけだった (=悪いことが重なって**最後には**、ヒルだらけの土地に踏み込んでしまった)。

関連語

complete fool/ass 大ばか、まったくの阿呆
complete combustion 完全燃焼
complete genome sequence 全ゲノム配列
completion *n.* 完成
They should have paid me on *completion* of the work. 仕事が**完了**したら、すぐに支払いがあって当然だった。

科学・技術例文

- ☐ ***Complete* absorption of light makes an object appear black.** 光を**完全**に吸収すると物体は黒く見える。
- ☐ **Formatting this memory device took three minutes to *complete*.** このメモリーのフォーマットが**完了する**のに3分を要した。
- ☐ **They have unearthed a nearly *complete* skeleton of a large extinct flightless bird.** すでに絶滅した大型の飛べない鳥の骨格が、ほぼ**完全な**形で発掘された。

DOWNLOAD 39

C

compose /kəmpóʊz/

v. 組み立てる、構成する、(楽曲、詩、文章などを) 作る

⇨ 複数のものを組みあわせて「一つの全体を形成する」の意。成り立ちは、com- (共に、一緒に) + pose (置く)。composed は「落ち着いた、冷静な」、composure は「落ち着き、沈着」の意味になる。

基本例文

☐ **Facts alone do not *compose* a book.** 事実だけで本が**できる**ものではない。

☐ **The committee is mainly *composed* of young African intellectuals.** その委員会は、主として若いアフリカの知識人によって**構成されている**。

☐ **Her charm was *composed* partly of sincerity, partly of warmth, but chiefly of determination.** 誠実さと心の温かさも魅力だが、何といっても決断力が彼女の最大の魅力を**成していた**。

☐ **Mozart *composed Le nozze di Figaro* (*The Marriage of Figaro*) when he was thirty years old.** モーツァルトは30歳の時に『フィガロの結婚』を**作曲した**。

関連語

composition *n.* 成分、構成、組成、作文
　chemical composition 化学成分 (組成)　**amino acid composition** アミノ酸組成
compose oneself 心を落ち着かせる、気を鎮める
　I tried hard to *compose myself* before answering the delicate question. 微妙な質問に答える前に必死で**落ち着こう**とした。
composite *n., adj.* 合成 (の)、複合 (の)　*v.* 合成する

科学・技術例文

☐ **Water is *composed* of oxygen and hydrogen.** 水は酸素と水素から**成る**。

☐ **Deoxyribonucleic acid (DNA) *composes* a filament with the ends joined to form a circle.** デオキシリボ核酸 (DNA) は、両端が結合して円を形づくるようなフィラメントを**構成する**。

☐ **Diamond is a mineral *composed* entirely of the element carbon crystallized in the isometric system.** ダイヤモンドとは、等軸晶系の結晶構造をもつ炭素原子のみから**成る**鉱物のことである。

☐ **Fuel gases are usually *composed* of the combustible hydrogen, carbon monoxide, methane, and so on.** 燃料ガスは通常、可燃性の水素、一酸化炭素、メタンなどで**構成されている**。

compound /ká(:)mpaʊnd | kɔ́m-/

n. 合成物、混合物、化合物（chemical compound） ⇨ MIXTURE, SYNTHESIS
adj. 合成の、混合の
v. /kɑ(:)mpáʊnd/ 合成する、混ぜあわせ（て作）る、（よくないことをさらに）ひどくする
⇨「敷地」を意味する compound は語源の異なる同綴りの語。

基本例文

☐ **The air in the room smelled like a *compound* made up of perfumes and body odors.** 部屋の空気は香水と体臭の**混じった**臭いがした。

☐ **"Aircraft" is a *compound* word of "air" and "craft."** "aircraft" は "air" と "craft" の**複合**語である。

☐ **The air in the room was full of a smell pleasantly *compounded* of various flowers.** 部屋の空気はさまざまな花のかぐわしく**混じった**香りで満ちていた。

☐ **Our firm's financial difficulties were *compounded* by the president's sudden death.** 社長が突然死んだので、わが社の財政困難はいっそう**ひどくなっ**た。

関連語

compound engine 複式機関（= **compound**）
compound microscope 複合顕微鏡
compound number【数学】複名数（= **compound**）
compound leaf 複葉［複葉機は **biplane**］
organic compound 有機化合物
compound a medicine 薬を調合する

科学・技術例文

☐ **Sapphire is a *compound* of aluminium/aluminum and oxygen.** サファイアはアルミニウムと酸素の**化合物**である。

☐ **The mouth is a *compound* organ which speaks, chews, feels, and so on.** 口は喋ったり、咀嚼したり、感じたりと、**さまざまな働きをする**器官だ。

☐ **What chemicals is this plastic *compounded* of?** このプラスチック製品はどんな化学薬品から**作られている**のですか。

compress

v. /kəmprés/ 圧縮する、押しつける、要約する、(時間的に) 短縮する
n. /kɑ́(:)mpres | kɔ́m-/ 圧縮機、湿布
⇨「押す」の意をもつ -press が、com-「と共に」と組み合わされている。力を加えることで密度を高める、というイメージ (⇨ CONDENSE)。

基本例文

☐ **The cotton is then *compressed* tightly into bales.** 綿花はついで**圧縮さ**れて梱(こり)にされる。

☐ **The original 12-volume dictionary is now compacted and *compressed* into a single volume.** 原本は 12 巻もある辞書が今回簡略化され、1 冊本にまとめられた。

☐ **A cold *compress* was applied to the affected area.** 患部に冷**湿布**をあてた。

[類語情報]
-press は、**com-** 以外の接頭辞とも合体して使用頻度の高い語を作り出す (⇨ EXPRESS)。
depress *v.* **The stocks market is *depressed*.** 株価は**低迷**している。
oppress *v.* **Cares *oppressed* his spirits.** 心配ごとで彼の心は**重**かった。
repress *v.* **The uprising was swiftly *repressed*.** その蜂起はたちまち**鎮圧**された。
suppress *v.* **The police brutally *suppressed* the riot.** 警察は暴動を容赦なく**鎮圧**した。

関連語
compression *n.* 加圧、与圧、圧縮
The fiber is capable of withstanding *compression*. このファイバーは**加圧**に耐える。
⇨ 用例はほかに「科学・技術例文」に示した。
compressor *n.* 圧縮装置、コンプレッサー
The *compressor* in a jet engine is made up of fans with many blades. ジェットエンジンの**コンプレッサー**は数多くのブレードがついたファンで構成されている。
decompress *v.* 減圧する、(圧縮ファイルを) 復元する

科学・技術例文

☐ **This program *compresses* a file by a factor of ten.** このプログラムはファイルを十分の一に**圧縮する**。

☐ **One method used to liquefy a gas is to *compress* the gas at temperatures less than its critical temperature.** 気体を液化する方法の一つは、臨界温度未満でその気体を**圧縮する**ことである。

☐ **The function of decompression is the reverse of *compression*, to recover the original data by applying some decoding algorithm.** ファイル復元 (解凍) の役割は**圧縮**の逆で、復号化のアルゴリズムを用いて元のデータを回復することにある。

conceive /kənsíːv/

v. 考える、思いつく、身ごもる

⇨「あるものをつかまえる」というのが原義。考えや感情を心にいだいているという状態を表わすほか、ものごとの始まりに焦点をあて、思いつく、身ごもるという意味にもなる。conceive of という形になることが多い。

基本例文

☐ **The plan was brilliantly *conceived*.** その計画はみごとに**構想**されていた。

☐ **The ancients *conceived* of the earth as flat.** 昔の人は地球を平らだと**考えた**。

☐ **I can't even begin to *conceive* why he had to kill himself!** 彼がなぜ自殺しなければならなかったのか、まったく**思いもつき**ません。

関連語

conceivable *adj.* 考えられる

Under the circumstances it's the best *conceivable*. 現状ではそれ以上のものは思い浮かばない。

conceivably *adv.* 考えられるところでは、あるいは

***Conceivably*, he's telling the truth for once.** **ひょっとすると**彼も今度だけは本当のことを言っているのかもしれない。

concept *n.* 概念、考え

⇨ 用例は「科学・技術例文」に示した。

conception *n.* 概念、構想、妊娠、受胎

⇨ 用例は「科学・技術例文」に示した。

科学・技術例文

☐ **Being overweight can affect your chances of *conceiving*.** 太りすぎは**妊娠**の可能性に影響を及ぼします。

☐ **The Theory of Evolution was *conceived* by Charles Darwin while he was sailing around the world on HMS *Beagle*.** 進化論は、チャールズ・ダーウィンがビーグル号で世界を航海していた時に**考え出された**。［HMS＝His/Her Majesty's Ship 英国海軍の軍艦］

☐ **The *concept* of atoms emerged in ancient Greece, and was reintroduced to the scientific world by John Dalton in the early 19th century.** 原子の**概念**は古代ギリシャに始まり、19世紀初頭にジョン・ダルトンによって科学界に再び導入された。

☐ **At the moment of *conception* a unique organism comes into being.** **受胎**の瞬間この世にたった一つの生物が生まれるのだ。

concentrate /kɑ́(ː)ns(ə)ntrèɪt, -sen- | kɔ́n-/

v. 一点に注ぐ、専念する、集結させる、凝縮する、（鉱物を）選鉱する

⇨ 原義は「中心（center）に集める」。選鉱の方法については別項に記した（⇨ FLOAT, GRAVITY）。

n. 濃縮物、濃縮液

基本例文

☐ **I can't *concentrate* on reading because of the noise.** あの騒音のせいで読書に**集中**できない。

☐ **You should *concentrate* all your efforts on writing your graduation thesis.** 君は卒業論文の執筆に全力を**傾ける**べきだ。

☐ **The population is rapidly *concentrating* in the northern part of the city.** 人口は急速に町の北部に**集まり**つつある。

☐ **In a separate bowl, combine cream, sugar, orange juice *concentrate*, vanilla essence and whisk them until stiff.** 別のボウルでクリーム、砂糖、**濃縮**オレンジジュース、バニラエッセンスを混ぜあわせ、固く泡立ててください。

関連語

concentration *n.* 集中、集結、凝縮、濃度、選鉱

concentration camp 強制収容所　**concentration gradient** 濃度勾配

It is a difficult task which requires a great deal of *concentration*. 大変な**集中力**を要するむずかしい仕事だ。

concentrated *adj.* 集中的な、凝縮した

concentrated hydrochloric acid 濃塩酸

He made a *concentrated* effort to finish the work on time. 彼は**集中して**仕事を時間内に終えようとした。

concentric *adj.* 同一中心の、集中的な

concentric circles 同心円　**concentric fire** 集中砲火

科学・技術例文

☐ **We used a magnifying glass to *concentrate* rays of light into a focus.** 私たちは虫眼鏡を使って光線を一点に**集めた**。

☐ **Magnetic separators have extensively been used to *concentrate* ores, particularly iron ores.** 磁気選鉱機は、鉱石、とりわけ鉄鉱石を**選鉱する**のに広く使用されてきました。

DOWNLOAD 44

condense /kəndéns/

v.（液体の水分を減らして）濃縮する、（重要度の低い部分を除いて）密度を増す、凝結させる、文章を要約する

⇨「気体を液化する」の意味もあり、その反対語は evaporate（⇨ EVAPORATE）。文章要約の意味では compress, abridge に近い。consolidate は「複数のものを一つに集約する」、compress は「圧縮して体積を減らす」（⇨ COMPRESS）。

C

基本例文

☐ ***Condense*** **the speech down to a few important points.** スピーチをいくつかの要点に**まとめなさい**。

☐ **Due to the budget shortage, they *condensed* the three-year plan into a three-month plan.** 予算不足で3年計画を3ヵ月計画に**短縮した**。

関連語

condensed *adj.* 濃縮した

condenser *n.* 凝縮器（気体を冷却して液化する装置）、集光レンズ、集光鏡、コンデンサ（キャパシタ）

condensation *n.* 凝縮、液化、縮合

condensation of moisture from the atmosphere on the metal surface 金属面で凝結した大気中の水分

⇨ 用例はほかに「科学・技術例文」に示した。

condensate *n.* 凝縮液

科学・技術例文

☐ **Moisture will not *condense* on a surface that is warmer than the surrounding air.** まわりの空気よりも温度の高い表面は**結露**しない。

☐ **When water vapor rises and cools below the dew point, it *condenses* into tiny drops of water to form clouds.** 水蒸気が上昇して露点よりも冷えると、**凝結して**小さな水の粒となり、雲を形成する。

☐ **A *condensation* reaction occurs when two or more molecules of the same or different substances join together to make a new molecule, with the elimination of some simple molecules such as water.** **縮合**反応では、同種あるいは異種の二つ以上の分子が結合し、水のような簡単な分子の脱離をともなって、新しい分子が生成される。

condition /kəndíʃən/

n. 条件、必要条件、状態

v. 必要条件となる、前提となる、条件付ける、(〜という) 条件を設ける

⇨「〜に同意する (agree upon)」を意味するラテン語動詞から派生した語。

基本例文

☐ **Few candidates satisfy all the strict *conditions* we have established.** われわれが設定した厳しい**条件**をすべて満たすような候補者はほとんどいない。

☐ **Final selection will be made on the *condition* that no further revision of the criteria may be approved.** 選考基準のこれ以上の変更は認めないという**前提**で、最終選考を行ないます。

☐ **What are the factors that *condition* our happiness?** 幸福の**あり方を決める**のは何だろうか。

関連語

the human condition 人間として社会的に存在していること
in/under conditions of weightlessness 無重力状態で
under current conditions 現在の状況下では
conditioned *adj.* 条件付きの、条件付けられた
　conditioned reflex 条件反射　**conditioned response** 条件反応
conditional *adj.* 条件付きの
　conditional agreement 条件付き同意
unconditional *adj.* 無条件の
　unconditional surrender 無条件降伏

科学・技術例文

☐ **Not a single dinosaur adapted to the extremely harsh *conditions*.** そのようなきわめて苛酷な**条件**に適応できた恐竜はいなかった。

☐ **An open circuit can be defined as a *condition* in an electric circuit in which there is no path for a current flow between two points that are normally connected.** 開回路は、通常は接続している二点間に、電流の流れる経路がない電気回路の**状態**、と定義される。

☐ **Gender roles are often *conditioned* by cultural factors.** 男女の社会的役割の差は文化的要因によって**左右される**ことが多い。

☐ **The rats were *conditioned* to ring a bell when they wanted food.** ラットは食べ物がほしくなるとベルを鳴らすように**条件付け**されていた。

conduct

v. /kəndʌ́kt/（業務・実験などを）行なう、実施する、（軍隊・オーケストラを）指揮する、（授業などを）受けもつ、（電気・熱などを）伝導する、伝える、ふるまう［conduct oneself で］

n. /kɑ́(ː)ndʌkt, -dəkt | kɔ́n-/（道徳上の観点からの）行ない、ふるまい、やり方、処置法

⇨「共に導く」の原義から、物事を進めること、指揮していくこと、伝えること、などさまざまな意味になる。名詞では「物事の進め方」から、「行ない」「ふるまい」の意味。

基本例文

☐ **Their conversation was *conducted* in Spanish.** 彼らの会話はスペイン語で**行なわれた**。

☐ **The guide *conducted* them around the ancient castle.** ガイドは彼らをその古城に**案内して**回った。

☐ **They found the substance *conducts* electricity very well.** 彼らはその物質が電気をとてもよく**通す**ことを発見した。

☐ **He has never *conducted* an orchestra.** 彼はオーケストラを**指揮した**ことがない。

関連語

conductor *n.*（電車などの）車掌、（音楽の）指揮者、（熱・電気などの）伝導体
Copper is a good *conductor* of electricity. 銅は電気をよく**伝える**。
semiconductor *n.* 半導体
conductance *n.* 伝導力、伝導性、コンダクタンス（=**electrical conductance** 電気抵抗の逆数、あるいはインピーダンスの逆数の実数部）
conductivity *n.* 伝導性［力、率、度］、導電率（=**electrical conductivity**）
thermal conductivity 熱伝導率

科学・技術例文

☐ **Most of these materials will *conduct* electricity because they contain water with various substances dissolved in it. How much electricity they *conduct* depends on how much water there is and what is dissolved in them.** これらの素材のほとんどは電気を**通します**。さまざまな物質の溶け込んだ水分を含んでいるからです。どのくらい電気を**通す**かは、含まれる水分の量、および溶けている物質の種類によって決まります。

☐ **If we *conduct* the same experiment in more than one laboratory, can we be sure we will obtain the same results?** 複数の実験室で同じ実験を**行なったら**、必ず同じ結果が得られると言い切ることができますか。

consequence /kɑ́(:)nsɪkwèns, -kwəns | kɔ́nsɪkwəns/

n. (必然・当然の) 結果、成り行き、(論理的) 帰結

⇨「重要性」「重大性」の意味でもよく用いられる。発音に注意 (*cf.* sequence /síːkwəns/)。

基本例文

□ **Intuitive decisions sometimes have unfortunate *consequences*.** 直感による意思決定は、時として不幸な**結果**を招く。

□ **It follows as a logical *consequence* that your answer is fundamentally wrong.** 論理的**帰結**としては、君の答えが根本的に間違っているということになる。

関連語

take/accept/ bear the consequence 結果に責任を負う、結果を (甘んじて) 受け入れる

consequently *adv.* その結果、したがって

Our use of harmful chemicals poses a threat to the food chain, and *consequently* to human health. 有害化学物質の使用は食物連鎖をおびやかし、**その結果**、人間の健康にも危険を及ぼす。

consecutive *adj.* 連続した、途切れない、通しの

sixty-nine consecutive victories (双葉山の) 69 連勝

科学・技術例文

□ **Stem cell research is of the utmost *consequence* to the future of humans.** 幹細胞の研究は人類の未来にとってきわめて**重要**だ。

□ **Researchers need to predict the long-term *consequences* of human actions in the ecosystem.** 研究者は、人類の行動が生態系に及ぼす長期的**影響**を予測する必要がある。

□ **Periodic vibrations in mechanical systems are possible as a *consequence* of the interplay of mass and stiffness.** 質量と剛性の相互作用の**結果**、機械システムにおける周期的振動が可能となる。

□ **The permeability is so low that leakage is of slight *consequence*.** 浸透性はごく低いので、漏れはさほど**重要**ではない。

consist /kənsíst/

v. (部分・要素から) 成る〔of〕、(〜に) 存する、ある〔in〕、(〜と) 両立する、一致する〔with〕

⇨ いずれの場合も進行形はない。

基本例文

☐ **The household *consisted* of four women.** その家は4人の女世帯だった(＝女4人から成っていた)。

☐ **Happiness *consists* in contentment [being contented].** 幸福は満足することにある。

☐ **Their diet *consisted* largely of vegetables.** 彼らはおおむね野菜を常食としていた。

[類語情報]

「成り立つ、〜にある」の意味では、**comprise, be comprised of, be composed of, lie in** などの表現もある。

The committee *is comprised of* ten members. = Ten members *comprise* the committee. その委員会は10人から成る。

Around 15% of our diet *is composed of* protein. = Protein *comprises* around 15 % of our diet. 私たちの食事の約15パーセントはタンパク質から成っている。

His greatness *lies in* his character. 彼の偉大なところはその人格にある。

関連語

consistent *adj.* 一貫した、〜と両立する

His conclusions are not *consistent* with the facts. 彼の結論は事実と一致しない。

⇨ 用例はほかに「科学・技術例文」に示した。

consistency *n.* 一貫性、整合性、濃度 (粘度、密度)

liquids of different consistencies さまざまな濃度の液体

科学・技術例文

☐ **Water *consists* of hydrogen and oxygen.** 水は水素と酸素とから成る。

☐ **The novel architecture *consists* of multiple neural networks.** この新しいアーキテクチャは複合的なニューラルネットワークによって構成される。

☐ **This laboratory's mission *consists* in both fundamental and applied research in the field of biotechnology.** この実験室の使命は生命工学の分野における基礎研究と応用研究の両面にある。

☐ **Those data are *consistent* with a number of other estimates from around the world.** そのデータは世界中から集められた他の多くの予測と一致している。

DOWNLOAD 49

constant /kɑ́(:)nstənt | kɔ́n-/

adj. 絶えずつづく、不変の、一定の

⇨ 名詞として用いられると、数学では定数の意で、式中ではしばしば const. と省略する。原義は「ともに（con-）立つ（-stant）」。

C

基本例文

□ **He is in *constant* trouble with his neighbor.**　彼はいつも隣人との間に問題を起こしている。

□ **Driving at a *constant* speed can improve your fuel economy.**　一定の速度で運転することで燃料節約につながります。

□ **He has been *constant* in his devotion to learning.**　ただ一筋に学問に励んできた。

□ **How many digits of the circular *constant* can you memorize?**　君は円周率を何桁覚えられますか。

関連語

constant of aberration 光行差定数
constant of gravitation（＝**universal gravitational constant, gravitational constant**）重力定数
constant of integration 積分定数
constant of nutation 章動定数
constant of precession 歳差定数
variable constant 可変定数
constancy *n.* 恒久性、志操堅固、【生態学】恒存度（植物群集を構成する種の頻度）
mutable *adj.* 変わりやすい、突然変異を起こしやすい
variable *adj.* 変わりやすい〔名詞で「変数」〕
variable condenser 可変蓄電器、バリコン　　**variable star** 変光星

科学・技術例文

□ **It is necessary that these conditions (should) be *constant*.**　これらの条件が一定不変であることが必要である。

□ **The water in the tube must be kept at a *constant* temperature.**　試験管の水は一定の温度に保たれなければならない。

□ **The concepts of *constants* and variables are essential to understanding mathematics and science.**　定数と変数の概念は、数学や科学の理解に不可欠である。

constitute /kɑ́(:)nstət(j)ù:t | kɔ́nstɪtjù:t/

v. 構成する、相当する、設立する、任命する、(脅威などを) あたえる、引き起こす

⇨ 原義として set up, establish の意味を含んでいる。

基本例文

☐ **Twelve months *constitute* a year.** 12ヵ月で1年**となる**。

☐ **The committee was *constituted* in 2005.** その委員会は2005年に**設立された**。

☐ **Failure to submit this document *constitutes* a breach of the employment contract.** この書類を提出しないと雇用契約に違反する**ことになる**。

☐ **These terrorist attacks *constitute* a threat to the peace of the world.** こうしたテロリストの攻撃は、世界平和への脅威**となる**。

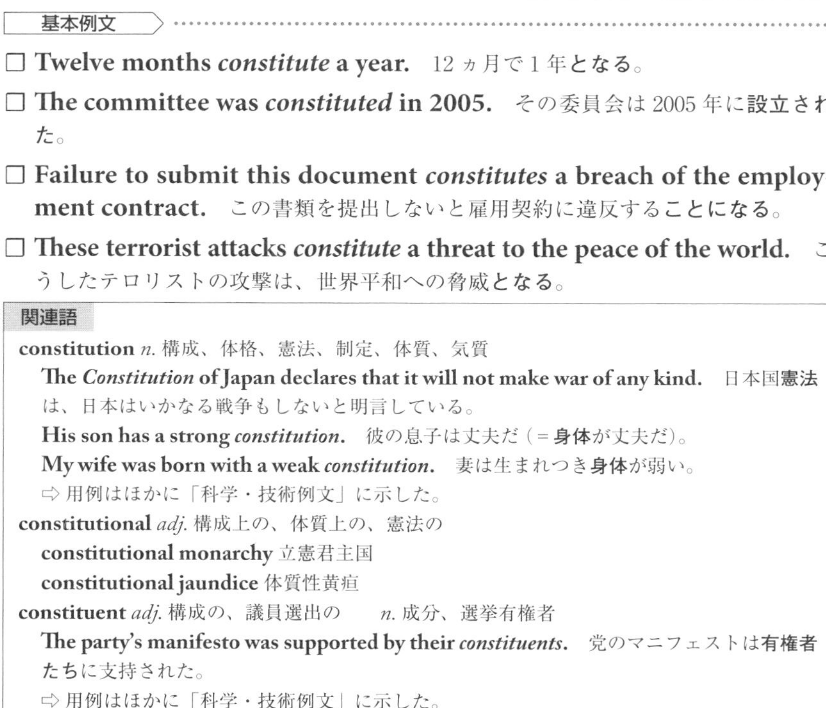

関連語

constitution *n.* 構成、体格、憲法、制定、体質、気質

The *Constitution* of Japan declares that it will not make war of any kind. 日本国**憲法**は、日本はいかなる戦争もしないと明言している。

His son has a strong *constitution*. 彼の息子は丈夫だ (＝**身体**が丈夫だ)。

My wife was born with a weak *constitution*. 妻は生まれつき**身体**が弱い。

⇨ 用例はほかに「科学・技術例文」に示した。

constitutional *adj.* 構成上の、体質上の、憲法の

constitutional monarchy 立憲君主国

constitutional jaundice 体質性黄疸

constituent *adj.* 構成の、議員選出の　*n.* 成分、選挙有権者

The party's manifesto was supported by their *constituents*. 党のマニフェストは**有権者たち**に支持された。

⇨ 用例はほかに「科学・技術例文」に示した。

科学・技術例文

☐ **Protein is one of the basic substances which *constitute* the human body and maintain its activities.** タンパク質は人体を**構成し**その活動を維持する基本物質の一つである。

☐ **After the experiment, he took an avid interest in studying the enzyme *constitution* of cell components.** その実験の後、彼は細胞の酵素の**組成**の研究に大いに興味をいだいた。

☐ **Oxygen and hydrogen are the *constituent* parts of water.** 水の**成分**は酸素と水素である。

C

construct

v. /kənstrʌ́kt/ 建設する、構成する、作図する

n. /kɑ́(:)nstrʌkt | kɔ́n-/ 構成物、概念

⇨ 外界の建築として、または心の中の構想として、いくつもの部材を組みあわせて作り上げる。build と似ているが、construct には「(橋や道路のような) 大きなもの」を作る語感が強い。ただし、"build a road" などと言えないわけではない。assemble は一定のパーツを組み立てる。erect はできあがったものの高さを印象づける。 ⇨ ASSEMBLE, STRUCTURE

基本例文

☐ **The church was originally *constructed* of logs in the eighteenth century.** 18 世紀に丸太で**創建された**教会である。

☐ **A number of authors have *constructed* stories around this theme.** 何人もの作家が、このテーマで物語を**書いている**。

☐ **They all helped to *construct* a strategic plan.** 全員が協力して戦略的なプランを**立てた**。

関連語

constructive *adj.* 建設的な

I'm more than happy to receive *constructive* criticism. **建設的な**批判なら喜んで受けます。

construction *n.* 建設、建築物、建築業界、構造、解釈、(三次元的な) 芸術作品

construction site 工事現場、建設地

construction paper 色画用紙 (カラー工作用紙)

under construction 工事中

in construction 建設業に従事している

⇨ 用例はほかに「科学・技術例文」に示した。

科学・技術例文

☐ **This hypothesis was *constructed* on the basis of years of fieldwork.** 長年のフィールドワークが基礎となって、この仮説が**立てられた**。

☐ **The first skyscraper was a ten-story building *constructed* in 1885, not in New York but in Chicago.** 最初の摩天楼は、1885 年、ニューヨークではなく、シカゴに**できた** 10 階建てのビルだった。[摩天楼とは、先端が「天 (sky)」を「摩する、こする (scrape)」ほど高い建築物の意。高層ビルという味気ない語に取って代わられて久しい]

☐ **A competition was announced for the *construction* of a pedestrian bridge over the river.** 川にかける歩道橋の**建設**にコンペがあると発表された。

☐ **Energy-saving concepts should be applied to the design and *construction* of public buildings.** 公共建築の設計**施工**には、省エネの発想があってしかるべきだ。

contact /kɑ́(:)ntækt | kɔ́n-/

n. 接触、連絡、交際、電気的接点
v. 接触する、連絡をとる、交信する

C

基本例文

☐ **The disease is not transmitted by physical *contact*.** この病気は身体的**接触**では感染しない。

☐ **If there are any problems, *contact* the authorities responsible.** 問題があれば関係当局に**あたってみなさい**。

☐ **I will *contact* you when I have news.** 何かわかったら**連絡します**。

☐ **Please feel free to *contact* your local sales representative for details about warranty and maintenance services.** 保証とメンテナンスの詳細については、最寄りの販売担当者にご遠慮なくお**訊ね**下さい。

関連語

family contacts 親類縁者のコネ、縁故

I looked for a job using my *family contacts*/connections. **コネ**を頼りに職を探した。

cultural contacts 文化交流

a person with many contacts 顔の広い人

break contact 電流を切る、絶交する

contact lens コンタクトレンズ

When did you begin wearing *contact lenses*? いつから**コンタクトレンズ**にしたのですか。

contact sport（ラグビーのように）身体的接触がプレーの一部として認められている競技

科学・技術例文

☐ **Oncologists are in continual *contact* with death.** 腫瘍を担当する医師は絶えず死と**隣りあわせ**である。

☐ **The problem was due to poor *contact* at the connectors.** コネクターの**接触**不良が原因だった。

☐ **Although increased current was detected, the circuit breaker *contacts* were not opened.** 電流の増加が検出されたにもかかわらず、ブレーカーの**接点**は開かなかった。

☐ **A computer that has been infected by a virus should not be allowed to come into *contact* with an uninfected USB memory device.** ウイルスに感染したコンピュータに、感染していないUSBメモリーを**接触**させてはいけない。

C

contain /kəntéɪn/

v. (内容物として) もつ、含む、入っている

⇨ A contains B. の形で、「A は B を (内容物として) 中に含む」ことを表わす。日本語では「A に B が入っている」と考えると自然なことも多い。容器に一定の量が「入る」ことや、数学で、ある数字が他の数字を「因数として含む」ことを示す場合もある。比喩的に、否定形で「感情を内に抑えきれない」の意味でも使われる。

基本例文

☐ **That box *contains* some bottles of water.** その箱には水の瓶が何本か**入っ**ている。

☐ **This large bucket will *contain* three liters.** この大きなバケツには3リットル**入る**。

☐ **15 *contains* 3 and 5.** 15は3と5で**割り切れる**。

☐ **He was so furious that he couldn't *contain* himself.** 彼はあまりにも激しく怒ったので、自分の感情を**抑えきれ**なかった。

関連語

container *n.* 入れ物、容器、コンテナ [**contain** するもの、の意味]
content *n.* 中身、内容、容積、含有量 [**contain** されているもの、の意味]
contained *adj.* 自制した、落ち着いた
containment *n.* [一般的に「封じこめること」「中身が外に出ないようにすること」の意味から、「(政治的な) 対立国の封じこめ」、あるいは「(放射能の) 閉じこめ」(事故の際の放射能汚染拡大を防ぐために原子力施設の周囲を気密の殻構造物で囲うこと)]
biological containment 生物学的封じこめ **physical containment** 物理的封じ込め
containment of biohazard バイオハザード封じこめ (組換え DNA の拡散防止)
containment boom (流出原油の拡散を防ぐ) 閉じこめ防材

科学・技術例文

☐ **4 is *contained* in 13 three times with 1 left over.** 13の中に4が3つ**あり**、余り1となる。

☐ **It turned out that some medicines for babies and young children *contain* a cocktail of additives banned from food and drinks aimed at the same age group.** 乳幼児向け薬品の一部には、同年齢層向けの飲食物では禁止されている添加物が複数**含まれている**ことが判明した。

☐ **Those experts in the field of drilling may be able to *contain* the rig leakage in the Gulf of Mexico and prevent an ecological disaster in that part of the world.** そういう掘削の専門家であれば、メキシコ湾における掘削装置からの原油漏れを**食い止め**て、その地域の生態学上の大惨事を防ぐことができるかもしれない。

control /kəntróʊl/

n. 支配、抑制、調整、制御
v. 支配する、抑制する、検査する、制御する

基本例文

☐ **Who actually *controls* the machinery of the State?** 国家機構を現実に**支配している**のは誰だ。

☐ **Due to circumstances beyond my *control*, I cannot accept your offer.** 私にはどうにもならない事情（＝**管理**しきれない事情）があって、あなたの申し出を受けることはできません。

☐ **We admire his *control* of the violin.** バイオリンを**自在に操って**演奏する彼の能力には感嘆させられる。

☐ **This speaker has no volume *control*.** このスピーカーは音量**調節**ができません（＝音量**調節装置**がない）。

関連語

control group 対照群　**control rod**（原子炉の）制御棒　**control tower**（空港の）管制塔
control engineering 制御工学　**control theory** 制御理論
controller *n.* 制御器、管理者
controllable *adj.* 管理可能な、可制御な［制御工学では「可制御」という用語が一般的］
controllability *n.* 可制御性

科学・技術例文

☐ **The accident was due to a cause beyond human *control*.** その事故は人間では**防ぎよう**のない原因から生じた。

☐ **It is important to run *control* experiments to make sure there are no errors in the experimental protocol or apparatus.** 実験計画や器具に誤りがないことを確認するため、**対照**実験を行なうことが重要である。

☐ **The *control* group was put on placebo.** **対照**群にはプラセボ（偽薬）が投与された。

☐ **This device *controls* pressure.** この装置が圧力を**制御する**。

☐ **Applying a cool compress with continuous pressure will usually *control* the blood flow.** 絶えず押しながら冷湿布を当てておくと、血の流れが**抑制される**のが普通だ。

☐ **You can produce any color by *controlling* the relative proportion of three dyes.** 三色の相対的な配合を**調整すること**で、どんな色も作り出せる。

DOWNLOAD 55

convert /kənvə́ːt | -və́ːt/

v. 変える、転換する

⇨ ある事物について、その性質、形態、機能などを変更する、という意味が基本。新たな目的に役立てる含意がある。たとえば改造、改装、変形、変換、転化、加工、両替、換算、また思想や宗教における転向、回心。

C

基本例文

☐ **Plant cells absorb light and *convert* it to energy.**　植物細胞は光を吸収してエネルギーに**変える**。

☐ **A car engine *converts* gasoline into motion.**　車のエンジンはガソリンを動力に**変換する**。

☐ **The new engine *converts* more of the energy in gasoline into motion.** 新型エンジンはガソリンのエネルギーを効率よく動力に**変換する**。

関連語

conversion *n.* 転換、転化

They all believed that *conversion* to the metric system was in the best interests of the nation.　メートル法に**切り替えること**が国益にかなうと思われた。

converted *adj.* 改造された

This small hotel is a *converted* farmhouse.　この小さなホテルは、もとは農家だった建物だ（＝農家を**改築した**）。

convertible *adj.* 変換の可能な

convertible paper currency 兌換紙幣

converter *n.* 変換器、（直流／交流、周波数などの）コンバーター、転炉

科学・技術例文

☐ **A microphone is a transducer that *converts* sound wave energy into electrical pulses.**　マイクロフォンは音波エネルギーを電気パルスに**変える**変換器である。

☐ **Researchers use a special kind of optical fiber to *convert* single-color lasers, such as a green or a red laser, into a multicolored beam.**　研究者は特殊な光ファイバーを使用して、緑や赤のような単色のレーザー光を、多色ビームに**変換する**。

☐ **You can also use the word "convert" when you change the type of data or signals, such as "*converting* text data from Shift-JIS to Unicode," and "*converting* continuous waveforms into digital signals."**　たとえば「テキストデータをシフトJISからユニコードに**変換する**」や「連続的な波形をデジタル信号に**変換する**」のように、データや信号のタイプを変換する意味でも、convertという単語を使える。

corrode /kəróʊd/

v. (錆などが) 腐食する［他動詞でも自動詞でも］

⇨ 主として化学的な作用によって、徐々に破壊が進行していくことを指す。比喩的に、「(病気などが) むしばむ」の意でもよく用いられる。「(ネコやネズミが物を) かじる」という動詞に由来しており、rodent (齧歯(げっし)類、リス・ネズミなど) も corrode と同じ語源。綴りが似ている erode (浸食する) の原義は「かじり取る」「かじり切る」である。

基本例文

☐ **Failure *corroded* his self-confidence.** 失敗したために自信を**失った**。

☐ **Corruption *corrodes* public confidence in a political system.** 腐敗によって政治システムに対する国民の信頼が**揺らぐ**。

☐ **Jealousy and envy have *corroded* the whole constitution.** 嫉妬と羨望によって組織全体が**むしばまれた**。

関連語

corrosive *adj.* 腐食性の　*n.* 腐食剤、腐食するもの

We need the material which resists severe *corrosives*. 激しく**腐食させるもの**（深刻な**腐食剤**）に対して抵抗性の高い素材を求めている。

corrosion *n.* 腐食、腐食作用

One of the features of ceramic bearings is *corrosion* resistance. セラミック製ベアリングの特徴として、耐**腐食**性が挙げられる。

科学・技術例文

☐ **Most steels *corrode* if they are not protected by a coating.** 皮膜で保護されていないと、大半の鋼鉄は**腐食して**しまう。

☐ **Acid rain poisons fish, destroys forests, and *corrodes* buildings.** 酸性雨は魚類を害し、森林を破壊し、建築物を**腐食させる**。

☐ **The motor bearing might *corrode* if left sitting wet for a long period after immersion.** モーター・ベアリングは、水に濡れたまま長時間放置しておくと**腐食する**ことがある。

☐ **According to physicians, fungal growths *corrode* the skin and lungs.** 医師の話では、真菌が増殖すれば皮膚や肺が**浸食**されるということだ。

DOWNLOAD 57

current /kə́ːrənt | kʌ́r-/

n. 流れ、風潮、電流
adj. 現在の、一般に通用している、(貨幣が) 流通している、(ディレクトリーやドライブが) カレントの

C

基本例文

☐ **Warm and cold *currents* meet here in this area of the sea.** この海域で暖流と寒流がぶつかる。

☐ **Newspapers influence the *currents* of opinion.** 新聞は世論の動向に影響をあたえる。

☐ **I have been at my *current* job for eleven years.** 今の仕事を 11 年つづけている。

☐ **Have you read the *current* issue of that magazine?** 例の雑誌の最新号を読みましたか。

関連語

the Japan Current 日本海流
alternative current (**AC**) 交流 (電流)　**direct current** (**DC**) 直流 (電流)
conduction current 伝導電流　**convection current** 対流 (電流)
Galvanic current ガルヴァーニ電流　**oscillating current** 振動電流
apply the current to . . . ～に電流を通す
switch on the mains current 電源のスイッチを入れる

科学・技術例文

☐ **The car battery collects and stores the *current* received from the generator.** 自動車のバッテリーは発電機から受け取る電流を集め、蓄える。

☐ **An alternative *current* should be converted into a direct *current*.** 交流を直流に変換しなければならない。

☐ **The transformer increases or decreases the *current* flowing to the electric motor.** 変圧器は電動機に流れる電流を加減する。

☐ **The electric *current* has been shut off.** 電流が遮断された。

☐ **The *current* has short-circuited.** 電流がショートした。

☐ **Electrical appliances are designed to run on normal household *current*.** 電気器具は一般家庭用電流で動作するようにできている。

☐ **The command “cd” is to change from your *current* directory into a different directory.** コマンド「cd」は現在のディレクトリーから別のディレクトリーに移るためのものである。

工学院の英語
School of Engineering

■エンジニアに求められる英語力

工学院（School of Engineering）は、機械、システム制御、電気電子、情報通信、経営工学という実に幅広い工学分野の教育・研究活動を行っています。これらの多様な専門分野の共通点は、グローバル化・ネットワーク化が急速に進む産業界と密接に関わっていることと、社会の課題に対する解決策を体系的に探究するという学問的アプローチにある、と言えるでしょう。経済のグローバル化とは、生産、消費、サービスそれぞれの活動が世界規模で行われることであり、工学が対象とする課題やそれらの解決策も世界中に存在しています。そして、世界で展開する経済活動や研究活動の共通言語が英語であることは言うまでもないでしょう。したがって、工学院が輩出する人材を総じて「エンジニア」と呼ぶならば、エンジニアの英語力は、どのような職業であっても大変重要になります。

例えば、海外の顧客や技術者に対して、新商品の紹介、新事業の提案、研究成果の発表など、英語によるプレゼンテーションは多くのエンジニアが経験することでしょう。そこでは、聞き手に伝えるべき情報や主張点をわかりやすく説明し、質問やコメントに対して自らの考えを正確に述べる技術が必要です。また開発業務などに関連して、技術項目の確認や開発スケジュール管理の相談など、専門用語を交えながら踏み込んだ議論を海外のエンジニアとメールやオンライン会議でやりとりする場面も多くなるでしょう。特に最近では、グローバル化の動きはマーケットや生産拠点だけに止まらず、設計開発体制のグローバル化が、海外開発拠点の展開や海外企業との協業開発などの形で進んでいます。開発業務に関する様々な情報を海外のエンジニアと正確に共有し、互いの状況を理解した上で、問題が発生した場合にはその解決策を議論するなど、高度なコミュニケーション能力が要求されます。

さらに大学等の研究教育機関では、国際会議や学術論文誌での英語による論文執筆は、研究成果を世界中にアピールするための最大の発信源であり、大学院に進む頃から多くの英文論文執筆の機会が訪れることでしょう。大学教員の場合は、留学生への研究指導や英語講義などに必要な英語力が求められます。

■エンジニアの英語学習方法

以上のようなプレゼンテーション、ディスカッション、ライティングの各スキルは、日本語でも簡単に習得できるわけではなく、ましてやこれらのスキルを英語で発揮することは、長期間に渡る訓練と経験の積み重ねが不可欠です。そのためには、できるだけ多くの「良質な」英語に触れることが肝要です。まずは専門分野に関連した教科書、専門書、論文を英語で「読む」習慣を身につけ、リーディングスキルを向上させることが、他のスキル向上の前提となります。その過程で、頻繁に引用される専門用語の英語表現に多く触れておくことも大変大切ですし、主張点を明確に伝えるための文章構成は、大いに参考になることでしょう。たくさんの英文書を読むことを継続することで、やがて「英語による思考」が少しずつできるようになってきます。この「英語による思考」が育たないと、母国語で思考したものを英訳する作業が脳内で発生してしまい、英会話をスムーズに進めることができません。

次に、良質な英語をたくさん「聞く」ことも重要です。私が薦める英語コンテンツとして、TED Talk などのテクニカルプレゼンテーション動画は、聴衆を惹きつける話術やプレゼンテーションの構成など大変参考になると思います。また米英テレビのニュース動画で、特にコメンテーターとパネルが議論をする場面や要人のインタビューなどを見ると、英語のディスカッションがいかに論理的で筋が通っていて、会話が実に噛み合っていることに、感心してしまいます。また、英語を「話す」スキルの向上は、英語を話す環境をどのように確保するかがポイントです。英会話教室に通ったり、大学の留学生と英語で交流したり、海外留学したり、と方法は色々ありますが、最近では、オンライン会議が気軽にできるようになったので、オンラインで海外の人と話しながら英会話力を磨くような活動も今後流行ってくるのではないでしょうか。

最後に、英語を「書く」スキルの向上については、当然のことながら書く機会を増やすことが重要であり、一つの方法としては論文を執筆して国際会議や論文誌に投稿することです。投稿する際は、論文の共同著者と、論文の細部に渡って加筆修正作業を繰り返し、ネイティブスピーカー（または論文専門の英語添削業者）による英語添削をお願いすることが通常です。論文投稿後は、投稿先の機関の査読者によるレビューがあり、採否審査と、投稿論文における問題点を細かく指摘したものが通知されます。この論文執筆作業を繰り返すことで、英語力を格段に向上させることができるだけでなく、論文における提案技術に関する思考を英語論文で再構築するという作業は、そこでの工学的思考の論理性を精査する貴重な機会ともなります。これは、日本語や日本人は曖昧であると指摘される特性と関係しているのかもしれませんが、より意味の厳密性が要求される英語によって思考を再構築する中で、論理的検討が不十分であることや、提案技術の新たな展開に気づかされることも少なくありません。

■工学的アプローチによる世界規模の課題解決と世界への発信

これからの時代は、CO_2削減、環境保全、コロナ感染症等のパンデミック対策など、世界規模の課題が山積しており、これらの解決策を工学的アプローチにより多角的に探求することが求められます。私が携わる情報通信分野を例にとると、世界規模で展開する通信網やクラウド等の計算機資源の電力効率改善やセキュリティ向上のための技術開発が国際的に進行しています。これからの工学分野では、オンライン会議システムの最近の急速な普及も手伝って、海外のエンジニアとの交流や共同作業の機会が一層増えることでしょう。工学分野の多くにおいて世界最先端技術を保有する日本のエンジニアが、世界中のエンジニアと連携しながら、これらの難題を解決するための技術革新を積極的に推し進めることを、ぜひ期待したいと思います。このような世界情勢における工学分野の英語力の重要性を十分に認識した上で、英語力の向上に努めていただければと思います。

一色　剛（工学院 情報通信系）

decode /dìːkóʊd/

v. (暗号文を) 解読する、(符号化した情報を) 復号する、(内容を整理して) 理解する

⇨「符号 (code)」を「解除」する意。encode「符号化」と対になる。類義語に、decrypt, decipher がある。

基本例文

☐ ***Decoding*** **medieval paintings is difficult unless you know the symbolic meaning of each component.** 構成部分それぞれの象徴的意味を知らなければ、中世絵画を**理解する**のはむずかしい。

関連語

decoder *n.* デコーダー、復号器、復調器

code *n.* 符号、暗号、法典 ⇨ CODE

civil code 民法典

Researchers discovered the key to understanding the genetic *code* that determines every characteristic in a living thing. 研究者たちは、生物のあらゆる特徴を決定する遺伝**暗号**を理解する鍵を発見した。

encode *v.* 暗号化する、符号化する

Multimedia information is *encoded* on the reflective surface of a Blu-ray disc. ブルーレイディスクの光を反射する面にはマルチメディアの情報が**符号として記録されている**。

encrypt *v.* 暗号化する　**encryption** *n.* 暗号化 [**crypt** は「隠れた (hidden)」「秘密の (secret)」という意味]

Exporting this *encryption* technology is prohibited by law. この**暗号**技術の輸出は法によって禁じられている。

科学・技術例文

☐ **The special team *decoded* most of the secret messages.** 特別チームが秘密の通信文をほとんど**解読した**。

☐ **The software *decodes* 1.2 seconds of a multi-channel audio signal in a second.** ソフトウエアが1秒間で1.2秒分の多チャンネル音声データを**復号する**。

☐ **The receiver *decodes* the scrambled broadcast signals from the satellite.** 受信機が衛星からスクランブルされて送られてきた放送信号を**復調する**。

deduct /dɪdʌ́kt/

v. 控除する、演繹法によって推論する

⇨ deduct は一部を取り去ることを表わすが、単に数を引くだけの時には subtract を用いる。推論の意味では deduce を用いることが多い。

基本例文

☐ **The manager *deducted* 15% from our salaries every month.** 支配人は毎月われわれの給料から 15 パーセントを差し引いた。

☐ **For each mistake, five points will be *deducted*.** 間違い一つごとに 5 点ずつ減点されます。

☐ **The heavily polluted soil in the area nearby *deducts* from the value of his property.** 近くにひどく汚染された一画があるために、彼の所有地の価値が落ちている。

関連語

deductible *adj.* 控除できる、税の控除がきく

Donations to charity are tax *deductible*. 慈善団体への寄附は税額控除がききます。

deductive *adj.* 演繹的な

⇨ 用例は「科学・技術例文」に示した。

deduction *n.* 控除、(演繹法による) 推論

⇨ 用例は「科学・技術例文」に示した。

induce *v.* 帰納的に推論する、誘い込む、引き起こす ⇨ INDUCE

induced current 誘導電流

subtract *v.* 減じる、引く

If you subtract two from five, you get/have three. = Two subtracted from five leaves/equals three. 5 から 2 を引くと 3 が残る。

科学・技術例文

☐ **In a *deductive* argument the conclusion follows necessarily from the premises.** 演繹的論法において結論は必然的に前提の結果として得られる。

☐ **In the process of logical *deduction* you apply the rules of logic and derive a conclusion from the given premises.** 演繹的な思考（＝論理的な推論）では、論理の法則をたどって、既知の前提から結論を引き出す。

define /dɪfáɪn/

v. 定義する

⇨どこで終わるのか境界を定める、というのが原義。すなわち、事の本質を見る、言葉の意味を明らかにする、限界・輪郭を確定する、特徴を明示する、他のものと区別する、くっきりと見せる。

基本例文

☐ **The white peaks were sharply *defined* against the blue sky.** 山脈の白い峰が青空に**映えて**いた。

☐ **Kaiseki ryori was originally *defined* as a simple meal preceding the tea ceremony.** 懐石料理とは、本来、茶会に先立つ簡素な食事だと**されて**いた。

関連語

ill-defined *adj.* ぼんやりした
well-defined *adj.* はっきりした
definition *n.* 定義、明確にすること、(画像の) 鮮明度
I guess my *definition* of happiness is different from yours. たぶん僕の**考える**幸福は君の考える幸福と違うんだ。
high-definition *adj.* 高精細な (略して **high-def**) テレビ放送の規格では **HD** とも略される (**HD television** 高精細度テレビ、いわゆるハイビジョンテレビ)
辞書の説明では、**a high-definition camera** のように形容詞として使われるのだが、実際の使用例では、**"in high definition at 1080i resolution"** のように、明らかに名詞であることも多い。*cf.* **high-resolution** 高解像度の [**high-definition resolution** という連語も可能]
definite *adj.* 確定した　**definite answer** わかりやすい答え (これだけで明快)
positive-definite matrix 正定値行列 (すべての固有値が正である行列)
definitive *adj.* 決定的な　**definitive answer** 最終の答え (これ以上はない)
⇨用例はほかに「科学・技術例文」に示した。

科学・技術例文

☐ **We are all more or less influenced by the culturally *defined* code of acceptable behavior.** 誰もが、多かれ少なかれ、文化的に**規定された**行動規範に影響されている。

☐ **Availability is *defined* in terms of "mean time between failures" (MTBF) and "mean time to repair" (MTTR).** 可用性は平均故障間隔 (MTBF) と平均復旧時間 (MTTR) で**決まる**。

☐ **Some fossils show *definitive* evidence of parental care among dinosaurs.** 恐竜が子育てをしていた**決定的な**証拠となる化石がある。

degree /dɪgríː/

n. 程度、等級、身分、学位、(経緯度・温度・角度などの)度、(数学における)次数

⇨「一歩下りること」というのが原義。

基本例文

☐ **To what *degree* can parents be held responsible for a child's behavior?** 子供の振る舞いに関する責任は、どの**程度**まで親にあると言えるだろうか。

☐ **The man was charged with murder in the first *degree*.** 男は第一**級**謀殺の罪で起訴された。

☐ **My father got a *degree* in engineering from Tokyo Tech thirty years ago.** 父は30年前に東工大で工学の**学位**を取った。

☐ **I agree with his opinion to a *degree*.** 彼の意見にある**程度**は賛成する。

関連語

bachelor's degree 学士号　**Bachelor of Arts** (**BA**) 文学士
Bachelor of Science (**BSc / BS**) 理学士　**Bachelor of Engineering** (**BE/BEng**) 工学士
master's degree 修士号　**Master of Arts** (**MA**) 文学修士
Master of Science (**MSc / MS**) 理学修士　**Master of Engineering** (**ME/MEng**) 工学修士
doctor's degree 博士号　**Doctor of Philosophy** (**PhD**)
by degrees 徐々に
***By degrees* the sound of the trumpet grew louder.** トランペットの音は**徐々に**大きくなってきた。
degree of freedom【物理・化学】自由度 [しばしばDOFと略す]

科学・技術例文

☐ **Water freezes at zero *degrees* Celsius (0°C). It is equivalent to 32 *degrees* Fahrenheit (32°F).** 水は摂氏0**度**で凍る。これは華氏32**度**に相当する。

cf. 10 *degrees* below zero = 10 *degrees* of frost　氷点下10**度**

☐ **This screen can be rotated up to 180 *degrees*.** このスクリーンは180**度**まで回転することができる。

☐ **The tower inclines at an angle of approximately 10 *degrees* off the vertical.** 塔は垂直より約10**度**傾斜している。

demonstrate /démənstrèɪt/

v. 論証する、明示する、デモをする

⇨ 実例、実演（demonstration）などによってはっきりと見せる、という意味。show（相手から見える状態にする）に比べると、見せるための行動をとっている感じが強い。

基本例文

D

□ **Benjamin Franklin was able to *demonstrate* that lightning is a natural electrical phenomenon.** ベンジャミン・フランクリンは、雷が自然の電気現象であることを**実証**した。

□ **They used every opportunity to *demonstrate* their products' superiority over their competitors'.** 事あるごとに競合他社の製品より優秀だと**見せ**ていた。

□ **The instructor *demonstrated* how to use a computer running the Linux operating system.** 講師がリナックスで動くコンピュータの使い方を**教えた**。

□ **Hundreds of students gathered to *demonstrate* against a rise in university tuition fees.** 学生が何百人も集まって学費値上げ反対の**デモをした**。

関連語

demonstrative *adj.* はっきり示す傾向にある、感情（愛情）表現に富む
demonstrable *adj.* はっきり示されるくらいに明らかである
demonstration *n.* 実証、証拠となるもの、【数学】証明、兵力の誇示（陽動作戦）
　People gathered for a peaceful *demonstration* against war. 平和な反戦**デモ**に集まった。
　cf. **peace demonstration** 平和を訴えるデモ［これ自体が **violent** になる可能性もあるが］
　⇨ 用例はほかに「科学・技術例文」に示した。
demonstrator *n.* デモ参加者、実演する人
　technology demonstrator（最先端の航空機のように）技術力を実証するための製品

科学・技術例文

□ **Experimental results have *demonstrated* that this method really works under certain conditions.** ある条件のもとでは、この方法でうまくいくことが、実験の結果として**わかっている**。

□ **In your presentation, you can use audio-visual aids to graphically *demonstrate* the versatility of the new application software.** プレゼンではAV機材を使って、新しいソフトの用途がどれだけ広いか、**はっきり見てもらったら**いい。

□ **No convincing *demonstration* has been made that such correlations exist.** そのような相関関係があるということは、まだ確実に**立証**されていない。

derive /dɪráɪv/

v. 引き出す、派生する、由来する、(関数を) 導出する

⇨「水源や河の本流から細い流れを引き出して水路に導き入れる」というのが原義。推理によって何かを引き出せば、「演繹的に推論する」ことにもなる。

基本例文

☐ **He seems to *derive* much pleasure from reading mystery books.** ミステリーを読むことに楽しみを見いだして(=読むことから楽しみを**引き出して**)いるようだ。

☐ **Chinese characters frequently *derive* their meaning from the shape of the object they represent.** 漢字の意味は、それが表現しているものの形象に**由来している**ことが多い。

☐ **Is it possible to *derive* any knowledge of Shakespeare's personal history from the Sonnets?** シェイクスピアの内面的変化(経歴、人生)を著作の『ソネット集』から**推し量る**ことができるだろうか。

関連語

derived *adj.* 派生した

derived demand 派生需要

derived fossil (浸食により再堆積された) 化石

derived unit 誘導単位 (基本単位を掛けたり割ったりして導かれる単位)

derived word 派生語

bone marrow-derived cell 骨髄由来細胞

derivation *n.* 【数学】(関数の) 導出、微分 (= **differential calculus**)

derivative *n.* 派生語、【数学】導関数、微分係数、【化学】誘導体、デリバティブ (金融派生商品)

科学・技術例文

☐ **To *derive* an equation, you must first define the known and unknown quantities.** 式を**導く**ためには、まず既知量と未知量を定めなければならない。

☐ **The word "hypothesis" is *derived* from a Greek word meaning "foundation."** 「仮説」という単語は「基礎」を意味するギリシャ語に**由来する**。

☐ **I wonder if this envelope is *derived* from the plasma membrane of the host cell in which the virus was produced.** このエンベロープは、ウイルスが生成された宿主(しゅくじゅ)細胞の細胞膜に**由来する**ものではないだろうか。

☐ **Anthropologists surmise that we are all *derived* from a common ancestor.** 人類学者は、人類が共通の祖先から**出ている**と推論している。

describe /dɪskráɪb/

v. (特徴などを) 述べる、記述する、描写する

⇨ 人や物の特徴を言葉で述べる (説明する)、あるいは図で物を描写する (説明する)、の意味。The sun describes a circle. (太陽は円を描いて動く) のように、「その形を描いて動く」という意味で使うこともある。

基本例文

☐ **He *described* the thief to the police.** 彼はその泥棒の**様子を**警察に**説明した**。

☐ **He is *described* as (being) a great scholar.** 彼は大学者だと**言われている**。

☐ **Their acts in the occupied territories have been *described* as illegal.** 占領地での彼らの行動は違法**であるとされている**。

関連語

description *n.* 記述、叙述、描写

give/make a description of . . . ～の様子を述べる、～を記述する

beyond description 言い尽くせない

The pain they had to go through was *beyond description*. 彼らの経験した苦痛は**筆舌に尽くしがたかった**。

The scenery was beautiful *beyond description*. その光景は**言葉では言い表わせないほど**美しかった。

descriptive *adj.* 記述的な、説明的な

descriptive science 記述科学 (原因の説明をする科学に対し、分類・記述をする)

descriptive linguistics 記述言語学　**descriptive statistics** 記述統計学、記述統計量

科学・技術例文

☐ **In this paper we examine the model to see if it accurately *describes* the characteristics of the climate in the area.** 本論文では、このモデルがその地域の気候の特徴を正確に**表現している**か否かを検討する。

☐ **People tend to believe the newer theory *describes* reality more correctly.** 新しい理論のほうが現実をより正確に**説明する**、と考える傾向がある。

☐ **We should not forget that terms used to *describe* abnormal behavior do not *describe* people; they only *describe* patterns of behavior.** 異常行動の**説明**に使われる用語は、被験者の人格を**説明している**わけではなく、ある行動パターンを**説明している**にすぎない、ということを忘れてはなりません。

detect /dɪtékt/

v. 探知する、感知する、探り当てる、気づく、(悪事・秘密・ごまかしなどを) 見つける、見破る、見抜く ⇨ SENSE

⇨「覆いを取り除く」が原義。化学では「(成分などを) 検出する」。

基本例文

☐ **With modern equipment it is easy to *detect* these ailments.** 最近の機器を使えば、こういった疾患は容易に**見つかる**。

☐ **It is impossible to *detect* the blemish in the picture.** その絵の欠点を**見つける**のは不可能だ。

☐ **I *detected* the deception on the first reading of the contract.** 最初に契約書を読んだ時に詐欺を**見破った**。

関連語

detector *n.* 探知器、【電子工学】検波器、【化学】検出器

detective *n.* 探偵、刑事

detection *n.* 探知、検波

Early *detection* of cancer is extremely important. 癌は早期**発見**がきわめて重要だ。

科学・技術例文

☐ **The scanner has capabilities to *detect* fires the size of a bonfire from an altitude of 3,000 meters.** そのスキャナには、高度3,000メートルから焚火程度の大きさの火災でも**感知する**性能がある。

☐ **The objective of the inspection is to *detect* symptoms of possible distress in the area at the earliest time.** 調査の目的は、この地域で起こる可能性のある災害の徴候をできるだけ早く**発見する**ことである。

☐ **Aircraft-mounted equipments are routinely used to *detect* fires started by intense lightning storms.** 激しい落雷によって発生する火災を**見つける**ために、航空機搭載型の装置が日常的に用いられている。

☐ **The Geiger counter is a device that *detects* and counts ionizing particles.** ガイガーカウンターはイオン化粒子の**検出**および計数を行なう器具である。

DOWNLOAD 66

deteriorate /dɪtí(ə)riərèɪt/

v.（品質が）悪くなる、悪くする、低下する、堕落する、衰える（worsen）
⇨ 他動詞で使うことはまれ。

D

基本例文

☐ **America's balance of trade has been *deteriorating*.** 米国の貿易収支は**悪化して**きている。

☐ **The meeting *deteriorated* into a fight.** 会合の雰囲気が**悪くなり**、争いが始まった。

［類語情報］
decay *v.* 腐る
My teeth have begun to *decay*. 虫歯ができ（＝歯が**悪くなり**）始めた。
degrade *v.* 質を落とす、退化する、分解する
The materials can be biologically *degraded*. その物質には生物**分解**がありうる（＝**bio-degradable** 生分解性がある）。
decompose *v.* 分解する
Water can be *decomposed* into hydrogen and oxygen. 水は水素と酸素に**分解**できる。

関連語
deterioration *n.* 悪化
deterioration of one's memory 記憶力の低下（減退）
⇨ 用例はほかに「科学・技術例文」に示した。
ameliorate *v.* 良くなる、良くする
amelioration *n.* 良くなること
without any deterioration or amelioration 良くも悪くもならずに

科学・技術例文

☐ **Her health *deteriorated* rapidly, and she died shortly afterwards.** 彼女の健康は急速に**悪化し**、間もなく亡くなった。

☐ **Some kinds of canned food tend to start *deteriorating* in about 6 months.** ある種の缶詰食品には、約 6 ヵ月で**品質が落ちる**傾向がある。

☐ **Some papers *deteriorate* rapidly while others appear to be little affected by the passage of time.** 紙の中には、時間の経過とともに急速に**腐食する**ものと、ほとんど影響の見られないものとがある。

☐ **The researchers were reported to have found that bright light lessens cognitive *deterioration* to some extent.** 明るい光が認知能力の**後退**をある程度は軽減することを研究者が発見したと報じられた。

determine /dɪtə́ːmɪn | -tə́ː-/

v. 決定する、（精密に）測定する、確定する、決心する、（裁判所が）決定する

⇨ de-（= completely）と terminate とが合わさった形。「最終的な決着をつける」の意。

基本例文

☐ **The date of the general shareholders' meeting has not yet been *determined.*** 株主総会の日はまだ決まっていない。

☐ **The aim of the inquest was to *determine* the cause of his death.** 検死の目的は彼の死因を突き止めることだった。

☐ **The judge *determined* that the defendant should pay the court fees.** 判事は、被告が訴訟費用を払うよう決定した。

関連語

determined *adj.* 固く決心した

She was *determined* to be a paleontologist one day. いつか古生物学者になろうと決めていた。

The computer will be locked if a pre-*determined* number of wrong passwords are entered. パスワードの誤入力が設定した回数に達すると、コンピュータがロックされる。

determination *n.* 決定、確定、測定（法）

It is not a matter for judicial *determination.* 裁判で決定されるべき問題ではない。

determinate *adj.* 明確な、決定的な、限定的な　**determinacy** *n.* 確定性、決定性

determinant *n.* 決定するもの、行列式　*adj.* 決定的な

Education is a prime *determinant* of our future success. 教育は、将来の成功を決める要因だ。 ⇨ 用例はほかに「科学・技術例文」に示した。

indeterminate *adj.* 不確定の、不定の　**indeterminate equations** 不定方程式

indeterminacy *n.* 不確定性　**indeterminacy principle**（= **uncertainty principle**）不確定性原理

科学・技術例文

☐ **Weather is *determined* by various elements such as temperature, humidity, and air pressure.** 天候は、温度、湿度、気圧など種々の要素で決まる。

☐ **How do you *determine* the velocity of a falling object just before it hits the ground?** 落下する物体が地面にぶつかる直前の速度は、どうやって測定するのですか。

☐ **A *determinant,* a number calculated from a matrix, *determines* whether a set of linear equations are solvable, in other words, whether the matrix can be inverted.** 行列式とは、行列から計算で得られる数であり、これにより連立一次方程式が解をもつか否か、言いかえればその行列から逆行列が作れるか否かが決定する。

develop /dɪvéləp/

v. 発達させる、開発する、伸ばす

⇨ 自動詞では「発達する、生じる、包みを解く」が原義。そこから、隠れている力を伸ばす、という意味が生じた。フィルムを現像する時にも、フィルムの中に光学的に閉じこめられている像を取り出すので develop を用いる。発達、発展という訳語には肯定的なイメージがあるが、発病するのも develop である。生物学では、「発生する」「進化する」という意味で、数学では「立体を展開する」という意味でも用いられる。

基本例文

☐ **We will *develop* this idea further in the next chapter.** この考え方については次の章で**詳しく述べる**ことにする。

☐ **I seem to have *developed* a bad cold.** どうやら悪い風邪に**かかった**らしい。

☐ **My car *developed* engine trouble and had to be towed away.** 私の車はエンジン故障を**起こし**、レッカー移動されなければならなかった。

☐ **We *developed* nuclear energy for peaceful purposes.** われわれは原子力を平和目的のために**開発した**。

☐ **I will have the film *developed* tonight.** 今晩フィルムを**現像して**もらいます。

関連語

developer *n.* 開発者、造成開発業者、現像液、顕色剤

development *n.* 発達、成長、開発、進展、宅地造成

The butterfly is the *development* of the caterpillar. 蝶は毛虫の**成育したもの**である。

⇨ 用例はほかに「科学・技術例文」に示した。

developmental *adj.* 開発の、発達の、発育の、発生の

developmental biology 発生生物学

research and development (R&D) 研究開発

R&D department 研究開発部門

科学・技術例文

☐ **A blossom *develops* from a bud.** 花はつぼみから**発育する**。**/ A bud *develops* into a blossom.** つぼみは**発育して**花となる。

☐ **This motor will *develop* 100 horsepower.** この発動機は100馬力を**出す**。

☐ **They have *developed* a new approach to creating iPS cells.** 彼らはiPS細胞を作る新たな方法を**開発した**。

☐ **Recent technological *developments* have allowed humans to communicate worldwide.** 最近の技術の**発達**により人類は世界規模で情報伝達を行なうことができるようになった。

device /dɪváɪs/

n. 装置、仕掛け、工夫、計画、策略、(表現上の) 趣向、(精巧な) 図案

⇨「機械・装置」という意味で用いられる場合、machine と比べると、「うまく工夫・設計されたもの」という含意が強い。また、nuclear device, explosive device など、bomb の婉曲表現としても用いられる。

基本例文

☐ **They are thinking of installing various safety *devices* to protect children.** 彼らは子供たちを守るためのさまざまな安全**装置**の設置を考えている。

☐ **The company invented a new *device* for catching mosquitoes.** その会社は蚊を捕まえる新**装置**を発明した。

☐ **The government's proposal was only a *device* to distract public opinion.** 政府の提案は、人びとの気をそらす**仕掛け**にすぎなかった。

関連語

computer peripheral device コンピュータ周辺機器
listening device 盗聴器
light modulation device 光変調素子
devise *v.* 工夫する、考案する　*n.* (不動産用語の) 遺贈
We must *devise* methods for recycling paper to conserve the forests. 私たちは森林を保護するため、紙を再生利用する方法を**考え出さ**なければならない。
devisable *adj.* 工夫できる、遺贈できる
The land is *devisable* by will. その土地は遺言によって**遺贈できる**。

科学・技術例文

☐ **This newly-invented alarm *device* can detect both smoke and flaming fires, but can't detect carbon monoxide.** この新たに発明された警報**装置**は、煙と炎を探知することができるが、一酸化炭素の探知はできない。

☐ **A breathalyzer is a *device* used to analyze the amount of alcohol in your body; it can determine the blood alcohol concentration (BAC) level.** 酒気検知器は体内のアルコール量を分析するために使用される**装置**で、血中アルコール濃度 (BAC) を測定することができる。

☐ **Their apartment has a *device* to circulate hot water through pipes embedded in the floor to heat the house in winter.** 彼らのマンションには、冬の暖房のため、床に埋め込まれたパイプに温水を循環させる**装置**がある。

differ /dífɚ | -fə/

v. (〜とは) 異なる、異論がある

⇨ disagree と似ているが、強いて言えば、differ は「異論がある」、disagree は「異論を出す」という差があるかもしれない。実際には these two don't differ significantly と考えてよいだろう。vary は「(状況によって) 違いが出る」。 ⇨ MODIFY, TRANSFORM, VARY

基本例文

☐ **Their opinions *differ* about [on] this matter.**　この件について、彼らは意見が違う。

= **They *differ* in their opinions about [on] this matter.**

= **They have different opinions about [on] this matter.**　[opinion を単数形で使う例もある]

☐ **Let's agree to *differ* on [about] some of the issues.**　いくつかの論点については、**意見が違う**ことを認め合おう。[differ の代わりに disagree も可]

☐ **I beg to *differ*.**　(相手の発言に対して) それは**どうでしょうね**。

関連語

different *adj.* [**differ** と同じく、あとに **from** をつづけることが多い。ただし、**than** を伴うことも現在では普通。**The outcome was different than I had expected.** のような場合は、かえって便利だとも言える。]　⇨ 用例は「科学・技術例文」に示した。

difference *n.* 差異、差分、不和　**potential difference** 電位差

finite difference method 有限差分法 (微分方程式を数値的に解く方法の一つ)

the difference of/in age between the two groups 両集団の年齢差

The two groups settled their *differences*.　両集団が**対立**を解消した。

differentiate *v.* 区別する、分化する、【数学】微分する

⇨ 用例は「科学・技術例文」に示した。

differentia *n.* 種差 (同類の中で異種の区別になるような特性)

differential *adj.* 差をもたらす、差によって機能する　*n.* (分量や程度の) 差、微分、差動装置

wage differentials 賃金格差　**differential equation** 微分方程式

differential scanning calorimetry 示差走査熱量測定 (試料と基準物質を同じ速さで加熱した時の吸熱量の差から試料の物理化学的性質を調べる方法)

科学・技術例文

☐ **Results from one laboratory may *differ* from those of another depending on experimental conditions.**　実験の条件により、別の研究所では**異なる**結果が出るかもしれない。

☐ **The embryo cells *differentiate* into specific types of cells so that they become somatic cells of *different* tissues and organs.**　胚細胞は特定の型の細胞に**分化し**、さまざまな組織、器官の体細胞になる。

dilute /daɪlúːt, dɪ-/

v. (水などの液体で) 薄める、希釈する

⇨ 気体の濃度を薄める場合にも使われる。比喩的に用いると「(効果などを) 弱める」「価値を下げる」という意味になる。このままの語形で形容詞にもなる ([関連語] を参照)。

基本例文

☐ **I slightly *diluted* the paint to make a lighter shade.** 淡い色にしようと思って、いくらか絵の具を**薄めた**。

☐ **You can use vinegar *diluted* with water for cleaning jobs in the kitchen or bathroom.** 酢を水で**薄める**と、キッチンやバスルームの掃除に使える。

☐ **Classrooms without air-conditioning will only *dilute* the quality of education.** 空調のない教室では、生徒への教育効果が**薄れ**てしまう。

関連語

dilute the coolant with water in a ratio of 2:1 冷却液を 2:1 の割合で水で薄める
dilute the ratio of coolant to water 冷却液の割合を減らす
dilute *adj.* (= **diluted**)
　5-fold dilute solution 5 倍希釈溶液
　dilute sulfuric acid 希硫酸
diluted *adj.* (= **dilute** *adj.*) 薄めた、希釈した
dilution *n.* 希釈、希釈液
　dilution ratio 希釈率
　The use of the *dilution* refrigerator is one of the techniques to achieve extremely low temperatures. **希釈**冷凍法は超低温を得るための技術である。
undiluted *adj.* 薄めていない、生(き)の

科学・技術例文

☐ **The energy of light is *diluted* with increasing distance from its source.** 光のエネルギーは光源から遠ざかるにつれて**弱まる**。

☐ **These measures are designed to *dilute* the air contaminants in urban areas.** この対策は都市部の大気汚染物質を**薄める**ための措置である。

☐ **The antiseptic was *diluted* with distilled water to the required consistency.** 所定の濃度になるまで、消毒薬を蒸留水で**薄めた**。

☐ **Discharge of the poisonous substance into the sea is permissible if it is first *diluted* in an amount of water equal to one thousand times its volume.** その有害物質も千倍の容積の水で**希釈すれ**ば海への排出が許される。

DOWNLOAD 72

dimension /dɪménʃən, daɪ-/

n. (長さ・幅・厚さなどの) 寸法、容積、大きさ、次元

⇨ 長さや寸法を測定すること、またその測定値・大きさ、というのが元の意味。the three dimensions と言えば通常「縦・横・高さ」あるいは「長さ・幅・厚さ」の寸法ということになる。そこから発展して、規模、重要性、(物事の) 局面といった意味でも使われる。

D

基本例文

☐ **What are the *dimensions* of this box?**　この箱の**寸法**はどのくらいですか。

☐ **We measured the *dimensions* of the room.**　私たちはその部屋の**寸法**を測った。

関連語

fourth dimension [いわゆる「四次元」だが、そこから転じて「日常経験外のこと」を意味することもある]

Dreams are a kind of *fourth dimension*.　夢は一種の第四**次元**である。

a house of considerable dimensions かなりの大きさの家

dimension lumber【建築】規格材 (＝**dimension stuff**) (通例、厚さ 2〜5 インチ、幅 4〜12 インチの標準寸法に製材された建築用材)

dimension stone【建築】規格石材 (特定の大きさと形状に切り出した自然石。通例、長さと幅が 2 フィート以上)

dimensional *adj.* 寸法の、〜次元の

dimensional analysis【物理・工学】次元解析

three-dimensional picture 立体映画 (**3-D picture**)

four-dimensional space 四次元空間

科学・技術例文

☐ **A lot of rooms are not rectangular, so the simplest way of calculating the volumetric *dimension* of this type of room is to try and break the room down into 2 or 3 distinct blocks and take the 3 *dimensions* for each block.**　部屋が単純な長方形ではないことも多いのですが、そのような部屋の**容積**を計算するもっとも簡単な方法は、部屋を複数の四角い部分に分割して、それぞれの部分の**寸法**を測ってみることです。

☐ **If you are to design a road or any other transport facility, you need to know the *dimensions* of the vehicles which will use it.**　道路あるいはなんらかの交通施設を設計しようとするなら、それを使用する乗り物の**立体的なサイズ**を知っておく必要があります。

discharge /dɪstʃɑ́ɚdʒ | -tʃɑ́:dʒ/

v.（義務・責任などを）果たす、解放する、放出する、放電する

⇨ 他動詞として使われることが多い。

n. 放出、排出（物）、放電、発射、噴射

⇨ charge（「（車などに荷物を）載せる、積む」）に、否定・逆を表わす dis がついて「荷を下ろす」が原義（⇨ CHARGE）。下ろすのが肩の荷であれば、「責任を果たす」「義務（職務）から解放する」（悪い意味だと「解雇する」）ことになる。荷物が、内に貯め込んでいた気体や水や老廃物や電気を指すのであれば、それぞれ「放出する」「放水、放流する」「排出する」「放電する」という意味になる。

基本例文

☐ **They fully *discharged* their responsibilities in that matter.** その件については責任をまっとうした。/ **They fully *discharged* their duties in that matter.** その件については任務を**果たした**。

☐ **With the situation confused, the chairperson had no choice but to *discharge* the committee.** 事態が混乱したため、委員長は委員会を**解散せ**ざるをえなかった。

☐ **He was *discharged* for dishonesty.** 不正のために**解雇**された。

☐ **She *discharged* her pistol at the intruder.** 侵入者めがけてピストルを**発射した**。

☐ **Both the Tigris and the Euphrates *discharge* (themselves) into the Persian Bay.** ティグリス河とユーフラテス河はともにペルシャ湾に**注いでいる**。

関連語

corona discharge コロナ放電　　**radioactive discharge** 放射性排出物

科学・技術例文

☐ **The blast valve is for *discharging* the high-pressure air to the ambient surroundings.** その送風弁は高圧空気を周囲に**放出する**ためのものである。

☐ **You cannot *discharge* untreated sewage into the rivers without detriment to the quality of the water.** 未処理の下水を河川に**流す**と水質を悪化させてしまいます。

☐ **These symptoms indicate abnormality in how the body *discharges* waste.** これらの徴候は、体外に老廃物を**排泄する**機能に異常が生じていることを示している。

☐ **There was a profuse *discharge* of poisonous gas from a ruptured storage tank.** 破裂した貯蔵タンクから有毒ガスの大量**流出**があった。

☐ **The gates are used to regulate and control the *discharge* of spillways.** ゲートは余水路からの**放流**を規制し制御するために使われる。

discover /dɪskʌ́vɚ | -və/

v. (未知の物事を) 発見する、見つける、(事実・答えなどが) わかる (realize)

⇨ 未知の事柄・事物などを見つけ出すことで、この意味では類義語の中でももっとも普通の語。一般に知られていなかったことだけではなく、いままで自分が知らなかったことに気づくのも discover と言える。 ⇨ SENSE

基本例文

☐ **You may *discover* a new talent in yourself.** 自分の才能に**気づく**かもしれない。

☐ **I *discovered* that he was dishonest.** 彼が不誠実な人間だと**わかった**。

［類語情報］

find もっとも適応範囲の広い語 (意図せずに見つけることもある)。

Find the cube root of 27. 27 の立方根を**求めよ**。

detect *v.* 隠されている事物を探し出して発見する ⇨ DETECT

The instrument can *detect* small amounts of radiation. その機器は少量の放射線を**検出する**ことができる。

unearth *v.* 調査の結果、未知であったことを明るみに出す

The research team *unearthed* hitherto unknown documents. その研究チームがまだ世に知られていなかった文書を**発見した**。

関連語

discovery *n.* 発見、発見されたもの、証拠開示手続き (アメリカの民事訴訟で当事者の双方から証拠となる情報を開示し合う義務。電子データが対象であれば、**electronic discovery** [**e-discovery**] と呼ばれる) ⇨ 用例はほかに「科学・技術例文」に示した。

discoverable *adj.* 発見可能な

discoverer *n.* 発見者 **the discoverer of a new asteroid** 新しい小惑星の発見者

科学・技術例文

☐ **British scientists *discovered* a gene that contributes to obesity.** 英国の科学者が肥満につながる遺伝子を**発見した**。

☐ **French researchers have *discovered* a way to see through various opaque materials by studying the way light passes through a layer of zinc oxide.** フランスの研究者が、酸化亜鉛の層を通り抜ける光の研究から、不透明な物質をとおして見る方法を**発見した**。

☐ **This may be the biggest *discovery* since humans *discovered* how to use fire to cook.** これは人間が火を使って調理することを**発見**して以来の大**発見**になるかもしれない。

display /dɪspléɪ/

v. 展示する、表示する、(旗などを) 掲げる

n. 展示、表示、(コンピュータなどの) 画面表示、(動物が求愛、威嚇のために見せる) 誇示行動 (ディスプレー)

⇨「閉じていたものを開いて見せる」が元来の意味。画面表示装置の意味で同様に用いられる monitor には「監視」の意味合いが含まれることがある。

基本例文

☐ **An appetizing *display* of food attracts customers to a store.** 食欲をそそるように料理が**陳列**されると客は店に引きつけられる。

☐ **A portion of the dictionary was *displayed* on the screen.** 画面に辞書の一部が**表示された**。

☐ **He made a sincere *display* of delight at the ceremony.** 式典で心からの喜びを**表わした**。

☐ **A flag was *displayed* outside the window.** 窓の外に旗が**掲揚され**ていた。

関連語

コンピュータなどの画面表示に用いられる装置の方式と形態にはさまざまなものがある。

CRT display ブラウン管 (**cathode-ray tube**) を用いた表示装置

flat-panel display (奥行きがある CRT ディスプレーに対して) 平面パネルを用いる表示装置

liquid crystal display (**LCD**) 液晶パネルを用いる平面パネル型ディスプレー [**LCD** の表記中にすでに **display** が含まれているため冗長になるが、実際の使用例では **LCD display** とされることも多い]

plasma display プラズマディスプレー (= **gas-plasma display**) [放電管を利用してピクセルを発光させる平面パネル型ディスプレー]

electronic paper display (**EPD**) 電子ペーパーディスプレー

head-mounted display (**HMD**) ヘッドマウントディスプレー [頭にかぶるゴーグル式]

touch-sensitive display タッチ感応ディスプレー、タッチパネルディスプレー

科学・技術例文

☐ **Organic electroluminescent *displays* (OELDs) can function without a backlight. Thus, they can be thinner, lighter, and more energy-efficient than LCD panels.** 有機 EL **ディスプレー** (OELDs) は、稼働するためにバックライトを必要としない。このため、液晶ディスプレー (LCD) のパネルに比べて、より薄く、軽く、また省エネになりうる。

☐ **When a female bowerbird approaches, the male will start a *display* of singing and dancing to attract the female to the nest.** メスが近づいてくると、オスのニワシドリは唄とダンスの**誇示行動 (ディスプレー)** を始め、メスを巣に誘い込もうとする。

dissolve /dɪzɑ́(:)lv | -zɔ́lv/

v. 溶かす、分解する、解消する、薄らぐ、(精神的に) 崩れる

⇨「分離」を意味する dis- に solve がついたもので、原義は、「ゆるめる、放す、ばらばらにする」。自動詞としても用いられる。 ⇨ MELT

基本例文

☐ **Sugar *dissolves* easily in hot water.** 砂糖は容易に湯に**溶ける**。

☐ **The House of Representatives was *dissolved* by the prime minister for a general election.** 総理大臣によって衆議院は**解散され**、総選挙を迎えることになった。

☐ **Certainty *dissolved* into uncertainty.** 確実だと思われたことが**怪しくなって**不確実になった。

☐ **When she heard the news, she *dissolved* into tears.** その知らせを聞き、彼女は**わっと泣き崩れた**。

関連語

dissolution *n.* 解消、分離、溶解、融解
  dissolution test 溶出試験法
dissolvable *adj.* 分解できる、解消できる、溶解できる［不溶性の、解決できない、という意味の **insoluble** と間違えないように注意］
soluble *adj.* 溶解できる、乳化できる、解決できる
  Salt and sugar are *soluble* in water. 塩や砂糖は水に**溶ける**。
  water-soluble *adj.* 水溶性の **fat-soluble** *adj.* 脂溶性の
solution *n.* 解決、解、溶液、溶剤、溶解 ⇨ SOLUTION
  solution of iodine in alcohol ヨードのアルコール溶液
solvent (=**dissolvent**) *n.* 溶剤、溶媒、解決策 *adj.* 支払い能力のある、溶解力のある
  Alcohol is a *solvent* for/of resinous substances. アルコールは樹脂性物質の**溶剤**である。

科学・技術例文

☐ **The chemical *dissolves* into its constituent parts when heated.** その化学薬品は加熱されると構成成分に**分解する**。

☐ **Aqua regia, the mixture of concentrated nitric acid and concentrated hydrochloric acid, can *dissolve* noble metals such as gold and platinum.** 濃硝酸と濃塩酸の混合物である王水は、金や白金といった貴金属を**溶かす**ことができる。

distance /dístəns/

n. 距離、（空間の）広がり、（時の）経過、（身分の）相違、（態度の）よそよそしさ
v. 遠ざける、（競技で）引き離す、追い越す

基本例文

☐ **The lake is within walking *distance* of my house.** 湖は私の家から歩ける**距離**にある。［within driving distance なら「車で行ける距離」］

☐ **The survey shows that the social *distance* between racial groups has become greater than ten years ago.** 調査によると、人種間の社会的**相違**は10年前より大きくなっている。

☐ **The family kept their neighbors at a *distance*.** その家族は隣人との**距離を**保っていた。

☐ **The politician tried to *distance* himself from these religious organizations.** その政治家はこうした宗教団体からは**距離をおく**ように努めた。

関連語

long-distance 長距離　**long-distance phone call** 長距離電話
distance perception 距離感覚
distance learning / education 通信教育
distant *adj.* 遠い、遠縁の、よそよそしい、遠くを見るような
distant metastasis（癌の）遠隔転移
His hometown is 300 kilometers *distant* from London. 彼の故郷はロンドンから300キロ**離れている**。
⇨ 用例はほかに「科学・技術例文」に示した。
equidistant *adj.*（～から）等距離の
a city equidistant from / between Tokyo and Osaka 東京と大阪から**等距離の**（中間点の）都市

科学・技術例文

☐ **The advances in these technologies enabled astronomers to estimate *distances* between the planets in the Galaxy.** こうした科学技術の進歩のおかげで、天文学者は銀河系の惑星間の**距離**を見積もることが可能になった。

☐ **A sphere is a round solid figure with every point on its surface at an equal *distance* from the center.** 球とは、その表面のすべての点が中心から等**距離**にある丸い立体である。

☐ **In the not too *distant* future, broadband will bring about as radical changes in our way of life as the introduction of the telephone did more than a century ago.** 一世紀以上前に電話が導入された時と同様に、ブロードバンドがわれわれの生活様式に大きな変化をもたらすのも**遠い**将来ではない。

distort /dɪstɔ́ɚt | -tɔ́:t/

v. 変形させる、歪曲する、ひずませる

⇨ 形態、音声、情報などを、元の姿から（たいていは悪い方向に）変える。語源的には torture, torment と近縁で、根本の意味は「ねじる、ひねる」。形を悪くするという意味では deform, disfigure, misshape などの類義語。

基本例文

☐ **Her face became *distorted* with grief.** 悲しみに顔が**ゆがんだ**。

☐ **A funhouse mirror *distorts* the image of everyone who stands in front of it.** （遊園地の）びっくりハウスの鏡の前に立つと、誰でも**ゆがんで見える**。

☐ **Don't deceive yourself with *distorted* information on the internet.** インターネットの**ウソ**情報にまどわされてはいけない。

☐ **The media often does a good job of *distorting* the truth.** メディアはうまいこと真実を**ねじ曲げる**ものだ。

関連語

distortion *n.* ゆがめること、ゆがんだもの、（音声の）ひずみ、（映像の）ゆがみ［光学的な「収差」に相当する語は **aberration**］ ⇨ STRAIN

high-frequency distortion 高周波歪み（ひずみ）

barrel distortion 樽型歪み（ゆがみ）　**pincushion distortion** 糸巻き歪み

a distortion-free lens ゆがみのないレンズ

an intentional distortion of history 意図的な歴史の歪曲

⇨ 用例はほかに「科学・技術例文」に示した。

科学・技術例文

☐ **Most earthquakes are caused by *distortion* taking place near the edges of the slow-moving tectonic plates of the Earth's crust.** ゆっくりと動く地殻プレートの周縁部で**ひずみ**が発生し、それが原因となって起こる地震が多い。

☐ ***Distortion* refers to any undesired change in the waveform of a signal between the input and output of a system.** あるシステムの入力と出力のあいだで、信号の波形に不要な変形をきたすものを、「**ゆがみ**」と言う。

distribute /dıstríbju:t/

v. 配る、分配する、割り当てる

⇨「分けあたえる」が原義。文脈によっては「流通させる」「分類する」となり、受動態で用いると「分散している」「分布している」の意味にもなる。

基本例文

☐ **An abstract of Mr. Obama's speech was *distributed* gratis to the audience.** オバマ氏の演説の摘要が聴衆に無料で**配布**された。

☐ **These kinds of plants are *distributed* exclusively in the Southern Hemisphere.** こういった種類の植物はもっぱら南半球に**分布している**。

☐ **The sexes are evenly *distributed* among our students.** 本学の学生は男女比が均等である（＝男女が均等に**分かれている**）。

関連語

distribution *n.* 分散、分布、配置、流通
distribution center 流通センター　**distribution circuit** 分電回路
distribution coefficient 分配係数
distribution system 配電系統、流通システム
intensity distribution 強度分布　**molecular weight distribution** 分子量分布
distributor *n.* 配電器、配給業者

科学・技術例文

☐ **This method *distributes* the beam energy effectively and is used in heat treatment.** この方法は、ビーム・エネルギーを効果的に**配分し**、熱処理に利用されている。

☐ **Heat energy of the fuel in a gaseous state can be transmitted and *distributed* through pipes to the place of consumption.** そのガス状燃料の熱エネルギーは、パイプをとおして消費される場へと**配分される**。

☐ **We are doing research into how insecticides are *distributed* in the food chain.** 殺虫剤が食物連鎖の中でどのように**分布している**かを研究している。

☐ **Highly flexible fiber bundles are by far the best medium for *distributing* light.** 柔軟性の高いファイバー束は、光を**分散させる**のに飛び抜けてすぐれた媒体である。

diversity /dɪvə́ːsəṭi, daɪ- | -vɜ́ː-/

n. 多様性、変化、相違点

⇨ さまざまに異なっていること、あるいは種類の異なる物が同時に存在している状態を指す。biological diversity（あるいは biodiversity）は、多様な生物が共存している状態。

基本例文

☐ **There is a great *diversity* of opinion as to the matter.** その件については、非常に幅広いさまざまな意見がある。

☐ **The biological *diversity* of the Earth is being depleted due to the consequences of human activity.** 地球上の生物**多様性**は、人間の営みからさまざまな影響を受けて激減しつつある。

関連語

diversity reception ダイバーシティ受信（最上の受信状態を自動的に選ぶ受信方法）
diversity antenna ダイバーシティアンテナ（複数のアンテナで電波を受信することにより、最上の受信状態を実現する技術、またそのためのアンテナ）
diverse *adj.* 種々の、いろいろな
a man of diverse interests 多趣味な人
diversify *v.* 多様化させる、多角化する
⇨ 用例は「科学・技術例文」に示した。

科学・技術例文

☐ **The ecological *diversity* in this area is strongly related to its varied climate, terrain, geology, soil, and land use.** この地域の生態学上の**多様性**には、変化に富む気候、地形、地質的特徴、土壌、そして土地の利用法が強く関係している。

☐ **If you try to promote *diversity* in the workplace, it should decrease the incidents of discrimination among colleagues.** 職場の人員構成の**多様化**を促進すれば、同僚の間の差別によるトラブルを減らすことができるでしょう。

☐ **Genetic *diversity* at endoplasmic reticulum aminopeptidases of human cell has been reported to be associated with natural resistance to HIV infection.** ヒト細胞の小胞体アミノペプチダーゼにおける遺伝子の**多様性**が、HIV（ヒト免疫不全ウイルス）感染に対する自然抵抗性と関連することが報告されている。

☐ **They are planning to *diversify* energy sources by constructing new wind and solar farms.** 新たに風力発電および太陽光発電の基地を建設することで、彼らはエネルギー供給源の**多様化**を計画している。

document /dɑ́(:)kjʊmənt | dɔ́k-/

n. 文書、書類、証拠資料、文献

⇨「教える」から生まれた語で、古くは「教え」「指導」「レッスン」を意味していた（現在ではそのような意味で使われることはないが）。

v. 記録する、文書化する、（証拠書類によって）立証する

基本例文

☐ **Any relevant *document* must be retrievable at any time.** 関係**書類**はいつでも取り出せるようにしておくべきだ。

☐ **Those *documents* open up hitherto neglected aspects of the organization.** それらの**文書**により、組織のこれまで看過されてきた面が明らかになる。

☐ **The academic article is richly *documented* with citations from top scholars.** **論証**にあたって一流の研究者の説をふんだんに引用している学術論文である。

関連語

well-documented *adj.* 十分な裏付けのある、きちんと立証された

documentation *n.* 証拠となる書類（の作成）、文書による証拠固め、典拠の明示、傍証

Full *documentation* should accompany your application. 申請にあたっては**書類一式**を残らず添付しなくてはなりません。

Produce *documentation* to prove your entitlement. 資格を証明する**書類**を提示しなさい。

documentary *adj.* 文書の、書類の　*n.* 記録映画、ドキュメンタリー

科学・技術例文

☐ ***Documents* can be printed out concerning any chemical substance in the database.** データベースにあるどの化学物質に関する**文書**もプリントアウトすることができます。

☐ **I shall not mention it here for reasons of space; thus, refer to the list of the *documents* at the end.** 紙幅の都合上ここではふれないので、巻末の**文献**リストを参照されたい。

☐ **I fully *documented* the human need for ascorbic acid in healing wounds.** 傷の治癒に際して人体がアスコルビン酸を必要とすることを、十分な**証拠を提示して証明した**。

☐ **In 1695 Halley concluded that the orbits of 24 previously *documented* comets were cigar-shaped ellipses, in contrast to the more circular paths of the planets.** 1695年にハレーが、それまでに**記録されて**いた24の彗星の軌道は、円形に近い惑星の軌道とは異なり、葉巻型の楕円形である、と結論づけた。

DOWNLOAD 82

drain /dréɪn/

v. 排水する、〜の水気を切る、乾燥させる、空ける、使い果たす、〜から（力・富などを）奪う、（水が）はける、流出する、〜の液（膿(うみ)）を出す

n. 排水渠(きょ)、放水路（conduit）、下水溝（sewer）、排水管、排水、排液管、ドレーン（電界効果トランジスター（FET）でソースと対になっている電極）

D

基本例文

☐ **The playground should be *drained* by digging a ditch across it.** あの運動場は溝を掘り渡して**排水し**なければならない。

☐ **Let's *drain* our glasses of wine in one draft.** グラスのワインをひと息に**飲み干し**ましょう。

☐ **The rainwater soon *drained* away.** 雨水はすぐに**はけた**。

☐ **I saw the color [blood] *drain* from her face.** 彼女の顔から**血の気が引く**のが見えた。

関連語

drain dry 水を切って乾かす、活力をすっかり奪う

This work will *drain* him *dry*. この仕事で彼は**精根尽き果て**てしまうだろう。

go down the drain 失われる、無駄になる

One million yen *went down the drain*. 100万円が**無駄になった**。

brain drain 頭脳流出

brain drain of the Russian scientists to the United States ロシアの科学者のアメリカ合衆国への頭脳**流出**

科学・技術例文

☐ **The next step is to dig a trench to *drain* water away [off].** 次の作業は**排水**のために溝(みぞ)を掘ることである。

☐ ***Drain* the central heating system to repair or replace the radiator.** ラジエーターを修理するか取り替えるためには、セントラル・ヒーティング・システムの**水抜き**をしなければならない。

☐ **A surgical *drain* is a tube used to *drain* unwanted fluids including pus, blood or others from a body.** 外科手術用の**ドレーン**は、膿、血液、その他の不必要な液体を身体から**取り除く**ために使われる管のことである。

draw /drɔ́ː/

v. 引く、引き延ばす、(図・線を) 引く、(文書を) 作成する、(注意・関心を) 引きつける、(結論・教訓を) 引き出す、引き分ける
n. 引くこと、くじ、引き分け

基本例文

☐ **Air is *drawn* in through this inlet valve.** 空気はこの吸入バルブから**吸いこまれる**。

☐ **He *drew* up a will in which he bequeathed all he possessed to his wife.** 所有財産をすべて妻に譲る遺言書を**作成した**。

☐ **Allow me to *draw* your attention to the chart.** この図表に**ご注目いただきたい**。

☐ **He tried to *draw* a conclusion from the available facts.** 入手できる事実から結論を**引き出そう**とした。

☐ **The match ended in a *draw*.** 試合は**引き分け**に終わった。

関連語

drawing *n.* 図面、製図　**drawing board** 製図板 (＝**drafting board**)

This *drawing* illustrates how the machine works. この**図**はその機械がどのように作動するかを示している。

⇨ 用例はほかに「科学・技術例文」に示した。

withdraw *v.* 撤回する、貯金を引き出す (おろす)　**withdrawal** *n.* 撤回、引き出し

He has *withdrawn* his name from the list of candidates for office. 立候補を**取り消した**。

Heavy *withdrawals* from banks started a panic. 銀行からの大量の**引き出し**がパニックを引き起こした。

drawback *n.* 欠点

Numerous *drawbacks* to the plane's design were discovered during flight tests. 飛行テスト中に機体のデザインに無数の**欠陥**が発見された。

科学・技術例文

☐ **The diameter of a wire is reduced in a process called wire *drawing*.** **伸線**と呼ばれる工程でワイヤーの直径をしぼる。

☐ **The difference between *drawing* and painting is that *drawing* is line-oriented while painting is shape- and mass-oriented.** ドローとペイントの違いは、**ドロー**が線を優先するのに対して、ペイントが形と質量感を優先する点にある。

drive /dráɪv/

v. 駆り立てる、運転する、動かす

n. ドライブ、動力、駆動装置、衝動、車の通る道

⇨ 電子工学では「励振（excitation）」（真空管を動作させるために格子に電圧を加えること）。物理学では「励起」（原子・分子・素粒子などのエネルギー準位を高めること）。

基本例文

□ **I bought a new car with a four-wheel *drive*. I'll *drive* you home.** 四輪**駆動**の新車を買ったんです。お宅まで**車でお送り**しましょう。

□ **He *drove* me crazy with the same question again and again.** 彼は幾度も同じことを聞いて私を**いらいらさせた**。

□ **I was *driven* to resign.** 辞職に**追い込まれた**。

□ ***Drive* the nails into the plank.** その板に釘を**打ちつけ**なさい。

□ **Hunger is a strong *drive* to action.** 空腹は人間を行動に駆り立てる強力な**動因**である。

関連語

drive at 意図する

I can't make out what he is *driving at*. 彼が何を**言おうとしている**のか私にはわからない。

drivable, driveable *adj.*（車が）運転しやすい、よく走る

driver *n.* 運転手、操縦者、駆動体、駆動輪、励振器（＝**exciter**）、ドライバー（増幅器、プリンタなどの **device driver** の意も）

The first time you use your printer, you need to install a *driver*, which helps it communicate with the rest of the system. 初めてプリンタを使う時には、**ドライバー**をインストールしなければなりません。それによってプリンタがシステムの他の部分と通信できるようになるのです。

screwdriver *n.* ねじ回し

科学・技術例文

□ **The machine is *driven* by electricity [compressed air].** その機械は電気［圧搾空気］で**動く**。

□ **They had to *drive* a tunnel under a strait.** 海峡の下にトンネルを**掘り進め**なければならなかった。

□ **It is extremely important to regularly back up the data stored on the hard disk *drive* of your computer.** コンピュータのハードディスク**ドライブ**に保存されているデータのバックアップを定期的に取ることは非常に重要である。

物質理工学院の英語
School of Materials and Chemical Technology

■科学技術の用語

科学技術の専門的な文章を見ると、見ただけで日本語なのになんだかむずかしい感じがしませんか？ 日本語で使う科学技術の用語・単語自体が、日常会話とは違って少し特殊なのが一つの理由です。一方、英語では日常の言葉と科学用語の区別がほとんどなかったりします。例えば、「積分する」なんて日本語の日常会話では絶対言いませんが、対応する「integrate」という英語は決して科学技術に限った用語ではなく、「取り込んでまとめる」といったことを表現する言葉で、日常でも使う平易な言葉で、「積分」の感覚にも一致します。日本語の科学技術用語は、もともと使っている日常語を科学や技術に適用したのでなく、新しく造語したので、特殊な表現になっているのです。歴史的な経緯でそのような言葉はたくさんあります。英語を介すると、科学技術用語と日常語の意味を対応させることができるので、専門的な概念を感覚的に捉えることができます。

自分の学生時代、英語からの訳本の専門書がやたらむずかしく、読むのに大変苦労した記憶があります。一時はむずかしい内容なんだな、と思って半ば諦めていましたが、あるとき英語の原本を読む機会がありました。英語を読んでみるとそれほどむずかしいことは書いていなくて、平易な文章で、わかりやすく書かれていました。訳者が下手くそなんじゃないか、と思ったりしていましたが、おそらく本当のところは、日常語も用いて平易に書かれていた英語の原文を、訳者が日本語の科学用語に正確に訳したために、ちぐはぐでむずかしい文章になってしまったのだと思います。正直、日本語の科学用語は、一般人にわかりにくくするために、わざとむずかしく見せているんじゃないかとさえ思います。wave function は「波動」関数とかものものしい表現でなく、普通に波関数でよかったのではないか、とか。

ということで、英語を英語のまま理解することは、科学や技術の意味を、日常に近い感覚として捉えるために役立ちます。小さいうちから科学用語を日常語と区別して正確に学んできた日本人は、おそらく科学技術用語を正確に理解していると思いますので、英語の感覚的な科学技術の語感を理解できれば鬼に金棒です。まったく初めから感覚だけで学んでしまうと、下手をするとぼやっとした理解になってしまう危険性があります。（一方、日本語における文法・文章自体はあいまいなことが多いのですが . . . ）

■物質分野の英語と学習

東工大の物質理工学院では、物理から化学まで横断的に分野をカバーしているので、使われる言葉も分野によって様々です。例えば一言に「phase」といっても、材料を扱う人は相分離とかの「相」ですが、波を扱う人は「位相」になります。より日常語に近いところでは、ある「段階」を示すこともあるでしょう。日本語でもフェーズとカタカナで書くと「段階」の意味ですね。このように日本語の科学技術用語は、細かく意味が分類されていてきわめて正確です。その分日本語の単語を多く覚えなくてはいけないので苦労しますが。

一方で、同じ意味の英語が少し違う分野では異なる日本語で翻訳されていたりして、理解がむずかしい場面があったりもします。物質分野で short-range order という原子や構造のならびを示す言葉がありますが、細分化された分野や人によって、「短距離秩序」とか「近距離秩序」と言われたり、「短範囲規則」と表現されたりします。こういう場合は英語の表現で概念と言葉を対応させたほうが混乱しません。

実際の大学の学習過程においては、日本語で書かれた教科書や専門書で学ぶことが多いので、学部生の間は、必要なタイミングで英語の教科書を読むくらいで、それほど英語は求められない気がします。しかし、大学院に進めば授業は英語ですし、研究に必要な論文は英語でしか手に入りませんし、人によっては修士課程で英語で学術論文を書くことになります。もちろん博士課程では英語論文は必ず書くことになります。情報収集も、発表などの情報発信も英語がメインになってきますので、英語力は必須です。英語の表現がつたなく、言いたいことが伝わらない、あるいは聞き取れないと、科学的・技術的な能力や理解力も低いと思われてしまうかもしれません。

英語で「書く」ためには、英語の論文や教科書をたくさん読むことで文章に慣れる必要があります。前述のように、訳本より原本のほうが読みやすいケースもあります。英語で読むことは、英語の勉強というより、むしろ科学の理解、感覚を得るための近道ですので、できるだけ早いうちから慣れておくのがいいと思います。例えば、調べ物をするときは英語のホームページを見る（翻訳ソフトを使わずに）ようにするとよいでしょう。実際、英語を通じて、日本語よりも何十倍、何百倍も多い情報が得られます。

「会話」も大切です。丸暗記したことをそのまましゃべる一方的な発表だけではなく、議論や普段の会話や冗談から、新しい発想やアイデアが生まれることがよくあります。「話す」ためには「聞く」ことが基本ですから、英語のYouTube動画を見て、可能な限り英語での会話をして、できるだけ様々な場面に遭遇することがよいと思います。それと英語で話せば、敬語をそれほど意識しなくてすみます。日本語で立場が上の人と議論すると、目下の者は必然的に敬語を使うことになり、議論の科学的な正当性にも上下関係が影響しやすい気がします。科学に関しては、フラットに英語で議論するというのもありでしょう。

■これからの研究と英語

英語を学ぶことが重要という趣旨で書いていましたが、一方でAIを利用した最近の自動翻訳技術・文章チェックの技術は目を見張るものがあり、英語が本当に要るのかという疑問すら生じています。実際自分も、特に英語で論文を書く際には、英文チェックソフトを利用しています。自分で書いた文章の細かい文法ミスや冠詞のチェックに役立ちます。一方でその手のソフトでは、少なくとも現時点では、表現が科学的な事象を正確に説明できているかは確認できません。新発見であればあるほど機械学習が利用できないので、今後も実用化はなかなかむずかしいと思われます。そういう意味では、翻訳あるいは修正された英語が、科学、技術として正確な表現になっているかどうかは、自分でしっかりと判断しなければなりません。それだけの英語力は必要になります。自動翻訳技術が今後どう使われていくかによって母国語・外国語の在り方はかわってくるとは思いますが、科学を表現する共通のプラットフォームとして英語を理解し、英語で発信ができる、ということはscientistとして必要条件なのではないでしょうか。

三宮工（物質理工学院 材料系）

effect /ɪfékt/

n. 効果、結果［原因（cause）と対になる語］、趣旨、［複数形で］動産（物件）、持ち物

v. 発効させる

⇨ 動詞は「実現させる」（achieve, produce）の意味である。「影響する」（affect, influence）とは区別すること。［*e.g.* effect a peaceful settlement 平和的な解決をもたらす］

基本例文

□ **Even the healthiest people can suffer the adverse *effects* of heavy drinking.** どんなに健康な人にも、飲みすぎれば悪**影響**が出る。

□ **The system needs to be restarted for the changes to take *effect*.** 変更を**有効**にするためには再起動の必要があります。

□ **The author is only striving for *effect*, using technical terms to impress people.** 著者は**効果**をねらって専門用語を振りまわしているだけだ。

関連語

in effect 事実上は、発効して
to the effect . . . 〜という趣旨の　**a statement to the same effect** 同じ内容の発言
ripple effect 波及効果　*cf.* **chain reaction** 連鎖反応
domino effect ドミノ効果（＝**knock-on effect**）　**side effect** 副作用
special effects（映画の）特殊効果　**stage effects** 舞台効果　**sound effects** 音響効果
Doppler effect ドップラー効果　**greenhouse effect** 温室効果
effective *adj.* 効果的な　**effective dose**（薬剤の）有効量
　effective dose equivalent（放射線）実効線量当量
effectively *adv.* 効果的に、事実上は
effectiveness *n.* 有効性（**effect** を起こす効力）
effectual *adj.*（ねらいどおりの）効果がある、（法的に）有効な
effector *n.* 効果器、エフェクター
　effector T-cell（免疫系の）エフェクター T 細胞

科学・技術例文

□ **Polyphenols have beneficial *effects* on human health.** ポリフェノールは健康によい**効能**がある。

□ **It is true that acupuncture has pain-relieving *effects*, whether or not it works through a placebo *effect*.** プラセボ（偽薬）**効果**かどうかはともかく、鍼治療には痛みをやわらげる**効果**がある。

□ **During his presentation, he said something to the *effect* that he had come up with a clever way to enhance the effectiveness of renewable energy systems.** プレゼンの途中で、再生可能エネルギーシステムの効率を高める名案を思いついた、**というようなこと**を言っていた。

efficient /ɪfíʃənt/

adj. 有能な、効率がよい

⇨「完全に作り上げる」というのが原義。似通った形容詞として、effective, effectual, efficacious などがあり、いずれも「効果がある」という意味を有するが、efficient は特に「無駄な労力を省いて最大の効果を上げる」という意味合いが強い。energy-efficient など、複合語としてもよく用いられる。

基本例文

□ **This communication system is far more *efficient* than the old one.** この通信制度は古いものよりはるかに**効率がよい**。

□ **Every employer wishes to attract *efficient* workers.** 雇用主はみな**有能な**働き手を集めたいと思っている。

関連語

energy-efficient *adj.* エネルギー効率のよい
fuel-efficient *adj.* 燃費（効率）のよい、低燃費の
cost-efficient *adj.* 費用効率の高い

It is regarded as one of the most *cost-efficient* companies in the industry. 業界でももっとも**費用効率の高い**会社と見なされている。

efficiently *adv.* 効率よく

⇨ 用例は「科学・技術例文」に示した。

coefficient *n.*【数学・物理・統計学】係数、率

Rubber tires and dry road surfaces have a high *coefficient* of friction. This is why we use rubber in our tires. ゴムのタイヤと乾いた道路の表面は、摩擦**係数**が高い。タイヤにゴムを使うのはそのためである。

differential coefficient【数学】微分係数
coefficient of correlation【数学】相関係数
drag coefficient【物理】抵抗係数
coefficient of viscosity【物理】粘性率
coefficient of thermal expansion（**CTE**）【物理】熱膨張係数
coefficient of variation【統計学】変動係数

科学・技術例文

□ **Some of the most *efficient* air conditioners consume 65 percent less electricity than older models.** もっとも**効率のよい**エアコンだと、古い型に比べて電気消費量が65パーセント少ないものもある。

□ **They are trying to figure out ways to store data *efficiently* on computer disks.** 彼らは**効率よく**データをコンピュータディスクに保存する方法を考案しようとしている。

DOWNLOAD 87

electricity /ɪlèktrísəṭi, əl-, ìːlek-/

n. 電気、電流、電力、電気学、強い緊張、興奮状態

⇨ 17 世紀にラテン語からの造語で electric, electricity という英語ができたが、もとはギリシャ語で琥珀を意味する「エレクトロン」から（琥珀は摩擦で帯電しやすい）。

基本例文

☐ **If a wire is carrying a current of *electricity*, we speak of it as "alive." If we cut the current off, it becomes "dead."** 電線が**電気を**通している時は、その電線を "alive" と言う。電気を切れば "dead" になる。

E

☐ **Many of the *electricity*-related accidents could have been avoided with a little bit of caution.** ちょっと気をつければ、かなりの**感電**事故が防げただろう。

関連語

static electricity 静電気

I felt like I was electrocuted in my chair by static *electricity*! 座っていたら、すごい静**電気**が来て、電気椅子みたいな気分だった。

electric *adj., n.* 電気の、電動の、電気、電力、電動機器

electric charge 電荷

electrical *adj.* **electric** との区別はむずかしい。おおよその傾向としては、**electrical** は学問分野の名称のような、より一般的な意味について使われる。たとえば「電気工学」なら **electrical engineering** が普通であり、「電気に関わりのある」という広い意味が感じられる。逆に個別の製品の場合は、**an electric shaver**（電気かみそり）のように言うことが多い。「電気ウナギ」も **an electric eel** が多いだろう。だが「激しい雷雨（**an electric(al) storm**）」はどちらでもよい。というわけで一概には言えない。ただし、「興奮をもたらす、緊張をはらんだ」の意味で比喩的に使えるのは **electric** のみ。また副詞は **electrically** 一つしかない。

electrical engineer 技師（電気工学の専門家）

Don't touch *electrical* appliances with wet hands. 濡れた手で**電化**製品にさわってはいけない。[**electric appliances** でも可]

The atmosphere in the stadium was *electric* with anticipation. スタジアムは期待に**張りつめていた**。

⇨ 用例はほかに「科学・技術例文」に示した。

electrician *n.* 電気工事（配線）の技術者

electrode *n.* 電極　**electrolyte** *n.* 電解液、電解質　**electrolysis** *n.* 電気分解

electroplate *v.* 電気メッキをする　**electrodeposit** *v.* 電着させる

electrify *v.* 通電する、電化する、電撃（衝撃）をあたえる

The town was not *electrified* until the 1930s. 町に**電気が来た**のは 1930 年代のことだった。

The horrible incident *electrified* the town. 惨事があって町に**衝撃が走った**。

electrocute *v.* 感電させる［事故または処刑による致死的な感電を言う］

electrocuted by a power leak 漏電の事故にあった

electrocuted in the electric chair 電気椅子にかけられた

科学・技術例文

☐ **A human body, about 70% water, is an excellent conductor of *electricity*.**
人体は70%くらいが水で、みごとに**電気**を通す。

☐ **It is easy to predict that *electricity*-powered vehicles will replace fossil-fuel cars in the near future.** 近い将来、**電気**自動車が化石燃料の車に取って代わることは、簡単に予想がつく。

☐ **Birds can sit on live *electrical* wires and not fry, unless they come in contact with anything at a different potential, such as another wire, and accidentally complete a circuit.** 鳥が**電**線に止まっても焼き鳥にはならないが、ほかの電線のような電位差のあるものに接触して、うっかり回路を完成してしまえば話は別である。

E

element /éləmənt/

n. 元素、要素、成分

⇨ 電気関係では「素子 (electrical part)」。複数形では「基礎的知識」、さらに定冠詞がついて the elements となると、暴風雨のような「(人間の力ではいかんともしがたい) 悪天候、大自然の力」を表わす。

基本例文

☐ **It is hard to bind these disparate *elements* together into a unity.** これらの雑多な**要素**を一つにまとめるのは容易なことではない。

☐ **Chess is a game that has no *element* of chance.** チェスは運という**要素**が入らないゲームである。

☐ **In my childhood my grandmother taught me the *elements* of chemistry.** 子供の頃に祖母が化学の**初歩**を教えてくれた。

関連語

the four elements (古代・中世の哲学者が万物の根源をなすと考えた) 四大、四元素 (**earth, air, fire, water**)

elemental *adj.* 根本的な、基本的な、元素の

Two *elemental* and important semiconductors are germanium and silicon. 二つの**基本的**かつ重要な半導体として、たとえばゲルマニウムやシリコンがある。

Sulfur is recovered in *elemental* form. 硫黄は**単体** (**元素**鉱物) として取り出される。

elementary *adj.* 初歩の、要素の、元素の

elementary particle 素粒子

elementary calculus 初等微積分学

elementary analysis 元素分析

科学・技術例文

☐ **Astronomers suppose that the materials of which our world is made, the *elements*, are much the same in every part of the universe.** われわれの世界を形づくっている物質、つまり**元素**は、宇宙のいたるところでほぼ同じだろう、と天文学者は考えている。

☐ **A gear is a machine *element* which is designed to turn power into movement.** 歯車とは、動力を運動に変換するように設計された機械の一**要素** (部品) である。

☐ **They produced heat using nichrome as a heating *element*.** ニクロムを発熱**素子**に用いて熱を発生させた。

☐ **Vacuum tubes, coils, transistors, and condensers are the important *elements* in modern electronic equipment.** 真空管、コイル、トランジスター、コンデンサーは、近代の電子装置の重要な**素子**である。

elevate /éləvèɪt/

v. 上げる、高める、持ち上げる

⇨「高い位置に持ち上げる」という元の意味から、「昇進させる」「道徳的に向上させる」「精神的に高揚させる」「温度を上昇させる」「鉄道を高架にする」など、さまざまな文脈で使われる。自然な状態では上がらないところまで持ち上げるというニュアンスがあるため、「昇進させる」という意味では、往々にして、本来値しないほど高い地位まで昇進させるという含みがある。

基本例文

- □ **They tried to *elevate* the bucket with a rope.** 彼らはロープでそのバケツを**持ち上げ**ようとした。
- □ **He was criticized for *elevating* many of his friends to powerful positions in the company.** 彼は、多くの友人を社内の有力なポストに**昇進させた**ことで批判された。
- □ **What is required to *elevate* the standard and popularity of soccer as a sport in our country?** わが国において、スポーツとしてのサッカーの水準と人気を**引き上げる**には、何が必要とされているのだろうか。

関連語

elevated railroad 高架鉄道
elevator *n.* エレベーター、昇降機［イギリス英語では **lift**］、揚穀機、（揚穀設備のある）大穀物倉庫（＝**grain elevator**）、（飛行機の）昇降舵
elevation *n.* 上昇、高度、標高、仰角
　elevation tints（＝**gradation tints**）（地図で）段彩（相対的高度・深度を示す彩色）
　⇨ 用例はほかに「科学・技術例文」に示した。

科学・技術例文

- □ **In our hospital, we sometimes use folded blankets, stacked under the patient's upper body and head, to *elevate* the head.** この病院では、たたんだ毛布を患者の上半身および頭部の下に入れて、頭の位置を**高くしておく**ことがあります。
- □ **They have found *elevated* levels of toxic substances in the sediments at the bottom of the lake.** 湖底の堆積物に**高**濃度の有害物質が見つかった。
- □ **The electrocardiogram（ECG）pattern of ST-segment *elevation* or depression is one of the typical signs of myocardial infarction.** 心電図（ECG）における ST **上昇**または下降の所見は、心筋梗塞に典型的な徴候の一つである。［ST-segment とは、心臓の電気的な活動を波形で記録する心電図において、S 波の終わりから T 波のはじまりまでの部分］

emit /ɪmít, iːm-/

v. (光、熱、電子、蒸気、エネルギーなどを) 出す、放射 (発射、排出) する、(通貨を流通させる、(声を) 発する

基本例文

□ **The train *emitted* a long, piercing whistle.** 列車は長く鋭い汽笛を**鳴らし**た。

□ **These flowers *emit* sweet fragrances to attract insects.** こういう花は甘い香りを**放って**虫を引き寄せる。

関連語

emission *n.* 放出すること、放出されたもの
emission control (自動車の) 排出ガス規制
emission standard (汚染物質の) 排出基準
emission spectrum 発光スペクトル
⇨ 用例はほかに「科学・技術例文」に示した。

科学・技術例文

□ **Note that light-*emitting* diodes (LEDs) can also detect light quite well.** **発**光ダイオード (LED) は光を検知する能力が高いことにも注意せよ。

□ **The light that we see from these galaxies was *emitted* when the universe was just over a billion years old.** 私たちが見ているこれら星雲の光は、まだ宇宙が 10 億歳でしかなかった時代に**放たれ**たものである。

□ **Geothermal energy is generally considered a clean energy that *emits* much less greenhouse gases than fossil fuels.** 地熱は、化石燃料に比べて温室効果ガスを**出さ**ない、きれいなエネルギーだと考えられている。

□ **Most of what cities *emit* is nitrogen monoxide, which converts to nitrogen dioxide only after it is dispersed into the atmosphere.** 都会からは一酸化窒素が多く**排出**され、これが大気中に拡散して二酸化窒素に変化する。

□ **Single photon *emission* computed tomography (SPECT) is a standard diagnostic imaging procedure that is able to provide very accurate, three-dimensional images of blood flow and function of a major organ, such as the heart or brain.** 単光子 (シングルフォトン) **放射型**コンピュータ断層撮影 (SPECT) とは、診断に用いる標準的な画像検査のことで、それによって心臓や脳など重要な臓器の血流と機能のきわめて正確な三次元画像を得ることができる。

DOWNLOAD 91

energy /énɚdʒi | énə-/

n. エネルギー、(心身の) 活力、勢い

⇨ エネルギーのもとになるもの (たとえば石油) や、そこから利用可能な形態になったもの (たとえば電力) を指すこともある。

基本例文

☐ **We have put a great deal of time and *energy* into this project.** このプロジェクトに時間と**エネルギー**をつぎ込んだ。

☐ **He was able to turn anger into positive *energy*.** 彼は怒りを**エネルギー**に変えることができた。

☐ **Here are some tips to increase your *energy* levels.** 身体を**元気**にするコツがあります。

関連語

おおよその目安としては、ある結果をもたらす能力が **power,** その過程で作用している力が **force,** それを可能にする底力、動力源が **energy** である。

atomic energy 原子力エネルギー　**nuclear energy** 核エネルギー
kinetic energy 運動エネルギー　**potential energy** 位置エネルギー
rest energy 静止エネルギー　**radiant energy** 放射エネルギー
bond/binding energy 結合エネルギー

nervous energy 緊張して高ぶっている状態 [厳密な科学用語ではない]
energy metabolism エネルギー代謝　**energy expenditure** エネルギー支出 (消費)
energy transduction エネルギー変換
energy-rich *adj.* 高エネルギーの
energy-efficient *adj.* エネルギー効率のよい
bioenergy *n.* バイオエネルギー [生物燃料 **biofuel** から得られるエネルギー]
energetic *adj.* エネルギッシュな [もちろん「エネルギッシュ」はドイツ語 **energisch** からの発音]
energize *v.* エネルギーをあたえる、活動させる、電気を流す

科学・技術例文

☐ **The use of geothermal *energy* is nothing new to human beings.** 地熱**エネルギー**の利用は人類にとって目新しいことではない。

☐ **They discussed the need for a switch to renewable *energy* sources like sunlight, water and wind.** 太陽光、水力、風力のような再生可能な**エネルギー**源に転換する必要性を議論した。

engage /ɪngéɪdʒ, en-/

v. 従事する（させる）、没頭する（させる）、関わり合う、雇う、約束させる

⇨「人を引きつける」「魅了する」の意味もある。機械関係では、「（歯車などを）かみあわせる、（歯車などが）かみ合う」の意味で用いられる。

E

基本例文

☐ **I sat next to him and *engaged* him in conversation.**　彼の隣に座って、話に**引き入れた**。

☐ **I was busily *engaged* (in) promoting a new project.**　新しいプロジェクトの推進に**忙殺されて**いた。

☐ **Those activities *engaged* most of her time.**

= She was *engaged* most of the time in those activities.　そういう活動で、ほとんどの時間を**とられて**いた。［この例で most of the time は副詞句］

関連語

engagement *n.* 約束、関与、戦闘　　**engagement ring** 婚約指輪

［フランス語の **engagement** /ɪngéɪdʒmənt, en-/ は、作家や知識人の政治参加（アンガージュマン）を指すことがある］

engaging *adj.* 人を引きつける、魅力のある

He possesses an *engaging* personality.　**人を引きつける**人柄である。

disengage *v.* ～から離す、撤退する

disengagement *n.* 離すこと、離れた状態、（義務からの）解放

disengagement of troops from the area その地域からの撤兵

科学・技術例文

☐ **The research worker was *engaged* in measuring the time interval between consecutive eclipses.**　研究員は連続して発生する蝕の時間間隔を計る仕事に**従事して**いた。

☐ **The chain is of a special design which possesses side-facing rollers that *engage* the sheaves.**　チェーンは滑車と**かみ合う**側面ローラーをもつ特殊な設計のものである。

☐ **It is necessary to reset the minimum and the maximum stops, which *engage* the stop lever as illustrated.**　停止レバーを図のように**掛ける**最小および最大ストッパ位置を設定し直す必要がある。

engineer /èndʒəníɚ | -níə/

v. (工学的に) 作り出す、たくらむ、設計する
n. 技術者、機関士、処理者

基本例文

□ **This bridge is very well *engineered*.** この橋はうまく**設計**されている。

□ **The explosion was *engineered* by radicals.** 爆発は過激派によって**仕組ま**れたものだ。

□ **They're sending an *engineer* to fix the machine.** その装置を直すために**技師**が派遣される。

関連語

an electrical [mechanical, chemical, mining] engineer 電気 [機械、化学、鉱山] 技師
engineering *n.* 工学 (技術)、工事、画策
genetic [civil, social] engineering 遺伝子 [土木、社会] 工学
Doctor of Engineering (D. Eng.) 工学博士
⇨ 用例はほかに「科学・技術例文」に示した。

科学・技術例文

□ **The plants are genetically *engineered* to resist blight.** その植物は胴枯れ病に耐えるように遺伝子を**操作**されている。

□ **Allegedly the first civil *engineer*, John Smeaton is famous for the reconstruction of the Eddystone Lighthouse in 1759.** 最初の土木**工学技師**とされるジョン・スミートンは1759年のエディストーン灯台の再建で有名である。

□ ***Engineered* wood, also called *engineering* wood, is a wood product manufactured by binding the particles, fibers, or veneers of wood together with adhesives.** **エンジニアード**ウッド (別名**エンジニアリング**ウッド) は、木の粒子、繊維、単板を接着剤で貼りあわせて作った木材である。

□ **We develop products that are *engineered* for long life and maximum performance.** 当社では長寿命、最高性能の製品を**開発**しています。

□ **She is a senior majoring in chemical *engineering* and has devoted much of her career in this university to researching some of the medical issues facing society.** 彼女は化学**工学**を専攻する4年生で、この大学では社会が直面する医学的問題にもっぱら取り組んできた。

environment /ɪnváɪ(ə)rənmənt, en-, -váɪɚn- | -váɪ(ə)rən-/

n. 自然環境、社会的・文化的環境、周囲の状況、事情、(コンピュータの) 動作環境
⇨ en- (の中にいる、置く) に -viron (輪、円)、さらに -ment がついて名詞化したもの。

基本例文

☐ **Acid rain harms the *environment*.** 酸性雨が**環境**を害している。

☐ **Children are greatly influenced by their home *environment*.** 子供は家庭**環境**に大きく左右される。

E

☐ **Changes in the computing *environment* are responsible for some of the trends in virus prevalence.** ウイルス流行の傾向のいくつかにはコンピュータ**環境**の変化があずかっている。

［類語情報］
circumstances *n.*［複数形で］事情、状況、境遇
The law was designed to meet these *circumstances*. その法はこのような**状況**に対処するために作られた。
surroundings *n.*［複数形で］事情、状況、周囲の物 (人)
The new building does not really fit the *surroundings*. 新しい建物は**周囲の様子**にあまり合っていない。

関連語
environmental *adj.* 環境に関する ⇨ 用例は「科学・技術例文」に示した。
environmentally *adv.* **environmentally-friendly** 環境に優しい
ecology *n.* 生態、生物の環境、自然環境 **ecological** *adj.* **ecosystem** *n.* 生態系
All the animals and plants in a particular area form an *ecosystem* which is described by the intricate relationships they have to each other and to the environment. ある地域にいる動植物すべてが、入り組んだ相互の関係および環境との関係とあわせて一つの**生態系**を作っている。

科学・技術例文

☐ **If an *environmental* assessment is conducted early in the planning and proposal stages of a project, measures will be taken to mitigate the potential damage to the *environment*.** プロジェクトの企画提案の早い時期に**環境**アセスメントが行なわれれば、**環境**に対して起こりうる損害を緩和する方策がとられることだろう。

☐ **Business is affected by a number of *environmental* factors including those related to the economy and the international *situation*, as well as those related to socio-cultural, political and technological issues.** 景気に影響をあたえる**環境**因子は数多くあり、たとえば経済、国際**情勢**、あるいはまた社会文化、政治、技術に関わる問題を挙げることができる。

DOWNLOAD 95

equal /íːkwəl/

adj. 等しい、平等な、（〜に対して）十分な力がある〔to〕
n. 同等のもの、互角の人
v. 〜に等しい、匹敵する

基本例文

□ **The two cities are roughly *equal* in size.** その二つの都市は大きさがほぼ同じだ。

□ **All men are created *equal*.** 人間はみな平等に造られている。［アメリカ独立宣言（the Declaration of Independence）に書かれていることで有名］

□ **She's very weak and not *equal* to making a long journey.** 身体が弱くて長旅には耐えられない。

関連語

equality *n.* 等しいこと、平等、相当、等式
　sign of equality（= **equal(s) sign**）等号（=）
equalize *v.* 等しくする、平等にする、均圧する、等化する
equalizer *n.* イコライザー
equally *adv.* 等しく、平等に、それと同様に
　We must build more roads. But *equally* (important), we have to protect people from the noise and pollution caused by traffic. もっと道路を建設しなければならない。しかし同様に大事なのは、車の騒音や汚染から人びとを守らなければならないということだ。
unequal *adj.* 等しくない、不平等な、適さない

科学・技術例文

□ **These computers are *equal* in processing speed, but this one has a Blu-ray disk drive.** これらのコンピュータの処理速度は同じだが、これにはブルーレイドライブがついている。

□ **64 K bits *equals* 8 K bytes.** 64キロビットは8キロバイトに等しい。

□ **Let A be the *equal* of B. = Let A be *equal* to B.** AはBに等しいとせよ。

□ **Twice 3 is *equal* to 6. = Two times three *equals* six.** 2掛ける3は6（2×3=6）。

□ **What is the value of x, if the value of y is greater than or *equal* to N?** yの値がNより大きいか等しければ、xの値はいくらか。

□ **This arc is *equal* in length to the radius of the circle.** この弧の長さは円の半径に等しい。

E

equivalent /ɪkwívələnt/

adj. 同等の、〜に相当する、等価の、同値の
n. 同等のもの、相当物、（物理における）等量、（数学における）同値
⇨「価値が等しい」が原義。（他国語での）相当語句という意味でも用いる。

基本例文

- ☐ **One mile is *equivalent* to 1.6 kilometers.** 1マイルは1.6キロに**相当する**。
- ☐ **There is no proper Japanese *equivalent* for this English word.** この英単語に**相当する**日本語はない。
- ☐ **We would appreciate it if you could send us 100 dollars or the *equivalent* in your own currency.** 100ドルか、もしくはあなたの国の通貨でその**相当額**を送っていただければ幸いです。

関連語

equivalent air speed 等価対気速度
equivalent focal length 等価焦点距離
mechanical equivalent of heat【物理・化学】熱の仕事当量（=**Joule's equivalent** ジュールの当量）
chemical equivalent【化学】化学当量［特に具体的な数値の場合、**equivalent weight** ともいう］
equivalence, equivalency *n.* 同等、同値、同意義、当量
名詞の **equivalent** より、ややフォーマルな語である。

科学・技術例文

- ☐ **This safe is designed to withstand impacts *equivalent* to a fall from the third floor.** この金庫は3階からの落下に**相当する**衝撃に耐えられるよう設計されている。
- ☐ **For fear of the human *equivalent* of mad cow disease, some countries refuse blood from donors who have visited Britain after 2000.** 狂牛病に**相当する**病気が人間にも発症することを恐れて、2000年以降に英国を訪れたドナーからの献血を拒否する国もある。
- ☐ **In order to construct asynchronous motors, we should first understand their *equivalent* circuits.** 非同期電動機を作るためには、まずその**等価**回路を理解しなくてはならない。
- ☐ **The expression "*p* if and only if (shortened iff) *q*" is used when the statements *p* and *q* are *equivalent* (*i.e.* when the statements are necessary and sufficient).** 「*p* if and only if（略して iff）*q*」という表現が用いられるのは、命題 *p* と *q* が**同値である**時（すなわち命題が必要かつ十分である時）である。

erase /ɪréɪs | ɪréɪz/

v. 消去する、(記録、記憶、過去の存在を)消滅させる

⇨ 表面から「ふき取る、こすり取る」という語感。efface とよく似ているが、efface には「薄らぐように消す」場合もある。データの消去では delete と同義。ほかに cancel (棒線を引くように消す)、expunge, obliterate (完全に消し去る)。

⇨ erase a blackboard と言えるように、erase a hard disk とも言える。もちろん erase all data on/from the hard disk のことで、ディスク自体がなくなるわけではない。"War erased an entire civilization." ならば、文明そのものが破壊されて消えたということ。

基本例文

☐ **Don't let time *erase* your precious memories. You can convert VHS tapes to DVDs.** 大切な思い出をいつまでも(=時間が思い出を**消す**ことのないように)。VHS テープを DVD に変換すればよいのです。

☐ **Take care not to accidentally *erase* any data you might need later.** あとで必要になるかもしれないデータを、うっかり**消さ**ないように注意すること。

☐ **The hackers tried to *erase* all evidence of their illegal activities.** ハッカーが違法行為の痕跡をすべて**消そう**とした。

関連語

erasable *adj.* 消去可能な

erasable ink 消えるインク

erasable ballpoint pen 消せるボールペン (=**ballpoint pen with erasable ink**)

erasability *n.* 消せる性質

eraser *n.* 消す道具 (消しゴム、黒板ふき)

erasure *n.* 消すこと、消されたもの、消した箇所

⇨ 用例は「科学・技術例文」に示した。

科学・技術例文

☐ **If you use a computer that is open for public use, you might want to know how to *erase* your browser history, so that no one can see what pages you were visiting.** 不特定の人が使うコンピュータであれば、ブラウザの履歴を**消して**、どんなページを見ていたのかわからなくしたいと思うでしょう。

☐ **All flash memory devices have a certain life expectancy, which means they can only withstand a finite number of *erasures* before they fail.** フラッシュメモリーには必ず寿命があって、故障するまでに耐えられる**消去**回数には限りがある。

essential /ɪsénʃəl, es-/

adj. 本質的な、必要不可欠な、きわめて重要な
n. 不可欠の要素、本質部分、要点、基本（的なこと）
⇨ 名詞は複数形で用いられることが多い。

基本例文

☐ **Crystal-clearness is *essential* in scientific papers.** 科学の論文は明晰さが**命**である。

☐ **It is increasingly *essential* that every member (should) be informed of these regulations.** 全会員がこれらの規定を心得ておくことがますます**肝要**になってくる。

☐ **Mathematics is not *essential* for this job, but a definite advantage.** この仕事に数学の知識は必ずしも**不可欠**ではないが、持っていれば間違いなく有利になる。

☐ **It's best to pack the bare *essentials*.** どうしても**必要なもの**だけを荷物に詰めるのがよい。[the bare essentials＝the most necessary things]

関連語

essential amino acid 必須アミノ酸　**essential hypertension** 本態性高血圧
essential medium 基本培地
essence *n.* 本質、核心、精、エキス
The *essence* of our findings is that the substance diminishes prion infectivity as well as disrupts protein. われわれの発見の**核心**は、その物質がタンパク質を破壊するとともに、プリオン（狂牛病などの病原体とされるタンパク質性粒子）の伝染性を弱める、ということである。
They are the same in *essence*. それらは**本質**的には同じものだ。
essentially *adv.* 本質的に、本来
The story may not be strictly authentic in minor particulars, but it is *essentially* true. 細かなところまでは正確な話ではないかもしれないが、**大事なところ**は間違っていない。
The acidity of water is *essentially* determined by the properties of the soil through which it moves. 土の中を通過する水の酸度は、土壌の性質によって**本質的**に決まると言ってよい。

科学・技術例文

☐ **Electricity is *essential* in refining aluminium [aluminum].** 電気はアルミニウムの精製に**欠かせない**。

☐ **Phosphate is an *essential* ingredient in [of] fertilizer.** リン酸塩は肥料の**不可欠な**成分である。

☐ **One of the *essential* conditions for obtaining reliable measured results is a stable light source.** 信頼のおける測定結果を得るための**必須**条件の一つは安定した光源である。

evaporate /ɪvǽpərèɪt/

v. 蒸発させる、気化させる、（蒸発させて）水分を抜く

⇨「熱などで水分を蒸発させる」が元々の意味。自動詞で「蒸発する」も使われる。比喩的には、「（希望・自信などを）雲散霧消させる、失わせる」の意味にもなる。

基本例文

☐ **Heat *evaporates* water.** 熱は水を**蒸発させる**。

☐ **Next, *evaporate* milk down to a proper consistency.** 次に、牛乳を適当な濃度になるまで**煮詰めて**ください。

☐ **My hopes have now completely *evaporated*.** 私の希望は今や完全に**消え失せた**。

関連語

evaporation *n.* 蒸発（作用）、気化、蒸着、蒸発乾燥［濃縮］
evaporator *n.* 蒸発作業の作業員、蒸発装置、（陶器の）蒸発乾燥がま、エバポレータ、蒸発器（液化冷媒ガスを蒸発させて周囲を冷却するための装置の部分）
⇨ 用例は「科学・技術例文」に示した。
vapor *n.* 蒸気、水蒸気
vapor concentration 水蒸気濃度（単位体積の空気中に存在する水蒸気量）［**absolute humidity** 絶対湿度と同義］

科学・技術例文

☐ **These vacuum pumps reduce the pressure inside the system, which allows water to *evaporate* at a lower temperature.** 真空ポンプがシステム内の圧力を低下させ、それによって水分が通常より低い温度で**蒸発する**ことが可能になる。

☐ **When the dew point temperature rises with increased humidity, it feels warmer as the wind fails to *evaporate* moisture on human skin.** 湿度が上がって露点温度が上昇すると、風で皮膚の**水分が奪われ**なくなるので、体感温度も上がる。

☐ **If you want to concentrate sample solutions in organic synthesis processes, the rotary *evaporator* is a useful tool for gentle removal of solvents under reduced pressure.** 有機合成の過程で試料溶液を濃縮したい場合には、ロータリー**エバポレータ**を用いれば減圧下で緩徐に溶媒を除去することができる。

evolve /ɪvά(:)lv | ɪvɔ́lv/

v. 進化する（させる）、進展する

⇨ 単純なものから複雑なものへ、時間をかけて発展する。また、熱やガスを「放出する (emit)」という意味もある。

基本例文

☐ **The ancient tribe had *evolved* a distinctive culture of their own.** 古代の部族が独自の文化を**発展**させていた。

☐ **Do you think the giraffe's long neck *evolved* to enable it to reach leaves high in the trees?** キリンは木の上の葉に届こうとする**進化**として首が長くなったのだと思いますか。

☐ **This small family business *evolved* over the years into a national chain of retail stores.** この小さな家族経営の会社が、年月とともに全国規模のチェーン店に**成長した**。

［類語情報］
「ある方向への進展」という意味では、**development, progress, advancement, growth** などの類義語がある。**evolution** の原義「巻かれていたものが外に向けて開くこと」を考えれば **unfolding** とも似ている。この「開く」意味は、数学の「開法（開方）」という語に生きている。逆に「内側へ巻き込む」のは **involution** で、「退化」「萎縮」の意味になる。

関連語

evolution *n.* 進化（論）、進展、ある進展の産物、一連の動作、放出、（部隊の）展開、【数学】開法、開方（累乗根を求める計算法）
　social evolution 社会が漸進的に変革されること［革命（**revolution**）ほど過激ではない］
evolutionary *adj.* 進化（論）の　　**evolutionist** *n.* 進化論者
evolutionism *n.* 進化論（を信奉すること）
　social evolutionism 社会進化論（生物の進化論を社会現象の説明に応用し、原始から文明の方向に進化すると考える立場）

科学・技術例文

☐ **There is ample evidence to believe that small dinosaurs *evolved* into birds, fossil specimens showing evolutionary connections between them.** 小型の恐竜が鳥類に**進化した**という証拠は十分にそろっていて、その進化の関連が化石に見えている。

☐ **The concept of evolution, which says humans *evolved* from earlier species, is less acceptable to people who hold conservative religious views, especially in America where accepting or rejecting evolution has always been a point at issue.** 人間が前段階の生物種から**進化した**という考え方は、保守的な宗教観をもつ人びとには受け入れがたいものがあり、特にアメリカでは進化論の是非がつねに問題となってきた。

exist /ɪgzíst, eg-/

v. 存在する、(困難な状況で) 生存する、(やっと) 暮らしていく

⇨ 進行形では使わない。

基本例文

☐ **Contrary to Nietzsche, they believe that God *exists*.** (「神は死んだ」と言った) ニーチェとは違って、彼らは神が**実在する**と信じている。

☐ **We cannot *exist* without air.** 空気がなくては**生きていけ**ない。

☐ **I can barely *exist* on my pension.** 年金でやっと**暮らせる**。

関連語

existence *n.* 存在、(困難な状況での) 生存

struggle for existence 生存競争

existent *adj.* 実在する、現行の

existing *adj.* 現存する、既存の

open an existing file 既存のファイルを開く

non-existent *adj.* 非実在の

The link is referring to a *non-existent* directory. リンクは**存在しない**ディレクトリを参照しようとしている。

pre-existent, pre-existing *adj.* ～よりも先に存在した

pre-existing medical conditions 既往症

coexist, co-exist *v.* 同時に存在する、共存する

⇨ 用例は「科学・技術例文」に示した。

科学・技術例文

☐ **Lime *exists* in many soils.** 石灰は各種の土壌の中に**ある**。

☐ **Water *exists* as ice on the planet.** その惑星では、水は氷として**存在する**。

☐ **An electrical potential will *exist* between two conducting materials immersed in a solution.** 二つの導電性物質を溶液に浸すと、その間に電位が**生じる**。

☐ **Animals cannot *exist* without oxygen.** 動物は酸素なしで**生きていけ**ない。

☐ **Few of these monkeys still *exist* in the wild.** これらの猿は野生にはほとんど**存在し**ない。

☐ **The instinct of self-preservation *exists* in all animals.** すべての動物に自己保存の本能が**ある**。

☐ **Depression often *coexists* with other serious medical illnesses.** うつ状態はしばしば他の深刻な病気と**並存する**。

expand /ɪkspǽnd, eks-/

v. 拡大する、膨張する、発展させる、展開する

⇨ 元来の意味は「外に向かって広がる」。長さ、幅、深さを増大させる意味ではもっとも一般的な語。

基本例文

☐ **The urban area *expanded* into the surrounding countryside.** 都市の地域が周囲の田園地帯へと**広がっていった**。

☐ **The chest contracts and *expands*.** 胸部が収縮**拡張する**。

☐ **The firm wants to *expand* internationally.** その会社は国際的に**発展**したいと考えている。

関連語

expand on さらに詳しく述べる

She mentioned a few ideas, but she did not *expand* greatly *on* them. いくつかの考えを述べたが、あまり多くの言葉を**つけ加える**ことはしなかった。

expanded polystyrene *n.* (狭義の) 発泡スチロール［ビーズ法発泡スチロール (**EPS**) と呼ばれるもの。ほとんど普通名詞として使われる **Styrofoam** は、元来は **EPS** の商標名］

The coffee came in a large *Styrofoam* cup. コーヒーが大きな**スチロール**のカップで出された。

expansion *n.* 拡大、発展、膨張、展開

expansion coefficient *n.* 膨張係数　**Taylor's expansion** テイラー展開

In laying railroad lines, we must allow for the possible *expansion* of rails in hot weather. 鉄道を敷設する場合、暑い時にレールの**膨張**が起きるかもしれないということを考慮しておくべきだ。　⇨ 用例はほかに「科学・技術例文」に示した。

expansive *adj.* 発展的な、拡張性の、ひろびろとした

***Expansive* mangrove forests provide a variety of habitats.** **広大な**マングローブの森にはさまざまな生物の棲息環境がある。

科学・技術例文

☐ **Dark energy was originally conceived of to account for the fact that the Universe is apparently not just *expanding*, but accelerating at an ever-faster pace.** 元々ダークエネルギーは、宇宙がどうやら単に**膨張している**ばかりでなく、ますますそのスピードが上がっているらしいことを説明するための概念だった。

☐ **A business cycle is made up of five stages: growth (or *expansion*), peak, recession (or contraction), trough, and recovery.** 景気循環は、成長 (または**拡大**)、山、後退 (または収縮)、谷、そして回復という 5 つの局面からできている。

experiment /ɪkspérəmənt, eks-/

n. 実験、試み、実験装置

⇨「試みること」が原義で、experience, expert と同語源。

v. 実験する　⇨ TEST

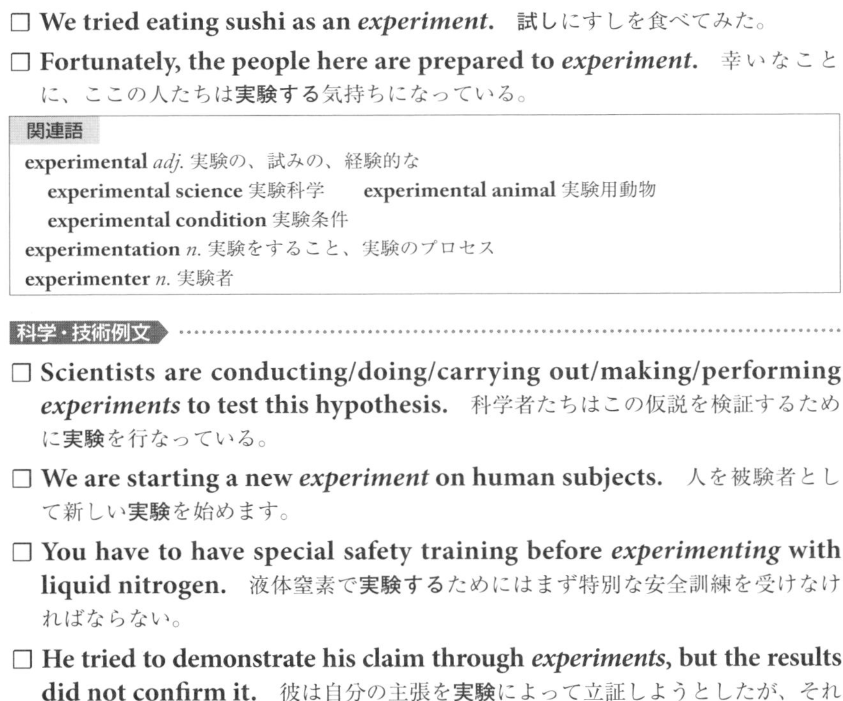

基本例文

☐ **We tried eating sushi as an *experiment*.**　試しにすしを食べてみた。

☐ **Fortunately, the people here are prepared to *experiment*.**　幸いなことに、ここの人たちは**実験する**気持ちになっている。

関連語

experimental *adj.* 実験の、試みの、経験的な
　experimental science 実験科学　**experimental animal** 実験用動物
　experimental condition 実験条件
experimentation *n.* 実験をすること、実験のプロセス
experimenter *n.* 実験者

科学・技術例文

☐ **Scientists are conducting/doing/carrying out/making/performing *experiments* to test this hypothesis.**　科学者たちはこの仮説を検証するために**実験**を行なっている。

☐ **We are starting a new *experiment* on human subjects.**　人を被験者として新しい**実験**を始めます。

☐ **You have to have special safety training before *experimenting* with liquid nitrogen.**　液体窒素で**実験する**ためにはまず特別な安全訓練を受けなければならない。

☐ **He tried to demonstrate his claim through *experiments*, but the results did not confirm it.**　彼は自分の主張を**実験**によって立証しようとしたが、それは実験結果によって確かめられなかった。

☐ **Whether *experiments* on human embryos are morally permissible or not is hotly debated.**　ヒトの胚を使った**実験**が倫理的に許されるのかどうか、熱い論争になっている。

☐ **The object of this *experiment* is to understand the structure and function of cells.**　この**実験**の目的は細胞の構造と機能を理解することにある。

DOWNLOAD 104

explode /ɪksplóʊd, eks-/

v. 爆発する、破裂させる、論破する

⇨「急激に様相を変える」「爆発的に増える」「激昂して言う」という意味にもなる。原義は「手をたたいて外へ出す」。

基本例文

☐ **The boiler *exploded* with a loud noise.**　ボイラーは大きな音を立てて**破裂**した。

☐ **The audience *exploded* with laughter.**　観客は**どっと笑った**。

☐ **The population of the city *exploded* in the 1990s.**　1990年代にその都市の人口は**急増した**。

☐ **“I can’t stand it any more!” he *exploded*.**　「もう我慢できない！」彼は**憤激**した。

関連語

explode a bombshell（周囲・世間などを）あっといわせる

Her husband *exploded a bombshell* when he said he had quit the company.　彼女の夫は会社を辞めたという**爆弾発言をした**。

exploded *adj.* 爆発した、（機械・装置の）分解組立図で表わした

exploded diagram 分解組立図（**exploded view** ともいう）

⇨ 用例はほかに「科学・技術例文」に示した。

explosion *n.* 爆発、急増

⇨ 用例は「科学・技術例文」に示した。

explosive *adj.* 爆発性の、一触即発の　*n.* 爆発物、爆薬

The suicide bomber’s car was loaded with about 100 kilograms of *explosive*.　その自爆テロの車には100キロの**爆発物**が積まれていた。

科学・技術例文

☐ **Several scientific myths were *exploded* by Galileo’s observations.**　いくつかの自然科学上の神話がガリレオの観測によって**覆された**。

☐ **These stars are more massive than the Sun and similar to the short-lived stars that *exploded* in the early universe.**　これらの星は太陽よりも巨大で、初期の宇宙で**爆発した**短命な星に類似している。

☐ **The effect of an underwater *explosion* differs widely, depending on the scale of the *explosion* and the depth of the water.**　水中**爆発**の効果は、**爆発**の規模や水の深さによって大きく異なる。

☐ **Figure 1 is an *exploded* diagram of the centrifugal separator.**　図1は遠心分離機の**分解組立**図である。

explore /ɪksplɔ́ɚ, eks- | -plɔ́ː/

v. 探査する、探求（探究）する、詳細に調べる

⇨「未知の地域への探検旅行」「資源を求める調査」「医師による患者の検査」なども示す。原義は「外に（ex-）」+「叫び声を上げる」。狩猟の際の、獲物を見つけた時の叫び声に由来するとの説がある。

基本例文

☐ **The hotel is conveniently located to *explore* the city's historical attractions.** ホテルの位置は、この町の史跡**探訪**に都合がよい。

☐ **This island is one of the last places left in the world to *explore*.** この島は**探検する**べき最後の秘境と言ってよい。

関連語

exploration *n.* 探査

a base for the exploration of this area この地域を探検する基地になる場所（= **a base from which to explore this area**）

⇨ 用例はほかに「科学・技術例文」に示した。

explorer *n.* 探査する人、探検家、（外科、歯科の）探針

Explorer エクスプローラー（アメリカの科学衛星［1958–75］、Windows でファイルやフォルダーの管理ツール）

They successfully recovered the capsule from the asteroid *explorer* "Hayabusa." 小惑星**探査機**「はやぶさ」のカプセルを無事に回収した。

exploratory, explorative *adj.* 探査としての、検査用の

⇨ 用例は「科学・技術例文」に示した。

科学・技術例文

☐ **The company has set up a rig in shallow waters off the coast to *explore* for oil and gas.** 沖合の浅い海に、石油やガスを**試掘する**装置を設けた。

☐ **A team of researchers have *explored* the possible link between video games and violent behavior in young people.** ある研究チームが、テレビゲームと若者の乱暴な行動に関連があるのかどうかを**詳しく調査した**。

☐ **This book offers a thoughtful *exploration* into how the human mind works.** 本書は、人間の精神の働きについて、じっくりと**探求**している。

☐ **The doctors immediately decided to opt for *exploratory* surgery to identify the location of the tumor.** 腫瘍の位置を特定するため、**検査**手術をすることが、すぐに決まった。

express /ɪksprés, eks-/

v. 表わす、表現する、表記する、発現する

⇨「内部にあるものを外に押し出す」が原義。したがって、心の中にある感情や印象を目に見える形で表に出す、という意味になる。

基本例文

□ **I wish to *express* my deep appreciation for what you have done for me.** お骨折りに深く感謝の意を**表します**。

□ **Cats *express* their affection for somebody by rubbing themselves against their legs.** ネコは人間の脚に身体をこすりつけることで親愛の情を**表わす**。

□ **He found it difficult to *express* himself more plainly in English.** 自分の考えを英語でそれ以上はっきりと**述べる**のはむずかしいと思った。

関連語

expression *n.* 表現、発現、表情、【数学】式

binominal expression 二項式　　**numerical expression** 数式

expression of a genetic characteristic 遺伝的特質の発現

This *expression* has no satisfactory Japanese equivalent. 日本語にはこの**言い回し**に相当するものがない。

Freedom of *expression* is a basic human right. **表現**の自由は基本的人権の一つである。

expressive *adj.* ～を表わすような、表情に富む

eyes expressive of a deep sorrow 深い悲しみをたたえた目

科学・技術例文

□ **Salt is *expressed* as NaCl.** 食塩は NaCl と**表記される**。

□ **We have to use special characters to *express* these formulas.** 特殊な記号を使わないと、これらの式を**書き表わす**ことができない。

□ **A vacuum, usually *expressed* in millimeters of mercury, is a condition well below normal atmospheric pressure.** 真空は普通、水銀柱のミリ数で**表わされる**が、通常の大気圧よりはるかに低い減圧状態のことをいう。

□ **The unit *expresses* the volumetric gas flow at an absolute pressure of 1 torr.** その単位は、1 トール（1/760 気圧）の絶対圧力における気体の容積流量を**表わす**。

extend /ɪksténd, eks-/

v. のばす、広げる、張る

⇨「(引っ張って) のばす、広げる」の原義から、「期間・締め切りを延長する」あるいは「カバーする範囲を広げる」「建て増しする」といった意味でも使われる。自動詞で「広がる」「のびる」という用法もよく見かける。

基本例文

☐ **The company plans to *extend* a railway line from here to the next town.** その会社は、ここから隣町まで鉄道路線の**延長**を計画中だ。

☐ **The country *extends* ninety kilometers from north to south.** その国は南北 90 キロにわたって**広がっている**。

☐ **I hear that there are plans to *extend* the no-smoking area.** 禁煙エリアを**広げる**計画があると聞いています。

☐ **The committee has *extended* the deadline for two weeks.** 委員会は締め切りを二週間**延長した**。

関連語

名詞 **extension** は、「延長・継ぎ足す部分」という原義から、さまざまな文脈で使われる。「電話の内線」「(電気の) 延長コード」「増築部分」「(コンピュータのファイルの) 拡張子」など。

May I have *extension* 2287, please? (電話で) **内線** 2287 をお願いできますか。

You need to have the file *extensions* displayed. ファイルの**拡張子**を表示させる必要があります。

extensive *adj.* 広範囲に広がる、大規模の

extensive knowledge 幅広い知識　**extensive agriculture** 粗放農業

extended family (社会学などで) 拡大家族 (親子のみならず直系血族・婚姻血族をも含む大家族で、核家族 **nuclear family**, 複婚家族 **polygamous family** と並ぶ家族形式)

科学・技術例文

☐ **The company promised to further *extend* its high-speed broadband service in 2009.** その会社は 2009 年には高速ブロードバンドサービスをさらに**拡張する**ことを約束した。

☐ **If you run your notebook computer off AC power most of the time, you can greatly *extend* the life of its battery by following these instructions.** ノートパソコンを AC 電源から外して使うことが多くても、以下の要領でバッテリー寿命を大きく**のばす**ことができます。

extract

v. /ɪkstrǽkt, eks-/ 抜き取る、引き抜く、摘出する、抽出する、（情報などを）引き出す、（熱・エネルギーなどを）取り出す

⇨「外へ（ex-）」と「引く（-tract）」から成り、「内部にあるものを外に引っ張り出す」が基本となる語意。数学では、「（平方根・立方根を）求める」。

n. /ékstrækt/ 抽出物、抽出液、抜粋、エキス

E

基本例文

☐ **I asked the surgeon to *extract* the bullet from the wound.** 傷口から弾丸を**摘出し**てくれるよう外科医に頼んだ。

☐ **He tried to *extract* some pleasure from his lonely life.** 孤独な生活の中にも楽しみを**見いだそう**とした。

☐ **Our aim is to *extract* maximum yield from an investment.** 投資金から最大の利得を**引き出す**ことをめざす。

☐ **An *extract* from her work-in-progress was published in a monthly magazine.** 執筆中の作品の**抜粋**が月刊誌に掲載された。

関連語

cell extracts 細胞抽出液、細胞抽出物
vanilla extract バニラエッセンス（＝**vanilla essence**）
yeast extract イースト抽出物、酵母エキス
extraction *n.* 抽出、摘出、抽出物、【数学】（根の）開方

科学・技術例文

☐ **Gasoline is *extracted* from crude oil by distillation.** 原油を蒸留してガソリンを**抽出する**。

☐ **This program makes it easier to *extract* the required data.** このプログラムを使うと必要なデータを簡単に**引き出せる**。

☐ **We succeeded in breaking up the bacterial cells and *extracting* their DNA.** 細菌細胞を破砕してDNAを**抽出する**ことに成功した。

☐ **From these complex phenomena we can *extract* the following simple principle.** こうした複雑な現象から次のような単純な原理を**導き出す**ことができる。

☐ ***Extract* the cube root of this number.** この数字の立方根を**求め**なさい。

情報理工学院
School of Computing

■共通語（Lingua Franca）としての英語

英語はあらゆる場面で国際的なコミュニケーションの共通語（Lingua Franca）となっている。たとえば、インターネット上のWebサイト数では英語サイトが全体の60%を越えており、2位のロシア語サイトの10%弱を大きく引き離している[1]。使用者数でも英語は1位だが[2]、母語人口となると1位の中国語の半分以下となる[3]。ちなみに日本語はいずれも10位前後で意外と上位に位置している。英語優位の傾向は学術・技術面でも顕著であり、最新の情報を広く収集、発信するために英語が不可欠である状況は今後も続くだろう。私の専門は計算言語学というコンピュータで言語を扱う研究分野である。この分野の国際会議に初めて参加した1988年当時は会議での使用言語として英語とフランス語が認められており、最初に聞いた発表がいきなりフランス語だったのにはびっくりしたものだが、現在ではそのようなことはない。

英語の優位性は英語で発信される情報量の多さによるところが大きいが、英語そのものの性質にもよると考えられる。英語はブリテン島の侵略の歴史を通して多くの言語の影響を受けている。その過程で英語は他の印欧語族に比べると屈折が簡素化し、文法的性（grammatical gender）も一部の語を除いてなくなり、全体的に文法が単純化されている。その意味では学習が比較的簡単と言えるかもしれないが、一方で他の言語からの借入語が多く、語彙が肥大化、複雑化している。借入語のせいで類義語も多い。よく知られた例として、牛や豚などを動物として見る時には英語本来の語である "cow" や "pig" が使われ、食肉として見る時にはフランス語由来の "beef"（← bœuf）や "pork"（← porc）が使われる。これは1066年のノルマン人によるブリテン島征服によってフランス語が流入した影響だと言われている。さらにルネサンス期にはラテン語、ギリシア語の語彙が大量に流入している。科学技術分野でよく見かける1, 2, 3を意味するmono-, di-/bi-, tri-などの接頭辞はラテン／ギリシア由来である。

---

[1]　https://w3techs.com/technologies/overview/content_language
[2]　https://www.ethnologue.com/guides/ethnologue200
[3]　https://japan.wipgroup.com/media/language-population

■複数の “English” と単数の “they”——多様性を受容する——

世界の共通語となったことによって英語にはさらに変化が起っている。英語が世界のさまざまな場所で使われるようになり、話者の母語の影響を受けて多様化した。これを反映して多様な英語を認めようという World Englishes と称される考え方が生まれた。従来、英語は「英語母語話者が使う英語」(ENL: English as a Native Language) のことだと考えられてきた。これに対して英語が母語ではないが日常生活で英語を使う人の英語を「第二言語としての英語」(ESL: English as a Second Language) と呼ぶ。フィリピンやインドで使われる英語がこれにあたる。さらに英語を日常生活で使う必要のない人が学ぶ英語は、「外国語としての英語 (EFL: English as a Foreign Language)」と呼ばれる。これまでの英語教育では母語としての英語が正しい英語であり、その習得を目指すべきであるという考えがあったが、最近では “Englishes” と複数形になっていることが示すとおり、母語としての英語以外も英語として認めるという考え方が広がりつつある。また、政治的適正性 (political correctness) という考え方の広まりからできるだけ中立的な表現を使うことが推奨されるようになっている。興味深い例として “they” の単数用法がある。英語では文法的性が退化しているが人称代名詞には文法的性が残っている。ここでの問題は、文脈で性が明示されていない人を指すのにどの代名詞を使うかということである。たとえば、“The patient told me how much ___ loved ice cream.” の下線部に入る適切な代名詞は何だろうか？ “the patient” を指示するのに “he” や “she” ではなく “they” を使うというのがここでの主旨である。通常、“they” は三人称複数を指すのに使う代名詞だと教えられるが “they” には単数の用法もある。この場合、“she/he” のように書くこともあるが、順序をどうするか悩ましいし、そもそも性を明示しない表現とはならない。単数の “they” (singular they) は辞書で有名な Merriam-Webster 社の 2019 年の Word of the Year[4] に選ばれている。相手の多様性を受容し、相手を慮って発信するのはコミュニケーションの基本である。

■ことばを大切にし、表現をよく吟味し、言語感覚を磨く

最後に英語学習に役立ちそうなことをいくつか上げる。まず、逆説的だが母

[4] https://www.merriam-webster.com/words-at-play/word-of-the-year-2019-they/they

語による表現能力を高める努力をすることが重要である。日頃からことばを大切にし、表現をよく吟味し、言語感覚を磨こう。英語の学習というと読む / 聞くに偏りがちだが、書く / 話す努力も積極的にしよう。われわれが理解するために使う語彙（受容語彙）と表現するために使う語彙（生産語彙）は必ずしも同じではなく、一般には前者の方が大きいと言われている。読めばわかるけど自分でその表現が書けるかと言われると怪しいということは誰しも経験があるだろう。多くを読むことはもちろん大切だが、書くこともしないと生産語彙が増えない。英語を書く上で、William Strunk Jr. & E.B. Whiteの *The Elements of Style* とSteven Pinkerの *The Sense of Style: The Thinking Person's Guide to Writing in the 21st Century* はよい参考書となろう。*The Elements of Style* は、初版が 1979 年と古いが、世界の大学で教えられている授業でもっとも多く推薦図書に指定されているテキストである[5]。*The Elements of Style* が句読点の使い方など英文を書く上での作法を簡潔にまとめたものであるのに対し、*The Sense of Style* は認知心理学の研究成果を基に文章をどのように組み立てるべきかについて書いたものである。この 10 年で私の専門である計算言語学の分野も研究が進み、英語学習に使えるさまざまな道具が揃ってきている。特に書くことに関しては、大量の言語データから適切な表現を見つける検索[6]や、書いたテキストの誤りや改善点を示唆する校正支援[7, 8, 9]などがかなりの精度で可能になっている。機械翻訳[10, 11]もかなり流暢な翻訳が生成できるようになってきたので、初学者よりは自然な英文を得られることが多い。これらの道具に使われることなく、うまく使えば書く能力を高めるのに役立つであろう。

徳永健伸（情報理工学院 情報工学系）

---

[5] https://opensyllabus.org
[6] https://www.score-corpus.org
[7] http://en.pigai.org
[8] https://grammarly.com
[9] https://writeandimprove.com
[10] https://translate.google.co.jp
[11] https://www.deepl.com/translator
URL はいずれも 2021 年 5 月時点のものである。

factor /fǽktɚ | -tə/

n. 要因、要素、代理人、因数、係数、(遺伝) 因子、換算係数 (convert factor)、力価、ファクター
v. 因数に分解する

基本例文

☐ **Wealth may be a *factor* in happiness.** 富は幸福の一**要因**かもしれない。

☐ **We have the age *factor* to consider.** 年齢という**要素**を考慮しなければならない。

関連語

common factor 公約数　**prime factor** 素因数
the greatest common factor 最大公約数
impact factor インパクトファクター (科学雑誌の影響力を、掲載論文の引用回数から算定した指標)
factor of safety (＝**safety factor**) 安全率、安全係数
⇨ 用例は「科学・技術例文」に示した。
factorize *v.* 因数分解する (＝**resolve into factors**)
factorization *n.* 因数分解 (＝**resolution into factors**＝**factoring**)
integer/prime factorization 素因数分解

科学・技術例文

☐ **The researchers are studying the fibroblast growth *factor* gene, which earlier research has implicated in cleft palate.** 研究者たちは線維芽細胞増殖**因子**遺伝子を研究しているのだが、これまでの研究でそれは口蓋裂に関係があるとされてきた。

☐ **It is a well known fact that too much loading on the knee joints is a key *factor* in the development of serious inflammation.** 膝関節への過度の負荷は深刻な炎症を引き起こす重要な**要因**となる事実はよく知られている。

☐ ***Factors* of 12 are 1, 2, 3, 4, 6, and 12.** 12 の**因数**は 1、2、3、4、6、12 である。

☐ **x^2-9 *factors* as (x − 3) (x + 3).** x^2-9 を**因数分解する**と (x − 3) (x + 3) となる。

☐ **The aviation regulations require that the aircraft structure be capable of supporting even one and one-half times the limit load *factors*, the "*factor of safety*."** 航空規制によって、航空機の構造は制限荷重**倍数**をさらに 1.5 倍した「**安全率**」に耐えるものであることが要求されている。

☐ **The axial stress is reduced by a *factor* of ten.** 軸応力は一**桁**減少する。

☐ **This value is a *factor* of one hundred larger than in the previous case.** この数値は先の場合と比較して二**桁**大きい。

fatigue /fətíːg/

n. (心身の) 疲労、(材料の) 疲労

⇨ 繰り返し負荷を受けることで、次第に反応が鈍くなったり、破壊にいたったりすること。

基本例文

☐ **A few hours of sleep were sufficient to relieve his *fatigue*.** いくらか眠ったら、だいぶ**疲れ**がとれた。

☐ **Psychiatrists say that *fatigue* also derives from our mental and emotional attitudes.** 精神科医によれば、**疲労**は精神面と感情面の姿勢からも生じる。

関連語

fatigue limit 疲労限度、耐久限度

metal fatigue 金属疲労　**corrosion fatigue** 腐食疲労

aid fatigue 援助疲れ (対外援助に対する関心や意欲の一時的減退)

***Aid fatigue* of the 1990s can be explained partly by the fact that donors started to question the effectiveness of their aid.** 1990 年代の援助**疲れ**の一つの説明は、援助国が援助の有効性に疑問をもちはじめたことに求められる。

科学・技術例文

☐ ***Fatigue* occurs when a material is subjected to alternating stress over a long period of time.** 材料が長期にわたり応力を繰り返し受けた場合に**疲労**が生ずる。

☐ **VDT tasks may induce mental and muscular *fatigue* as well as visual *fatigue*.** 画像表示装置 (Visual Display Terminal) を用いた作業は、視覚を**疲労**させるばかりでなく、精神的**疲労**と筋肉**疲労**を引き起こすことがある。

☐ **There has been a controversial debate over the cause and treatment of CFS (chronic *fatigue* syndrome).** 慢性**疲労**症候群の原因と治療については議論がつづいている。

☐ **The world's first commercial jet airliner, the de Havilland Comet, suffered from metal *fatigue*, which caused two aircraft to crash within three months.** 世界初の商用ジェット旅客機だったデ・ハビランド社製コメットには金属**疲労**の問題があって、3ヵ月のあいだに二機が墜落する事故を起こした。

F

flame /fléɪm/

n. 炎

⇨ 派生的に、炎のように燃え上がる情熱を指す。燃え上がると手が付けられなくなるのは、電子メールや掲示板などでののしり（フレーム）も同じである。

v. 燃える、（顔が）赤くなる、「炎上」させる

基本例文

☐ **The hotel went up in *flames*.** ホテルは**炎上**した。

☐ **She committed his letter to the *flames*.** 彼からの手紙を**焼き**捨てた。（＝彼からの手紙を**炎**に投じた。）

☐ **Her cheeks *flamed* with embarrassment.** 彼女はどぎまきして顔が**赤くなっ**た。

☐ **Contact a systems administrator and make a complaint, when you are repeatedly *flamed*.** 電子掲示板が何度も**炎上する**場合には、システム管理者に連絡して苦情を言いなさい。

関連語

flame-cut *v.* ガス切断する、炎切断する
flame-fusion process 火炎融解法（＝**Verneuil process/method** ベルヌイ法）
flameless *adj.* 炎を出さない
flame photometer 炎光光度計
flameproof *adj.* 耐炎性の
flammable *adj.*（＝**inflammable**）可燃性の、燃えやすい、燃焼性の、引火性の［同意語の **inflammable** が **nonflammable** とまぎらわしいため、工業、商業英語では **flammable** が用いられる。**Danger—Flammable—No Smoking** は「（掲示で）危険、可燃、禁煙」］
flame-resistant *adj.* 耐炎性の
flame-retardant *adj.* 難燃性の
flame test 炎色試験
flamethrower *n.* 火炎放射器（武器または除草用）、豪速球投手
nonflammable *adj.* 不燃性の、難燃性の

科学・技術例文

☐ **Natural gas gives off a blue *flame*.** 天然ガスは青い**炎**を出す。

☐ **We may be able to identify an unknown metal by observing the characteristic color its metallic ion produces in the *flame*.** 金属イオンが**炎**を特有の色に変えるのを観察することによって、金属が何であるかを明らかにすることができるかもしれない。

float /flóʊt/

v. 浮く、浮かべる、漂う、（考えが）心に浮かぶ、軽やかに動く
⇨ 噂や思想が広まる、という意味でも用いられる。
n. 浮遊物、いかだ、（パレードの）山車(だし)

基本例文

☐ **There was not enough water to *float* the paper ship.** 紙の舟を**浮かべる**だけの水がなかった。

☐ **I saw three balloons *floating* in a clear blue sky.** 風船が３つ、晴れた青空にふわりと**浮かんでいる**のが見えた。

☐ **The next day the rumor was already *floating* around town.** 翌日その噂はすでに町中に**流れていた**。

☐ **His wife *floated* down the steps to greet the guests.** 彼の妻は**ゆったりと**階段を下りてきて客を迎えた。

関連語

float bridge 浮き橋
floatable *adj.* 浮かぶことができる、（水路が木材などを）流して運べる
flotation, floatation *n.* 浮揚、浮力、（会社の）設立、【鉱業】浮遊選鉱（採掘された鉱石から不純物を取り除く選鉱法 *cf.* 比重選鉱 **gravity concentration** ⇨ GRAVITY）
⇨ 用例は「科学・技術例文」に示した。
floating *n.* 浮遊　*adj.* 浮かんでいる、流動している、海上にある
floating point 浮動小数点
⇨ 用例はほかに「科学・技術例文」に示した。

科学・技術例文

☐ **If you are weighed while *floating* in water, you are lighter than when standing on land. It is because your body is buoyed up by water.** 水中に**漂って**体重を量れば、地上に立っている時より軽くなる。これは身体が水の浮力で持ち上げられるせいである。

☐ **The center of mass and center of *flotation* are in different places, which is one of the factors that have caused the rotation effect.** 質量中心と**浮心**の位置が異なることが、回転効果を引き起こした要因の一つである。

☐ **The demographic census conducted this month shows that there is a *floating* population of 50 million migrants seeking work in big cities.** 今月実施された人口調査によると、大都市で仕事を探す移民の**流動**人口が 5,000 万人もいる。

F

flow /flóʊ/

v. 流れる

n. 流れ、流量

⇨ 英和辞典には多くの意味が載っているが、いずれも「流れる」として把握できるだろう。情報、交通、会話、感情、資金など、いわば液体の流れのように見立てられるものには使える単語だと思ってよい。ただ、高温での金属、地下の岩石のように、「割れることなく変形する（非破壊的変形）」の意味もある。

基本例文

□ **A river *flows* into the lake from the north, and another *flows* out of it to the south.** 湖に北から**流れ**込む川があり、南へ**流れ**出る川もある。

□ **Theirs is a land *flowing* with oil.** あちらは石油で**潤っている**国だ。［聖書に a land flowing with milk and honey（乳と蜜の流れる国）という表現がある。これを応用して、a land flowing with natural resources なら「自然資源に恵まれた国」］

□ **Massage will stimulate blood *flow*.** マッサージは血**行**を刺激する。

関連語

flowing *adj.* 流れている、流れのよい　**flowing water** 流水
flow chart フローチャート（仕事の流れを図式化したもの）
cash flow キャッシュフロー（資金の出入り、収入と支出）
flow cytometry フローサイトメトリー（微細な液流にのせて細胞試料を流しながら、その大きさや表面分子の発現などを光学的に識別して、細胞を分類、定量する測定法）
ebb and flow 潮の干満（のように繰り返される変化）
　ebb and flow of civilization 文明の消長
go with the flow 流れに乗る、（いわゆる）空気を読む
go against the flow 流れに逆らう　*cf.* **swim against the tide/stream/current**
overflow *v.*（～を越えて）あふれる、（～で）あふれる　*n.* オーバーフロー
　My email inbox was *overflowing* with spam. 迷惑メールが**あふれ返って**いた。

科学・技術例文

□ **Amp is short for "ampere," which is a measure of the amount of electricity *flowing* in a circuit.** Amp は「アンペア」の略で、回路を**流れる**電流を計る単位である。

□ **You have different types of valves to choose from, according to how you want to control the *flow* of water through the system.** システム内の**流**水量をどうしたいかによって、いろいろなバルブがある。

□ **Glaciers look like huge rivers of ice, and they are, in fact, constantly *flowing* down the mountain slopes toward the sea.** 氷河は巨大な氷の川に見えるが、実際、山の斜面から海のほうへ、つねに**流れて**いる。

fluid /flúːɪd/

n. 流体［液体（liquid）と気体（gas, gaseous body）の総称］、流動体、体液
⇨ ただし、単に「液体」「水分」と理解したほうがよいケースもある。
adj. 流動的な、不安定な、変わりやすい

基本例文

☐ **The best treatment for a cold is to take a good rest and drink a lot of *fluids*.** カゼにいちばんいいのは、十分な休息をとり、**水分**をたくさん摂ることだ。

☐ **The loss of *fluids* and essential salts in children can lead to extreme lethargy and critical illness.** 子供の体内から**水分**と不可欠な塩分が失われると、極端な無気力に陥ったり、深刻な病気を引き起こしたりする。

☐ **Everything is *fluid* in a transitional era like the present.** 現代のような過渡期にはすべてが**流動的**である。

関連語

fluid dynamics/mechanics 流体力学
body/bodily fluid 体液　**fluid balance** 体液平衡
spinal fluid 髄液、脊髄液　**cerebrospinal fluid** 脳脊髄液
fluidity *n.* 変わりやすさ、流動性［固体性（**solidity**）の対概念］
⇨ 用例は「科学・技術例文」に示した。

科学・技術例文

☐ **Heat is convected in *fluids*, which is known as heat transfer by convection.** 熱が**流体**の中を対流することを対流による伝熱と呼ぶ。

☐ **A milky *fluid* which oozes out of trunks is called latex.** 樹の幹からにじみ出てくる乳状の**液体**はラテックスと呼ばれる。

☐ **The ratio of the inertial force to the viscous force which a *fluid* stream exert on an object is called the Reynolds number.** **流体**が物体に及ぼす慣性力と粘性力との比をレイノルズ数という。［Reynolds の発音は /rén(ə)ldz/］

☐ **This chemical compound retains *fluidity* at extreme low temperatures.** この化合物は極低温においても**流動性**を保持する。

force /fɔ́ɚs | fɔ́:s/

n. (自然界の) 力、腕力、暴力、軍隊、武力、戦力、(共通活動をする) 集団
v. 強いて〜させる、押しつける、無理に〜させる
⇨ 自然界の「重力」「風力」から人間の振るう「暴力」まで、さまざまな「力」を表わす言葉。力を発揮する集団としての「軍隊」「部隊」も意味する。動詞では、「力」を用いてむりやり何かをしたりさせたりする意味になる。

基本例文

☐ **John would never resort to *force*.** ジョンは決して**暴力**に訴えることはないだろう。

☐ **The labor *force* of that country is estimated at 3,000,000.** その国の労働者数は 300 万人と推定される。

F

☐ **You should never *force* people to drink alcohol.** 人にアルコールを**無理に**飲ませてはいけません。

関連語

centrifugal [centripetal] force 遠心 [向心] 力
the force of gravity 重力
electrostatic force 静電力
body force 体積力 [他に慣性力 (**inertial force**)、重力 (**gravity**)、電磁力 (**electromagnetic force**) など]
surface force 表面力 [圧力(**pressure**)、せん断力(**shear force**)、表面張力(**surface tension**)など]
wind force of 8 in the Beaufort Scale ビューフォート風力階級での風力 8
enforce *v.* (法律などを) 実施 [施行] する、押しつける、強要する
enforce the law 法律を施行する
reinforce *v.* 補強する
fiber reinforced plastic (FRP) 繊維強化プラスチック
reinforcement *n.* 補強 (材)、鉄筋、援軍、増援隊
wait for the arrival of reinforcements 援軍の到着を待つ

科学・技術例文

☐ **Some people have a strong sense of distrust about their nation's armed *forces*, while others don't.** 自国の**軍隊**に強い不信感を持っている人びともいれば、そうでない人もいる。

☐ **They kept measuring the *force* applied to the surface of the pad during the experiment.** 彼らは実験のあいだじゅう、パッドの表面にかかる**力**を計測しつづけた。

☐ **Farmers in the area have now started to use a variety of techniques to *force* vegetables and fruit to grow unnaturally fast.** その地域の農民たちは、野菜や果物を不自然なまでに速く成長**させる**ために、さまざまな技術を使いはじめている。

frame /fréɪm/

n. 枠組み、構造、骨組み
v. 作る、造る、組み立てる、建設する
adj. ［限定的］木造の枠組構造の（＝timber frame house, wood frame house）
⇨ 建造物の骨組み、車両や飛行機、船舶あるいは人体の枠組み、さらには額縁といった物理的なものから、組織や社会体制といった制度的なもの、心理や思考の構造まで、幅広く適用される。

基本例文

☐ **The *frame* of my glasses is broken.** 私の眼鏡のフレームが壊れている。

☐ **I put the painting into a *frame*. = I *framed* the painting.** その絵を**額縁**に入れた。

☐ **She is in a positive *frame* of mind.** 前向きな気持ちだ。

☐ **Once they *framed* a splendid plan of it.** かつて彼らはすばらしい計画を**立てた**ことがある。

関連語

water frame 水力紡績機（R. Arkwright が発明した最初の紡績機で水力を利用した）
spinning frame 精紡機［糸を撚(よ)り、巻き取る機械］
frame of reference（＝**framework**）（行動・判断などを支配する）評価基準系、視座、準拠枠、【数学・物理】（準拠）座標系
⇨ 用例は「科学・技術例文」に示した。
framework *n.* 枠組み、構造［**frame** とほぼ同義語だが、「組織」「体制」の意味では **framework** のほうが普通］
⇨ 用例は「科学・技術例文」に示した。
frameshift mutation（遺伝子の）フレームシフト変異

科学・技術例文

☐ **The car *frame* was originally developed to support the drivetrain, which connects the transmission to the drive axles, and its use continues to this day.** 車のフレームは元々、トランスミッションと駆動軸を結ぶドライブトレインを支えるものとして考案され、今日まで使われている。

☐ **The building is *framed* to resist earthquakes.** その建築物は地震に耐えられるように**作られて**いる。

☐ **Physicists may measure the position, orientation, and other properties of objects within a particular *frame of reference*.** 物理学では、対象の位相や方向性などの属性が、なんらかの**基準座標系**の中で測定されることもある。

☐ **The three governments established a strategic *framework* for regional science and technology cooperation.** 3ヵ国の政府が、その地域の科学技術協力のための戦略的**枠組み**を確立した。

free /fríː/

adj. 自由な、束縛されない、制限のない、無料の、自由に移動する（粒子）、遊離した
v. 自由にする、解放する

基本例文

☐ **The voters will back up his *free* market policies.** 有権者は彼の**自由**市場政策を支援する。

☐ **This oil is completely *free* of harmful ingredients.** このオイルには有害な成分はいっさい**含まれていない**。

☐ **All students have *free* access to the library.** すべての学生が図書館を**自由**に利用できる。

☐ **The tour includes *free* admission to the museums in the city.** このツアーには市内の博物館への**無料**入場が含まれている。

☐ **The change in my schedule has *freed* me for more important tasks.** 予定が変わって、もっと重要な仕事をする**余裕ができた**。

関連語

free electron 自由電子　**free fall** 自由落下　**free hand** 自由裁量権

A bill introduced in Congress would give the President a *free hand* in dealing with terrorism. 議会に提出された法案は、大統領にテロ対策の**自由裁量権**をあたえるだろう。

freedom *n.* 自由

freedom of speech [**thought, religion, conscience**] 言論［思想、宗教、良心］の自由
freedom of contract 契約の自由　**freedom of the press** 出版の自由
academic freedom 学問の自由

freely *adv.* 自由に、惜しみなく

People of all walks of life *freely* donated money, food, and other items to save the earthquake victims. 地震の被災者救援のために、あらゆる立場の人びとが金銭、食物そのほかの物品を**惜しみなく**寄付した。

名詞に **-free** をつけて、「～がない、を含まない」の意の形容詞、副詞を作る。

barrier-free *adj.*（老人・障害者のための）バリアフリーの
duty-free *adj.* 関税がかからない、免税の　**tax-free** *adj.* 無税の（＝**tax-exempt**）
sugar-free *adj.* 砂糖を含まない
⇨ 用例はほかに「科学・技術例文」に示した。

科学・技術例文

☐ **New York City is located in a region of moderate seismic activity, and its inhabitants should not be *free* from care about earthquakes.** ニューヨークは地震がそこそこ起きる地域にあり、住民が地震への用心を**欠いて**いてよいわけではない。

☐ **If no other forces are involved, two objects in space orbiting each other are in *free* fall around each other. Thus the moon and artificial satellites are "falling around" the Earth without hitting it.** 他に働く力がない時、宇宙空間で相互をめぐる軌道に乗っている二つの物体は、**自由**落下状態にある。したがって、月や人工衛星は地球の「まわりを落下しつづけている」のに、地球に衝突することがない。

☐ **The world of printed circuit board (PCB) manufacturing is required to shift to lead-*free* processes.** プリント回路基板（PCB）製造の業界は、鉛**不使用**のプロセスに移行する義務を課せられている。

F

freeze /fríːz/

v. 凍る、凍らせる、(機械などが凍って) 動かなくなる、(身体などが) 凍りついたように固まる、(食品を) 冷凍する
n. 凍結、氷結、冷え込んだ時期

基本例文

☐ **I am *freezing*.** 寒くて凍えそうだ。

☐ **I just stood there *frozen* with horror [fear, terror, fright].** ぞっとして立ちすくんでしまうばかりだった。

☐ **"*Freeze*!" the gunman said.** 「動くな！」と殺し屋は言った。

☐ **Many banks in the city began to *freeze* investment loans.** 市中の銀行が続々と投資貸付けを**凍結**していった。

☐ **The cold snap *froze* the pond solid.** 急な寒さで池は固く**凍った**。

関連語

freezable *adj.* 冷凍可能な
freezer *n.* 冷凍庫、冷凍室
freeze-up *n.* 氷結、氷結期間
freezing *n.* 氷点 (＝**freezing point**)、冷凍、凍結、凝固、壊死
adj. 凍るような、着氷性の、冷ややかな
freezing mixture 寒剤、起寒剤、凍結剤　**freezing point** 氷点
freezing-point depression 凝固点降下、氷点降下
freezing cold 凍えるほど寒い [この例では副詞化している]
⇨ 用例はほかに「科学・技術例文」に示した。
unfreeze *v.* 解凍する、凍結を解除する、溶ける
freeze-dry *v.* 凍結乾燥する　*adj.* 凍結乾燥させた (フリーズドライの)
quick-freeze *v.* 急速冷凍する

科学・技術例文

☐ **Water *freezes* at 32° Fahrenheit [0° Centigrade or 0° Celsius], and salt water *freezes* at a lower temperature.** 水は華氏32度 [摂氏0度] で**凍り**、塩水はもっと低い温度で**凍る**。

☐ **The reset switch lets you reboot when the system *freezes*.** リセットスイッチによって、システムが**フリーズし**た時に再起動することができる。

☐ **For pure substances, the melting point and the *freezing* point are the same.** 純粋な物質については融点と**氷点**とは同じである。

frequency /fríːkwənsi/

n. 度重なること、頻度、振動数、周波数、度数

基本例文

☐ **There is a higher *frequency* of this disease in older people.** この病気は老人に**多い**。

☐ **Household accidents are occurring with increasing *frequency*.** 家庭内での事故が**頻発しつつある**。

関連語

frequency modulation 周波数変調、FM 放送
　cf. **amplitude modulation** 振幅変調、AM 放送
frequency distribution 度数分布
frequent *adj.* 頻度の高い、ありがちな　**frequent customers** 常連客
　v. /frɪkwént/（ある場所に）何度も行く
　He began to *frequent* cheap drinking places. 安い飲み屋に**通う**ようになった。
frequently *adv.* ひんぱんに、しばしば
　frequently asked questions (FAQ) よくある質問

科学・技術例文

☐ **More data are necessary to establish the *frequency* of occurrence of such a phenomenon.** もっとデータがないと、そういう現象が発生する**頻度**を確定できない。

☐ **By improving the power supply reliability, you can minimize the *frequency* of unexpected shutdowns.** 電源の信頼性を強化すれば、想定外のシャットダウン**回数**を抑えこめるだろう。

☐ **Harmonic overtones are vibrations at integral multiples of the fundamental *frequency*.** 倍音とは基本**周波数**の整数倍の振動である。

☐ **The human ear does not perceive all *frequencies* equally, and the *frequency* in question is certainly not in its audible range.** 人間の耳はすべての**周波数**を同じように聞きとるわけではなく、問題の**周波数**は間違いなくその可聴帯域には入らない。

F

friction /fríkʃən/

n. 摩擦、軋轢、不和

⇨「こする（rub）」が原義。身体や頭皮のマッサージという意味でも用いられる。

基本例文

□ **By putting oil on both surfaces, you can reduce *friction*.** 両面に油を塗ることで、**摩擦**を軽減できる。

□ **The trade *friction* between Japan and the United States in the 1980s is one of the favorite topics of his father.** 1980年代の日米間の貿易**摩擦**は、彼の父の好きな話題の一つである。

□ **The teacher noticed that the girl's independent attitude had been a source of *friction* with her mother.** 教師は、少女の独立心の強い態度が母親との**不和**の原因になってきたことに気づいた。

関連語

sliding friction 滑り摩擦（＝**kinetic friction**）　**rolling friction** 回転摩擦
friction clutch 摩擦クラッチ　**friction drive** 摩擦駆動
friction tape 絶縁用テープ（＝**insulation tape**）
friction angle【物理】摩擦角
frictional *adj.* 摩擦の、摩擦によって起こる　**frictional drag** 摩擦抵抗
⇨ 用例はほかに「科学・技術例文」に示した。
frictionless *adj.* 摩擦のない

科学・技術例文

□ **The force of *friction* decreased the speed of the meteorological satellite when it entered the earth's atmosphere.** 気象衛星は地球の大気圏に入ると**摩擦**力のせいで速度を落とした。

□ **If you fail to put a sufficient level of oil in the engine, the moving parts create excess *friction* as they rub against each other, which not only causes damage to the moving parts but also generates intense heat.** エンジンに十分な油をささないと、動く部品がたがいに擦れ合って過剰な**摩擦**が生じ、その結果、部品が傷むだけでなく、高い熱をもつことになる。

□ **Many sporting goods companies are trying to invent swimsuits that reduce *frictional* drag to the lowest minimum.** 多くのスポーツ用品会社が、**摩擦**抵抗を最小限に減らした水着の開発に努めている。

function /fʌ́ŋ(k)ʃən/

v. 機能する、役目を果たす

n. 機能、役目、行事、関数［関数の変数は variable］

⇨ある目的を果たすために、機械や人体に備わっている働きのこと。ほかのものとの関係で決まる作用、という意味にもなる。「行事、式典」という意味に注意。たとえば social functions であれば、「社会的機能」だけではなく「人の集まるイベント」かもしれない。

基本例文

☐ **The word "slow" naturally functions as an adjective, but it can also *function* as an adverb to mean "slowly."** "slow" という単語は元々形容詞だが、"slowly" の意味で副詞としても**機能する**。

☐ **When y is a *function* of x, the relationship is denoted as "y = f(x)."** y が x の**関数**である時、その関係は y = f(x) と表記される。

関連語

function room 会議場、宴会場（= **party room, reception room**）
function key ファンクションキー（キーボードにある F1〜F12 のどれか）
functional *adj.* 機能的な、機能している、機能重視（飾り気はない、という含意も）
functional group 官能基　**functional food** 機能性食品
functional disorder/disease 機能性疾患（症状はあるが臓器の病変としては説明できない）［臓器に原因があれば **organic disorder** 器質性疾患］　*n.* 汎関数
functionalism *n.* 機能主義
functionality *n.* 機能を果たしていること、果たすべき機能、電子機器などが有する機能
malfunction *v.* 正常に働かない　*n.* 機能不全（*cf.* **dysfunction**）
A bug in programming causes the system to *malfunction*. = A bug in programming causes *malfunction* of the system. バグでシステムが**おかしくなる**。

科学・技術例文

☐ **Protein is essential for the body to *function* normally, and its *functions* in the body are too many for a single article to cover.** タンパク質は身体が正常に**機能する**ために必須であり、その多くの**機能**について一回分の記事では書ききれない。

☐ **Pressure is a *function* of volume and temperature.** 圧力は体積と温度で**決まる**。［このような例を見ると、function という語が「機能」と「関数」の意味をあわせもつことが納得できるのではないか。普通に言えば、"Pressure depends on volume and temperature." である］

☐ **The solubility of solids in water varies as a *function* of temperature.** 固体が水に溶ける度合い（溶解度）は、温度によって**変わる**。［この例でも、温度のもつ「機能」により溶け方が変わるということで、溶解は温度の「関数」だとも言えよう］

F

DOWNLOAD 122

furnish /fə́ːnɪʃ | fə́ː-/

v. (必要なものを) 備え付ける、あたえる、供給する、提供する、もたらす

⇨「促進する (promote)、成し遂げる (accomplish)」が原義。

基本例文

□ **He always *furnished* us with necessary information.** いつでも必要な情報を**提供し**てくれた。

□ **We are ready to *furnish* financial aid to deserving students.** しかるべき学生を経済的に援助する用意があります (＝経済的援助を**提供する**)。

□ **The book *furnishes* a satisfactory basis for further study.** その書物はさらなる研究のために十分な基盤を**提供してくれる**。

□ **Time *furnishes* the fourth dimension.** (三次元に) 第四次元として加わるのは時間である (＝時間が (三次元に) 第四次元を**与える**)。

関連語

furnished *adj.* 家具付きの、(**-furnished** の形で) 設備の～な、在庫の～な

well-furnished laboratory 設備の整った実験室

I am looking for a *furnished* flat. **家具付きの**フラットを探しています。

furniture *n.* 家具、備品

furnishings *n.* 家具調度、備品 [**furniture** よりも範囲が広く、カーペット、カーテン、服飾品などを含む]

科学・技術例文

□ **A battery is used to *furnish* power to the electric circuit.** その電気回路に電力を**供給する**ためには、電池を使用する。

□ **The scanner should be *furnished* with five feet of armored cable.** スキャナーには5フィートの外装ケーブルが**付いている**なくてはならない。

□ **Pottery found at each layer of the archaeological dig *furnished* excavators with a detailed chronology of the site.** 発掘現場で、いくつもの地層から出土した陶器類が、詳しい年代の特定に役立った (＝役立つものを**提供した**)。

□ **One pair of vacuum tubes in the system *furnishes* up to 2,500 telephone circuits.** システム内の一組の真空管により、最大2,500までの電話回線を**提供できる**。

gravity /grǽvəṭi/

n. 重力、引力、重さ、重々しさ

基本例文

☐ **The *gravity* on the moon is about a sixth of that of the Earth.**
= **The *gravity* on the moon is about a sixth of the Earth's.** 月での**重力**は地球の6分の1ほどである。

☐ **I am acutely aware of the *gravity* of the situation.** 事の**重大さ**を痛感している。

☐ **Much criticism was heaped on the politician for his lack of *gravity*.** **重み**がないという批判が政治家に集まった。

関連語

gravity concentration【鉱業】比重選鉱（比重の差を利用して、採掘した鉱石から目的の金属を取り出す選鉱法） *cf.* **flotation, floatation** 浮遊選鉱 ⇨ FLOAT
gravity wave 重力波　**acceleration of gravity** 重力加速度
specific gravity 比重（= **relative density**）
zero gravity 無重力
in/at zero gravity 無重力状態で（= **in a state of weightlessness**）
center of gravity 重心
I changed the glider's *center of gravity* by moving myself to the left or right. 身体を左右に動かしてグライダーの**重心**を移動させた。
field of gravity 重力の場
graviton *n.*【素粒子物理学】重力子（重力相互作用を媒介すると想定されている仮説上の素粒子で、現在までのところ未発見）
gravitation *n.* 引力［この意味で **gravity** を使うこともある］、引力による作用（動き）
terrestrial gravitation 地球引力
Newton's law of universal gravitation ニュートンの万有引力の法則
the gravitation of population to large cities 大都市への人口移動
⇨ 用例はほかに「科学・技術例文」に示した。
gravitational *adj.* 引力の
gravitational force of Earth 地球の引力（= **gravity of Earth**）
gravitate *v.*（～に向かって）動く、引き寄せられる
Consumers *gravitate* toward lower-priced products. 消費者は値段の安い製品に**向かう**。
grave *adj.* 重大な、重々しい

科学・技術例文

☐ **The weight of an object is actually the force of *gravity* acting upon it.**
物体の重さとは、その物体にかかる**重力**のことである。

G

☐ ***Gravity* brings the pendulum finally to rest.** 振り子の運動は**重力**によって停止する。

☐ ***Gravity*, the force of attraction between any two bodies with masses, is directly proportional to the product of their masses, and inversely proportional to the square of the distance between them.** **引力**、すなわち質量のある二つの物体が引き合う力は、その質量の積に比例し、距離の二乗に反比例する。

☐ **Zero *gravity*, a condition of apparent weightlessness, occurs when the centrifugal force on an object counterbalances the *gravitation* pulling on it.** 無**重力**状態（重さがなくなったように思える）は、物体にかかる遠心力と**重力**が打ち消しあって生じる。

G

DOWNLOAD 124

ground /gráʊnd/

n. 地面、土、場所、立場、問題（話題）、基礎、根拠、アース［イギリス英語では earth］

v. ～に基づかせる、基礎知識を授ける、着陸（座礁）させる、アースする

⇨ 地面や土から立場や基礎まで、物事の底にあるものを幅広く指す。「地面に着く、野球でゴロを打つ」として自動詞にもなる。

基本例文

☐ **It was buried deep under the *ground*.** 地下深く埋められていた。

☐ **Shall we find a suitable meeting place on［in］the university *grounds*?** 大学の**構内**で打合せの場所を見つけましょうか。

☐ **He stood his *ground* even in the face of persuasive evidence.** 説得力のある証拠をつきつけられてもなお自**説**に固執した。

☐ **The arguments are *grounded* on experience.** その主張は経験に**基づいている**。

☐ **As a child, I was well *grounded* in mathematics.** 子供の頃に私は数学の**基礎をしっかり教えられた**。

関連語

break ground 物事を始める
gain ground 優勢になる、前進する、（説が）広まる
keep one's ground 立場を守る
on the ground 現場で、その理由で
ground state 基底状態（量子力学でもっともエネルギーが低い状態）［それよりエネルギーの高い状態は **excited state** 励起状態］

科学・技術例文

☐ **The area is a breeding *ground* for dangerous bacteria.** その地域は危険な細菌の発生**地**である。

☐ **The article breaks completely new *ground*.** その論文はまったく新しい**分野**を開拓している。

☐ **The research covers a lot of *ground*.** その研究は広い**範囲**にわたっている。

☐ **They had strong scientific *grounds* for asserting the authenticity of the data they had collected.** 収集したデータが信頼の置けるものだと主張できるだけの、確かな科学的**根拠**があった。

☐ **An electrical *ground* directs spikes in electricity away from the electric circuit and into the *ground*.** アースはスパイク電流を電気回路から**地面**に流す。

G

heat /híːt/

n. 熱、暑さ、激しさ

v. 熱する、温める

基本例文

□ **The sun radiates *heat*.** 太陽は**熱**を放射する。

□ **The summer *heat* finally broke in September.** 夏の**暑さ**は9月に入ってようやく弱まった。

□ **Our houses or offices are optimally *heated* when the thermometer records 65° F to 70°F.** 住居でもオフィスでも、室温は華氏65度から70度が適**温**である。

関連語

heat balance 熱平衡　**heat capacity** 熱容量（= **thermal capacity**）
heat exchange 熱交換　**heat exhaustion** 暑気あたり
heat insulation 断熱
***Heat insulation* materials reduce the rate of heat flow.** **断熱**材料は熱伝導を減らす。
heat-resistant（= **heatproof**）*adj.* 耐熱性の　**heat-resistant polymer** 耐熱性高分子
heat sensitive dye 感熱染料　*cf.* **thermal paper** 感熱紙
heat sink 放熱器、ヒートシンク
Power semiconductor devices are attached to an efficient *heat sink* in order to dissipate heat. 電力用半導体素子は、放熱のために効率のよい**ヒートシンク**に取りつけられる。
heat of combustion 燃焼熱（物質が完全燃焼して発生する熱量）
heat of evaporation 気化熱　**heat of fusion** 融解熱　**heat of sublimation** 昇華熱
specific heat 比熱
latent heat 潜熱　*cf.* **sensible heat** 顕熱
The *latent heat* of vaporization is the heat a liquid absorbs when it changes into vapor. 蒸発**潜熱**とは、液体が気体に変化する時に吸収する熱である。

科学・技術例文

□ **There are three possible ways to transfer *heat* energy between two or more objects: conduction, convection and radiation.** 二つ以上の物体間で**熱**エネルギーを伝達するには、伝導、対流、放射という3通りがある。

□ **A positive *heat* of formation is known as an exothermic reaction; a negative *heat* of formation as an endothermic reaction.** 正の生成**熱**は発熱反応として、負の生成**熱**は吸熱反応として知られている。

□ **The main causes of the urban *heat* island are the use of *heat*-absorbing materials to cover the land surface and the waste *heat* generated by energy usage.** 都市がヒートアイランド化する主な原因は、地表面を覆う吸**熱**性材料の使用とエネルギー使用による排**熱**である。

identify /aɪdéntəfàɪ/

v. ～が何（誰）であるのかを明らかにする、同一であると見なす

⇨ identical（同一の）と共通の語源をもち、「同じにする」が原義。何かが、自分の知っている別の何かと同じだと考えることは、とりもなおさず、そのものの正体を明らかにすることであり、生物学では「同属（同種）と認める、同定する」という意味で用いられる。また、自動詞として、「他人と自己を同一視して共鳴する」という用法もある。

基本例文

☐ **The body has not been *identified*.** その遺体は**身元が確認され**ていない。

☐ **She *identified* the bag as hers by saying what it contained.** 彼女は中身を言って、その鞄が自分のものであることを**証明した**。

☐ **The audience quickly *identified* with the characters of the play.** 観客はすぐに劇中の人物の**身になりきって**しまった。

関連語

identifiable *adj.* 同一であると証明できる、身元を確認できる
identification *n.* 同一であると見なすこと、同定、身分証明、共鳴
　identification of handwriting 筆跡鑑定
identity *n.* 同一性、身元、本人であること（**ID**）、独自性、【数学】恒等式（＝**identical equation**）、単位元（＝**identity element**）
unidentified *adj.* 身元不明の、匿名の　**an unidentified airplane** 国籍不明機
　a $100,000 donation from an unidentified benefactor さる慈善家による10万ドルの寄付　⇨用例はほかに「科学・技術例文」に示した。

科学・技術例文

☐ **Researchers are trying to *identify* carcinogenic substances.** 研究者たちは発癌物質を**つきとめ**ようとしている。

☐ ***Identify* an isosceles right triangle among the triangles shown.** 示されたいくつかの三角形の中から直角二等辺三角形を**見つけなさい**。

☐ **He used chromatography to *identify* amino acids present in a solution.** 彼はクロマトグラフィーを用いて溶液中のアミノ酸を**同定した**。

☐ **A new device involving DNA barcoding was used to *identify* the presence of endangered fish in markets.** DNA情報をバーコード化した新しい装置を用いて、絶滅の危惧されている魚が市場に出回っていることを**確認し**ようとした。

☐ **Many of the sightings of *unidentified* flying objects (UFOs) turned out to be meteors and satellites.** **未確認**飛行物体（UFO）の目撃例の多くは流星や衛星であることがわかった。

I

illusion /ɪlúːʒən/

n. 錯覚、幻想、幻影

⇨「あざむくこと」という原義から「あざむくような見かけ」に転じた。

基本例文

☐ **Life is but an *illusion*.** 人生は**幻**にすぎない。

☐ **He is under the *illusion* that he is the smartest person in the office.** 彼は職場でいちばん頭がよいと**勝手に思い込んで**いる。

☐ **I have no *illusions* about the chances for success.** 成功の可能性について、**幻想**はいだいていない（＝厳しい現実を理解している）。

関連語

an optical illusion 錯視、目の錯覚

At first I thought it was *an optical illusion* or trick photography. 最初は目の**錯覚**か騙し絵写真だろうと思った。

illusory *adj.* 錯覚に基づく、人目をあざむく、架空の［**illusive, illusionary** もほぼ同義］

⇨ 用例は「科学・技術例文」に示した。

disillusion *v.* 迷いを覚まさせる　*n.* 幻滅

disillusioned *adj.* 幻滅した

People soon became *disillusioned* with the new government. 人びとはすぐに新政府に**幻滅した**。

disillusionment *n.* 幻滅

delusion *n.* 惑わす（惑わされる）こと、間違った信念、思い違い、妄想

He was suffering from *delusions* of grandeur. 彼は誇大**妄想**に悩まされていた。

科学・技術例文

☐ **The easiest way to create an *illusion* of space and to amplify the apparent size of the room is to fix large and unframed mirrors in the right places.** 部屋の空間が実際より広いという**錯覚**を作り出すもっとも簡単な方法は、しかるべき場所に大きな枠なしの鏡を設置することである。

☐ **The moon looks larger near the horizon than it does when it is high up in the sky. This optical *illusion*, known as the "moon *illusion*," has been recorded by many different cultures since ancient times.** 地平線付近にある月は上空にある時に比べて大きく見える。「月の**錯視**」として知られるこの**錯視**は、古代以来さまざまな文化において記録されてきた。

☐ **As the results of our latest experiment have shown, the belief that people with a high income are satisfied with their lives is *illusory*.** 最新の実験結果が示すとおり、高収入の人間は生活に満足しているという考えは**事実とは異なる**。

I

illustrate /íləstrèɪt, ɪlʌ́streɪt | íləstrèɪt/

v. (図解するように) 説明する、例証する、図版を入れる

⇨ 語源的には「明るくする」という意味で、luster (光沢、輝き) と近縁である。その意味は現在では失われてしまったが、「はっきり説明する」という語感としては、まだ生きているかもしれない。

基本例文

☐ **She quoted an old saying to *illustrate* her point.** 論点の**説明**として、古い格言を持ち出した。

☐ **The textbook is *illustrated* with maps and photographs.** 教科書に地図や写真が**載っている**。

☐ **This book *illustrates* the definitions of words with good example sentences.** この本は、上質の例文によって単語の意味を**説き明かそう**とする。

関連語

illustration *n.* 説明、説明図、実例、例証
　a good illustration of how evolution works 進化がどう行なわれるかの好例 (＝**a good example to illustrate how evolution works**)
　by way of illustration 例として言えば (＝**as an example**)
illustrative *adj.* 説明に役立つ
illustrious *adj.* 名高い、輝かしい
　an illustrious artist 著名な芸術家 [もちろん、**illustrator** とは限らない]

科学・技術例文

☐ **All evidence *illustrates* that early detection is vital.** 早期発見が大事だということは、あらゆる証拠に照らして**明らかだ**。

☐ **This is a good example to *illustrate* the importance of biodiversity to our own survival.** 人間の生存にとっても生物多様性が大事であることが**よくわかる**例だ。

☐ **This simple experiment *illustrates* how effective eye contact is in communicating with another person.** この簡単な実験でも、他者とのコミュニケーションにおいて、目をあわせることがどれだけ効果的なのか**よくわかる**。

I

DOWNLOAD 129

image /ímɪdʒ/

n. (鏡や網膜上の) 像、画像、映像、イメージ

⇨ 面影、生き写し (よく似た人) の意味もある。数学では「写像」。語源的には imitate とつながりがある。

基本例文

☐ **She is the *image* of her mother.** 母親にそっくりだ。

☐ **A fade-in is when an *image* gradually appears out of blackness on the screen.** フェイドインとは、スクリーン上の闇の中から次第に**映像**が浮かび上がってくる時のことである。

☐ **Cable TV permits the transmission of *images* to any distance.** ケーブルTVはどんな距離にでも**画像**の伝達が可能である。

☐ **The advertisements are intended to improve the corporate *image*.** その広告は企業の**イメージ**アップを狙っている。

関連語

image processing 画像処理
image impedance 影像インピーダンス
spitting image (= **the spit and image**) 生き写し [**image** 単独でも、この意味で使える]
imaginary *adj.* 空想の、想像上の
　imaginary number 虚数
imaginative *adj.* 想像力豊かな、独創的な
　brilliantly imaginative hypothesis すばらしく想像力に富む仮説

科学・技術例文

☐ **The light that falls on the retina forms an *image* in the brain.** 網膜にあたる光が脳に**像**を作る。

☐ **The terminals produce *images* with a matrix of picture elements called pixels.** その端末はピクセルという画素のマトリックスを用いて**画像**を作り出す。

☐ **The space probe relayed more than 1,000 *images* of Mars back to Earth.** 宇宙探査機は千を超える火星の**映像**を地球に中継した。

☐ **Ink-jet printers are designed to produce *images* by propelling fine droplets of ink onto a medium such as paper.** インクジェット・プリンタは、インクの微小な粒を紙などの媒体に射出して**像**を作り出す。

improve /ɪmprúːv/

v. 良くなる、改善する

⇨「利益（profit）」を意味する古（期）英語（アングロサクソン語）が核となって成立した語。ラテン語に由来する prove や approve とは系統が異なる。

基本例文

☐ **His health has greatly *improved* over the last few weeks.**　この数週間で、すっかり**復調**した。

☐ **This is one of those things that *improve* with time.**　こういうことは時間がたてば**良くなる**。

☐ **There are lots of ways to *improve* yourself.**　自分を**磨く**方法はいくらでもある。

関連語

improve on/upon（過去の水準、実績などを越えて）よい結果を出す

The engineers have *improved on* last year's model.　昨年のモデルから**改良した**。

The athlete *improved on* his own previous world record.　自己の世界新を**更新した**。

improvement *n.* 改良、改良点、良くなったもの

［いわゆる「カイゼン」は "**continuous improvement**" と英訳されることがある］

The latest edition is a vast *improvement* on the previous one.　最新版は前よりもずっと良くなった。

There is still room for *improvement* in the quality of the service we provide.　まだまだサービスを**改善**する余地はある。（= **We have yet to *improve* the quality of the service we provide.**）

科学・技術例文

☐ **While the company was working on *improved* versions of the existing products, it was also developing a completely new line of products.** その会社は、既存の製品の**改良**型を作ろうとしながら、まったくの新製品を開発しようともしていた。

☐ **We have been trying to identify appropriate measures to *improve* energy efficiency in our buildings.**　ビル内のエネルギー効率を**高める**にはどうしたらよいのか、適切な方法を考えようとしている。

☐ **Lifestyle modification combined with regular exercise and calorie restriction significantly *improved* blood pressure among middle-aged men and women who were overweight and with hypertension.**　過体重で高血圧の中年男女では、定期的な運動と食事制限を取り入れた生活習慣の見直しによって、血圧が有意に**改善した**。［「有意な（significant）」とは、偶然や気のせいではなく、統計学的にみて確かな差異が認められる、ということ］

I

DOWNLOAD 131

impulse /ímpʌls/

n. 衝撃、衝動、刺激、インパルス
v. 衝撃をあたえる
⇨ 心理的な「衝撃」から物理的、社会的な「衝撃」まで幅広く適用される。

基本例文

□ **I had an *impulse* to jump up and down.** 私はぴょんぴょん飛び跳ねたい**衝動**にかられた。

□ **The *impulse* toward more open markets cannot be resisted.** より開かれた市場を求める**衝動にも似た欲求**には抗しがたい。

□ **All retailers try many different tactics to encourage *impulse* buying.** どの小売業者も、手を替え品を替え、(客の) 購買**欲 (求)** を刺激しようとする。

関連語

on impulse はずみで
electrical impulse【電気】インパルス
nerve impulse 神経衝撃、神経インパルス
sex impulse 性衝動
unit impulse function【数学】単位インパルス関数 (Dirac のデルタ関数) [x=0 以外では 0 で、x=0 の時は無限大、かつ x=−∞〜∞の範囲での積分が 1 となる関数]

I

科学・技術例文

□ **The *impulse* wave, generated by a shock wave discharge from the exit of a pipe, always causes undesirable noise and vibration problems.** パイプの出口から発せられる衝撃波によって生じる**インパルス**波は、雑音や振動の問題を起こすものである。

□ **An *impulse* is conveyed through the nerve fibers.** 神経線維をとおして**刺激**が伝えられる。

□ **Those with *impulse* control disorder frequently demonstrate failure to resist their behavioral impetuosity.** **衝動**調節障害をもつ人は、行動の性急さを抑えられない症状をたびたび見せてしまう。

□ **The contraction of the heart is coordinated by electrical *impulses*.** 心臓の収縮は**インパルス**によって調整される。

indicate /índɪkèɪt/

v. 示す、指摘する、(手・指などを使って) 表わす、(計器が) 表示する

基本例文

☐ **Signs clearly *indicate* a recommended route round the old city.** 標識によって、旧市街をめぐる推奨ルートがはっきり**示されて**いる。

☐ **The report *indicates* the need for drastic measures.** 報告書は抜本的な対策が必要だと**指摘している**。

☐ **He *indicated* with three fingers how many bottles of milk he wanted.** 指を3本見せてミルクが何本欲しいのか**示した**。

☐ **This meter *indicates* water consumption.** このメーターは水の消費量を**示す**。

関連語

indication *n.* 表示、指摘、(計器の) 表示

indicator *n.* 表示者、表示器、経済指標

HDD access indicator ハードディスクのアクセスランプ

⇨ 用例はほかに「科学・技術例文」に示した。

indicative *adj.* (〜ということを) 表示する

Increased blood pressure may be *indicative* of a cardiovascular disease. 血圧の上昇は心臓血管系の病気を**示している**のかもしれない。

index *n.* 索引、指標、指数 [**indicate** と同じ語源に由来する。「指数」の意味で使われる時の複数形は **indices**]

Compiling an *index* requires patience and skill. **索引**の作成には根気と熟練を要する。

The *index* of refraction varies with the wavelength of light. 屈折**率**は光の波長によって異なる。[屈折率は **refractive index** とも言う]

科学・技術例文

☐ **Litmus paper *indicates* whether a solution is acid, alkaline, or neutral, but it does not *indicate* the actual pH value.** リトマス紙は、ある溶液が酸性か、アルカリ性か、中性かを**示す**が、それによって実際の pH 値が**示される**わけではない。

☐ **The unemployment rate, corporate profits and unit labor cost are characterized as lagging *indicators* of economic status.** 失業率、企業収益と単位労働コストは経済の遅行**指標**とされている。[*cf.* leading indicator 先行指標、coincident indicator 一致指標]

☐ **The density of a planet is a key *indicator* of its chemical composition.** 惑星の密度はその化学組成を示す重要な**指標**だ。

I

induce /ɪnd(j)úːs | -djúːs/

v. 誘発する、引き起こす、（人に）勧めて〜させる

⇨「導き入れる」が原義。理系の分野では、「(電気や磁気、放射能などを）誘導する」「タンパク質の合成を遺伝情報の転写を増大させることによって促す」といった意味などで幅広く用いられる。また、論理学では「帰納法によって推論する」。「演繹法によって推論する」は deduce もしくは deduct. ⇨ DEDUCT

基本例文

☐ **Nothing would *induce* me to fly.** どうあっても飛行機に乗る**気にはなりません**。

☐ **This drug *induces* sleep.** この薬は眠気を**催させる**。

☐ **The doctor *induced* labor, because her baby was two weeks overdue.** 出産が二週間遅れていたので、医者は陣痛を**促進した**。

関連語

induced pluripotent stem (iPS) cell 人工多能性幹細胞（iPS 細胞）
inducer *n.* 誘導物質、誘発要因、【分子生物学】インデューサー（遺伝子転写制御における誘導因子 *cf.* **repressor** リプレッサー、抑制因子）
induction *n.* 誘導、帰納（法）
electrostatic induction 静電誘導　**electromagnetic induction** 電磁誘導
induction coil 誘導（感応）コイル　**induction motor** 誘導電動機
magnetic induction 磁気誘導　**mathematical induction** 数学的帰納法
⇨ 用例はほかに「科学・技術例文」に示した。
inductive *adj.* 帰納的な、誘導の　**inductive reasoning** 帰納推理
inductor *n.* 聖職授与者、誘導子、感応物質、誘導原

科学・技術例文

☐ **A current can be *induced* in a coil when you alter the distance between the magnet and the conductor.** 磁石と伝導体（導体）との距離を変えると、コイル内に電流が**誘導される**。

☐ **Scientists succeeded in *inducing* hibernation in mice by oxygen deprivation.** 科学者たちは、酸素を欠乏させることによって、マウスの冬眠を**引き起こすことができた**。

☐ **It is clear that a mixing of all wavelengths *induces* a white light.** すべての波長をあわせると白色光**になる**のは明らかである。

☐ **Therefore, by the principle of mathematical *induction*, P(n) is true for all natural numbers.** ゆえに数学的**帰納法**により P(n) はすべての自然数について真である。

I

infinity /ɪnfínəṭi/

n. 無限、無限なもの、莫大な数、(数学の) 無限大、(写真の) 無限遠

基本例文

☐ **An *infinity* of possibilities are here, waiting for us.** **無限**の可能性が目の前で私たちを待っている。

☐ **The snowfield seemed to stretch into *infinity*.** 雪原が**果てしなく**広がっているように見えた。

☐ **Lying on his bed, he spent hours contemplating the *infinity* of the universe.** ベッドに横になり、彼は何時間も**無限**の宇宙に思いを馳せた。

関連語

infinity microphone (超高感度の) マイク、電話盗聴器

infinite *adj.* 無限の、果てしない [成り立ちは **in**＋**finite** で、「完成していない、終わっていない (not finished)」が原義]

infinite decimal 無限小数　**infinite product** 無限乗積　**infinite sequence** 無限数列

This is a matter of *infinite* importance. これは**きわめて**重要な事項です。

infinitely *adv.* 無限に

⇨ 用例は「科学・技術例文」に示した。

infinitude *n.* 無限、無限の数量 (広がり) [**infinity** とほぼ同義]

I

科学・技術例文

☐ **Georg Cantor discovered that there were different degrees of *infinity*, which considerably increased mathematicians' understanding of *infinity* and set theory.** ゲオルグ・カントルは**無限**にもさまざまな階層があることを発見し、それにより**無限**や集合論に関する数学者の理解は大いに深まった。

☐ **Focal length can be defined as the distance from the optical center of the lens to the focal plane of the camera when the lens is focused at *infinity*.** 焦点距離とは、**無限遠**に焦点をあわせた際の、レンズの主点からカメラの焦点面までの距離として定義できる。

☐ **This kind of power transmission and *infinitely* variable speed units can be widely used for various purposes.** この種の動力伝達装置と**無段**変速ユニットは、さまざまな目的で広く使用できる。

influence /ínfluːəns | -fluəns/

n. 影響［影響する力、影響する行為、影響力のある人（もの）］
v. 影響する
⇨ 元来は「中へ＋流れる」という意味。天体から流れてくる霊気で地上の人間の運命が変わる、という占星術の発想が根底にある。

基本例文

☐ **Television is a bad *influence* on children.**
= **Television has a bad *influence* on children.** テレビは子供に悪**影響**がある。
［最初の例では「影響をあたえる存在」の意味で、次の例では「影響力」］

☐ **The weather on election days can strongly *influence* voting behavior.** 選挙日の天候で、投票が大きく**左右される**こともある。

☐ **The ex-prime minister managed to remain in a position to exert a certain *influence* on the government. He still used his *influence* with high officials.** 前首相は政府に一定の**影響力**を行使する立場にとどまり、高官に**にらみを利かせていた**。

関連語

under the influence of . . . ～の影響下に［**be, come, fall, remain** などの動詞と組みあわせて、「～に影響されている、されるようになる、されたままである」］
Rome came *under the influence of* Greek culture. = Rome came *under the* cultural *influence of* Greece. ローマはギリシャ文化の**影響下**に入った。
under the influence 酔っている（＝**under the influence of alcohol**）
driving under the influence 飲酒（酒気おび）運転［**DUI** と略されることがある］
cf. **drunk driving, buzzed driving**
influence peddler（金品を受け取って）口利きをする人
influential *adj.* 影響力のある
a highly influential writer and politician 大物の作家兼政治家

科学・技術例文

☐ **Technological developments have a fundamental *influence* on how we communicate with distant people and share information with them.** テクノロジーの進歩は、遠方との交信、また情報の共有について、根本的に**影響する力**がある。

☐ **They conducted research to investigate factors that *influence* customers to buy a new product.** 客が新製品を買いたくなるように**影響する**要因を調査した。

information /ɪ̀nfɚméɪʃən | -fə-/

n. 情報、知識、通知、報告、(コンピュータ・サイエンスにおける) 情報 (量)

基本例文

☐ **Students have to learn how to abstract *information* from articles.** 学生は記事 (論文) から**情報**を抽出する方法を学ぶ必要がある。

☐ **Through devious means he obtained access to top secret *information*.** 不正な手段によって極秘**情報**を入手した。

☐ **Availability and a healthy circulation of *information* are essential to a free society.** **情報**を入手でき、**情報**が健全に流通することが、自由社会には絶対に必要である。

☐ ***Information* technology is enjoying a boom at present.** **情報**テクノロジー (IT) がブームである。

関連語

information of questionable authenticity 疑わしい情報
for your information ご参考までに [**FYI** と略すことがある]
informative *adj.* 情報をあたえる、有益な、教育的な
The lecture was both *informative* and entertaining. 講演は**有益な**上に面白かった。
informed *adj.* ～についてよく知っている、情報に基づく
informed consent (手術や治療を受ける前に) 医師から十分な説明を受けた上で患者があたえる同意、インフォームドコンセント

科学・技術例文

☐ **A computer has a prodigious ability to store and process a great deal of *information*.** コンピュータは大量の**情報**を蓄積し処理する驚くべき能力を有している。

☐ **This book is brimful of up-to-date *information* on genetic engineering.** この本には遺伝子工学に関する最新**情報**が詰まっている。

☐ **They can put an incredible amount of *information* on [onto] a single chip nowadays.** 近頃では、信じがたいほど大量の**情報**を半導体チップ一片に入れることができる。

☐ **Much useful *information* can be obtained by examination of anatomized specimens.** 解剖した標本を調べれば、有益な**情報**がたくさん手に入る。

instrument /ínstrʊmənt/

n. 器械、道具、計器、楽器、手段

⇨「準備する、建てる」という動詞に由来し、instruct と同語源。

基本例文

☐ **Several sensitive *instruments* are installed in this room.** この部屋には高感度の**計器**がいろいろ備えつけてある。

☐ **"What *instrument* do you play?" "I play the piano."** 「あなたは何の**楽器**をやりますか。」「ピアノです。」

☐ **Language is an *instrument* for communication.** 言語は伝達の**手段**である。

関連語

astronomical instrument 天文学用器械　**drawing instrument** 製図器械
electronic instrument 電子機器　**instrument panel** 計器板
laboratory instrument 実験器具　**precision instrument** 精密機械
instrumental *adj.* 重要な役割を果たす、道具の、器楽の　*n.* 器楽曲
instrumental conditioning 道具的条件付け
He was *instrumental* in establishing the company as a leader in the industry. 彼は会社を業界のリーダーとする上で、**大いに力があった**。

科学・技術例文

☐ **These *instruments* measure and record atmospheric pollution.** これらの**計器**は大気汚染を測定、記録する。

☐ **We need an *instrument* for identifying and measuring gases in an unknown mixture.** 未知の混合物に含まれる気体を同定し測定するための**器械**が必要である。

☐ **A microscope is an optical *instrument* which uses lenses to produce a magnified image of very small objects such as microbes.** 顕微鏡は、レンズを使って、微生物のような非常に小さい物体の拡大画像を作る光学**器械**である。

☐ **The continuous use of cell phones during flights can interfere with the aircraft's cockpit *instruments* such as GPS receivers, and cause an accident.** 飛行中の継続的な携帯電話の使用は、GPS 受信機のような飛行機の操縦室にある**機器**の使用を妨げ、事故を引き起こす可能性がある。

☐ **Progress in astronomical research owes much to the development of *instrument* technology.** 天文学の研究の進歩は**機械**技術の発達によるところが大きい。

integrate /íntəgrèɪt/

v. まとめる、統合する、積分する

⇨ 個別から全体への統合に向け、一つのシステムとして機能させる。社会的には「人種間の差別待遇をやめさせる」の意。自動詞としては、「まとまる、全体の中へ入っていく」。分子生物学では、「(ゲノムに外来ウイルスなどのDNA配列を) 組み込む」。

基本例文

☐ **This is an easy activity to *integrate* into your daily schedule.** ふだんの生活に**取り入れ**やすい活動だ。

☐ **This is an easy community to *integrate* into.** **溶け込み**やすいコミュニティだ。

☐ **The musicians tried to *integrate* traditional elements with modern expression.** 音楽家が伝統的な要素と現代的な表現を**統合し**ようとした。

☐ **He was active in the attempt to *integrate* public schools.** 公立学校から**差別をなくそう**と頑張っていた。

関連語

integration *n.* 統合、積分　⇨ SYNTHESIS
definite [indefinite] integration 定［不定］積分　**integration by parts** 部分積分
Their recent success is an illustration of an effective *integration* of several disciplines. 今度の成功は、異分野の働きをうまく**まとめた**例である。

integrated *adj.* 統合した、一貫した、(ゲノムに外来のDNA配列が) 組み込まれた
integrated circuit (IC) 集積回路　**integrated software** 統合ソフト

integral *adj.* 重要な (全体を構成するために不可欠、全体の中に組み込まれている、すべての構成要素がそろっている)、積分の
integral symbol 積分記号、インテグラル

integrity *n.* まとまって保全されていること　**a person of integrity** 人格者
data integrity データの完全性 (元データからの変更がない)

disintegrate *v.* 分解する、風化する、(家庭、社会、原子核などが) 崩壊する

科学・技術例文

☐ **This product will easily and seamlessly *integrate* with existing applications.** この製品はすんなりと違和感なく、既存のアプリケーションと**一体化し**て機能します。

☐ **The architect's clever use of glass helped the house *integrate* better with the landscape.** 建築家がガラスを巧妙に使って、家屋を風景に**なじませた**。

☐ **The keynote address was about the program to *integrate* ecological concepts into fisheries management.** 基調演説は、漁業管理にエコロジカルな発想を**取り入れる**プログラムについて行なわれた。

I

interfere /ˈɪnṭɚfíɚ | -təfíə/

v. ～に干渉する、口出しする〔in, with〕、(人・物事が) ～を妨げる、～のじゃまをする、(物事が) ～に害をあたえる、～を損なう〔with〕

⇨ 転じて、～と混信する、～に雑音をもたらす、(光波・音波・電波などが) 干渉する〔with〕、同一発明の優先権を争う、などの意味に使われる。

基本例文

☐ **I don't like to be *interfered* with.** 人に**干渉される**のはきらいだ。

☐ **That *interferes* with my work [plans].** それでは私の仕事 [計画] に**支障をきたす**。

☐ **Sedentary work often *interferes* with health.** 座ってする仕事は健康を**害する**ことが多い。

☐ **The police don't *interfere* in family matters.** 警察は家庭の問題に**介入し**ない。

関連語

interference *n.* 干渉

cut out interference 雑音を消す

RNA interference (RNAi) RNA 干渉

interfering *adj.* 干渉する

small interfering RNA (siRNA) 低分子干渉 RNA

科学・技術例文

☐ **This vacuum cleaner *interferes* with the TV reception.** この電気掃除機を使うとテレビの受信と**干渉する**。

☐ **At that angle of separation, the satellite would not *interfere* with the communication of the launch vehicle.** その角度で切り離していれば、人工衛星が打ち上げロケットの通信を**阻害する**ことはないだろう。

☐ **When two atom waves *interfere*, an atom from one wave can cancel out an atom from the other.** 二つの原子波が**干渉する**と、一つの波から出た原子がもう一方の波から出た原子を相殺することがある。

☐ **In general, sound waves can *interfere* with each other constructively (their effects are added to each other) or destructively (their effects cancel each other out).** 一般的に音波はたがいに相乗的に (＝効果がたがいを高める) あるいは相殺的に (＝効果がたがいを相殺する) **干渉し**合う。

I

invent /ɪnvént/

v. 発明する、捏造する

⇨「偶然見つけた」を原義とするが、discover とは区別をしておくこと。discover がすでに存在していたものを初めて見つけることをいうのに対して、invent はそれまではなかった事物や考えを初めて作り出すことをいう。芸術作品などについて無から新しいものを造り出す意味では create が適切。 ⇨ DISCOVER

基本例文

☐ **Robert Boyle *invented* a vacuum pump and used it to discover what is now called Boyle's law.** ロバート・ボイルは真空ポンプを**発明**し、それを使って現在ではボイルの法則と呼ばれる発見を成し遂げた。

☐ **It is commonplace for people to *invent* excuses to avoid what they do not want to do.** 人はえてして望まないことをしないですませるよう言い訳を**でっちあげる**ものだ。

関連語

invention *n.* 発明、作り話

Inventions are perfected with time. **発明品**は時の経過につれて完全なものになっていく。

The whole story is pure *invention*. その話はまったくの**でっちあげ**だ。

⇨ 用例はほかに「科学・技術例文」に示した。

inventive *adj.* 発明の、創意に富む

inventor *n.* 発明者、発明家

She is a born/natural *inventor*. 生まれながらの**発明家**である。

⇨ 用例はほかに「科学・技術例文」に示した。

inventory *n.*（財産・商品などの）目録、在庫品、棚卸表［「発明」とは関係なさそうな単語だが、「（死亡時に）発見された財産目録」という原義で結びつく］

The company has cut its *inventory* of hazardous chemicals by 50%. その会社は危険な化学薬品の**在庫**を半減させた。

reinvent *v.* 新しく作り直す、（すでに発明ずみのものを）再発明する

The athlete involved in the scandal expressed his determination to *reinvent* himself. スキャンダル渦中の運動選手は、心機**一転**するという決意を表明した。

科学・技術例文

☐ **Ferrite, one of Japan's original *inventions*, has made substantial contributions to the development of electronics.** 日本独自の**発明品**の一つであるフェライトは、エレクトロニクスの発展に重大な貢献を行なってきた。

☐ **Once a patent is granted, the *inventor* of an *invention* or its subsequent owner obtains the exclusive right to make, use, or put the *invention* on the market.** 特許を取得すると、**発明品**の**発明者**またはその承継者は当該**発明品**の製造、使用、または市場化に係る排他的な権利を獲得する。

I

issue /íʃuː | íʃuː, ísjuː/

n. 問題、論点、発行（物）

v. 刊行する、発行する、出す、流出する、生ずる

⇨「外へ出る」が原義で exit と同語源。

基本例文

☐ **The real *issue* is whether there is enough money.** 真に重要な**問題**はお金が十分あるかどうかだ。

☐ **When was your driver's license *issued* to you?** あなたの運転免許証はいつ**発行され**ましたか。

☐ **Black smoke *issued* from the windows.** 窓から黒煙が**噴き出した**。

関連語

at issue 係争中の、論点になっている　**the point at issue** 問題点

have issues with . . . ～を相手にして困っている、～と意見が合わずにいる

make an issue of . . . ～を問題化する

take issue with . . . ～に反対する、異議を唱える

I must *take issue with* you on that point. その点については君に**異議を唱え**ざるをえない。

issuance *n.* 配給、発行

reissue *v.* 再発行する　*n.* 再発行物

科学・技術例文

☐ **The failure of the experiment has raised a new *issue*.** 実験の失敗は新たな**問題点**を提起した。

☐ **The March *issue* of the magazine had an interesting article on evolution.** その雑誌の３月**号**には進化についてのおもしろい記事が出ていた。

☐ **Science can offer solutions to global warming and other environmental *issues*.** 科学は地球温暖化やその他の環境**問題**を解決することができる。

☐ **The company has *issued* a new software update to address security problems.** 安全性に関する問題に対処するために、その会社は新たなソフトウェアの更新版を**配布した**。

☐ **Public funding for stem cell research has been at *issue* for some time now.** 幹細胞研究に公的資金を出すことが**問題**となってから、かなりの時間が経っている。

I

生命理工学院の英語
School of Life Science and Technology

■英語を学ぶしかない

生命理工学院（ライフサイエンス系）の研究室で読むべき文献はほとんど英語で書かれています。日本語で書かれた解説書もありますが、原著論文はほぼ100%英語で書かれています。書き手となった場合も同様で、最近は国内学会でもポスターやスライドは原則英語というケースが多いようです。そういうわけで、英語が得意な人はもちろん、苦手な人も、研究の世界に身を置く限り日々英語に接することになります。

自分自身の実感を込めてお伝えしますが、英語力を伸ばす魔法のような方法はありません。ほぼ単純に費やしてきた時間に比例して英語力は伸びると言って差し支えないでしょう。一説によると、一つの言語を習得するのに4400時間かかるそうです。週2時間の勉強では1年でたったの104時間。40年以上かかってしまいます。一方、仮に起きている時間の3割を英語で読み、書き、聞き、話し、思考すれば1日約5時間。1年で1750時間。2年半で4400時間に達します。実際、東工大進学を考えている、東工大で研究している皆さんは1000時間程度の学習下地がすでにあるはずなので、2年以内に累積4400時間をクリアできるでしょう。しかし「起きている時間の3割を英語で」と言われても、英語サークルにでも入って留学生の友達をたくさん作れば可能かもしれませんが、日本で普通に暮らしていてはむずかしいのもまた事実です。ところが、研究室に入って研究にどっぷり浸かる生活を始めると、状況は激変します。理工系の大学院の講義はほとんど英語。読む論文もほとんど英語。さらに研究室には留学生がおり、ゼミでは英語が飛び交う。英語に苦手意識を持っている人も「しかたない、やるぞ」と覚悟を決めて避けずに向かっていけば、研究室に入って修士課程を終えるまでの期間内に、英語力は飛躍的に向上するはずです。人生の大半を日本で過ごす平均的日本人にとっては生涯にまたとない貴重な機会なので、ぜひこの機会を活かしてください。

■スピードを意識して読む訓練を積む

東工大でライフサイエンス系の英語教育に関わっている身として、少々アドバイスしたいと思います。まずはリーディングとライティングについて。受験教育の賜物で、リーディングの能力は相対的に高い人が多いと思いますが、今後より求められるのは、数十ページ程度の英語を短時間で読みこなす能力です。スピードを意識して読む訓練を積めば、読む速度は上がっていくはずです。また、以下で述べるライティングのルールを理解すると、自分の知りたい情報がどこにあるかについて勘が働くようになるので、スピードはさらにアップするはずです。読む対象は、自分が興味を持てるものであれば何でも構いません。教科書の原書に挑戦してもよいでしょう。研究活動に従事している人なら、自分の研究テーマに関する論文で OK です。もしかすると、学術論文の英語はむずかしいと思っている人がいるかもしれません。もちろん馴染みのない専門用語がむずかしいのは確かですが、それは英語自体のむずかしさではありません。小説やエッセイ、新聞などと比べて、学術論文は構文が単純で、難解なレトリックも避けられているので、専門用語さえ押さえておけば読みやすいと思います。

■大量の英文を読み込んで、ライティングに使える頻出表現を吸収する

ライティングについてはポイントを二つ挙げたいと思います。まずは単語の選択（word choice）について。「写真を撮る」ことを普通は take a picture と表現し、make a picture とは言いません。単語の適切な組み合わせ（collocation）が重要であり、それを間違えると不自然な英語になってしまいますが、どの組み合わせが正しいかの判断は多くの場合、論理的に下せるものではありません。「学ぶ」の語源は「真似る」だそうですが、自然な表現を学ぶ最善の方法はネイティブスピーカーを真似ることです。そのために、大量の英文を読み込んで（本書の例文も活用して）頻出表現を吸収するのは有益ですし、迷ったらネットを検索して適当な表現を見つけるのが上達への近道です。ただし、パッチライティング（patchwriting）は盗用の一種なので、借りすぎには注意してください。2 点目は作文のルールについてです。科学・技術系の作文（アカデミックライティング、テクニカルライティング）には確立された約束事が多数存在します。それらを知らずに作文することは、ルールを知らずにスポーツやゲームに参加するのと同じですので、しっかり勉強して作文に取り入れてください。

■現代の機器を使って「通じる英語」を発信できるようにする

リスニングとスピーキングに関しては、書かれた文字と発せられた音とを正しく対応づけることが大切です。リスニングの題材として、洋画や TED 等の字幕付き動画を利用するのも一案ですが、PC のテキスト読み上げ機能（Mac OS や Windows OS 付属の機能）が英語初学者にとってはお手本となるレベルにまで進歩しているので、「英語での発表が控えている。原稿は書いたので、スピーチの練習をしないと」といったときに役立ちます。同様に、自分の話す英語が通じるかを確認したいときには、PC やスマホの音声認識・音声入力機能を利用するのが便利です。話す英語など多少ブロークンでもいいんだ、と言われる方もいます。失敗を恐れるな、という意味ではその通りですが、発音がおかしいと、通じるものも通じません。発音への自信は積極性にも繋がるので、ぜひ正確な発音を身につけてほしいと思います。

山口雄輝（生命理工学院 生命理工学系）

law /lɔ́ː/

n. 法、法律、法則、法学、弁護士の職、慣例

⇨ PRINCIPLE, THEORY

基本例文

□ **Everybody is equal before the *law*.** **法**の前では万人が平等である。

□ **A bill becomes a *law* when it passes the Diet.** 法案は国会を通ると**法律**になる。

□ **The free market economy is ruled by the *law* of supply and demand.** 自由市場経済は需要と供給の**法則**に支配されている。

□ **My brother studies *law* in college.** 兄は大学で**法律**を学んでいる。

関連語

law of gravity 重力の法則（＝**law of gravitation**）
law of motion 運動の法則
law of conservation of energy エネルギー保存の法則
law of conservation of mass 質量保存の法則
lawful *adj.* 合法的な［**legal** は「合法的」のほかに、「法律に関わる」という意味もある］
lawless *adj.* 無法の、法律に従わない

科学・技術例文

□ **For centuries, scientists have assumed there are natural *laws* that control every observable phenomenon.** 科学者たちは何世紀ものあいだ、あらゆる観察可能な現象を支配する自然**法則**が存在すると考えてきた。

□ **According to Kepler's third *law* of planetary motion, the square of the planet's orbital period is directly proportional to the cube of the semi-major axis of its orbit.** 惑星の運動に関するケプラーの第三**法則**によると、惑星の公転周期の二乗は軌道の長半径の三乗に正比例する。

□ **Newton's first *law* of motion is also called the *law* of inertia; it states that a body remains at rest or continues to move with constant speed in a straight line unless acted upon by external forces.** ニュートンの運動の第一**法則**は慣性の**法則**とも呼ばれ、これによると、外力が働かなければ、物体は静止しつづけるか一定の早さで直線上の運動をつづける。

light /láɪt/

n. 光、照明、見方、観点、理解

⇨ 観点、理解、解明（の光）といった意味でイディオムとして使われることが多い。

基本例文

☐ **A *light* goes on if the equipment detects an abnormality.** 装置が異常を検出すると**ライト**がつく。

☐ **We have to cope with the problem in the *light* of all relevant information.** あらゆる関連情報**を考慮して**問題に取り組まねばならない。

☐ **Viewed in this *light*, the matter is not so serious.** この**観点**から見れば、問題はそう深刻でない。

☐ **Recent research has thrown new *light* on the causes of the disease.** 最近の研究によって、その病気の原因**解明**が進んだ。

関連語

light-year 光年　**light intensity** 光度
light-emitting diode (**LED**) 発光ダイオード
enlighten *v.*（無知の闇を知の光で照らす ⇨）啓蒙する、教える
optics *n.* 光学
optical *adj.* 眼の、視覚の、光学（式）の
optical microscope 光学顕微鏡

科学・技術例文

☐ **Complete absorption of *light* makes an object appear black.** **光**を完全に吸収すると、物体は黒く見える。

☐ **The purplish pigment in the plasma membrane is bleached by *light* in a process that releases protons from the cell.** 細胞膜の紫がかった色素は、**光**があたると細胞からプロトンを放出して白くなる。

☐ **Refraction, which is the bending of *light* rays, in the crystalline lens of eyes causes a sharp retinal image.** 水晶体における屈折、すなわち**光**が折れ曲がることにより、鮮明な網膜像を生み出す。

☐ **Significant new knowledge is coming to *light* concerning a rare neurological disease.** まれな神経系疾患に関する重要な新事実が**明らかになり**つつある。

☐ **In the *light* of analyses conducted, what can be accomplished has been illuminated.** 解析の結果**に照らしてみる**と、なしうることが明らかになった。

maintain /meɪntéɪn, mən-/

v. 維持する、養う、主張する

⇨「手にもつ」が原義。手（hand）という語源を manual と共有する。「主張する」という語義は立場を維持するための行為を表わす。

基本例文

- □ **He *maintained* a speed of 60 km/h.**　スピードを時速 60 キロに**維持した**。
- □ **Vacation homes are costly to *maintain*.**　別荘は**維持**費がかかる。
- □ **Her income was barely enough to *maintain* herself and her son.**　彼女の収入は自分自身と息子を**養う**のにかろうじて足りるくらいだった。
- □ **He *maintained* his innocence.**
  = **He *maintained* that he was innocent.**　彼は身の潔白を**主張した**。

関連語

maintenance *n.* 維持、管理、メンテナンス

A system *maintenance* is scheduled for Sunday.　日曜日にシステムの**メンテナンス**が予定されています。

科学・技術例文

- □ ***Maintaining* machines and equipment in good condition is the first rule of engineering.**　機械や装置をよい状態に**整備しておくこと**は工学の第一歩である。
- □ **Millions of cells are constantly working in our body to *maintain* our life in top condition.**　生命を最高の状態で**維持する**ために何百万もの細胞がつねに体内で働いている。
- □ **Mammals normally *maintain* their body temperature even in winter, but when they are in hibernation, their body temperature approaches that of the environment.**　哺乳類は、通常、冬でも体温を**保つ**が、冬眠状態にある時には体温が周りの環境の温度に近づく。
- □ **A new program was proposed to *maintain* Japan's lead in scientific research.**　日本の科学研究の優位を**保つ**ために新しいプログラムが提案された。
- □ **Our editors strive to ensure that our journals *maintain* high quality standards.**　編集部では自社発行の学術雑誌が高い水準を**保つ**ために努力しています。

manual /mǽnjuəl, -njʊl/

adj. 手による、手動の、手工の、手細工の
n. マニュアル（取り扱い説明書）、マニュアル車、（オルガンなどの）手鍵盤
⇨ 手（hand）を意味するラテン語に由来し、maintain は同語源。

基本例文

☐ **You can have a *manual* pump to get rid of the water.** 水を取り除くのに**手動の**ポンプを使ってもよい。

☐ **The toys are designed to develop *manual* dexterity.** その玩具は**手先**を器用にするように作られている。

☐ **It is not hard to operate the machine if you do whatever the *manual* tells you to do.** すべて**説明書**どおりにやれば、その機械の操作はむずかしくない。

関連語

on manual 手動で（= **manually**）
The machine is operated *on manual*. その機械は**手動で**操作する。
manual labor 手仕事、肉体労働
manual dexterity 手先の器用さ
manual control 手動制御 ⇔ **automatic control** 自動制御
manual computation（計算機・電卓などを用いない）手による計算、筆算
manually *adv.* 手動で

科学・技術例文

☐ **This instrument has *manual* and automatic functions.** この装置は**手動**と自動の両方の機能を持っている。

☐ **The operation of a computer keyboard is much easier than that of a *manual* typewriter.** コンピュータのキーボードの操作は、**手動**タイプライターほど努力を要しない。

☐ **Some researchers believe that human language evolved from *manual* gestures rather than from vocal calls.** 人間の言語は呼び声よりも**手の**ジェスチュアから進化したと考える研究者もいる。

☐ **A *manual* transmission of a motor vehicle is typically operated by a pedal or lever for regulating torque transfer from the internal combustion engine to the transmission.** 自動車の**手動**変速機は、通常、ペダルまたはレバーを使って操作され、内燃エンジンから変速機へのトルク変換を調整する。

mass /mǽs/

n. 量、質量、（定まった形を持たない大きな）塊、集団、多数、多量、大衆

基本例文

☐ **Loss of bone *mass* is inevitable with age.** 年とともに骨量が少なくなるのはやむをえない。

☐ **A *mass* of snow was accumulated on the slope.** その斜面には大量の雪が積もっていた。

☐ **The anachronistic ruling of the court triggered a more intense *mass* movement for equality and justice.** 裁判所による時代遅れの決定が、平等と公正を求めるさらに激しい大衆運動のきっかけとなった。

関連語

relative atomic mass 相対原子質量　**relative molecular mass** 相対分子質量
［いずれも、**IUPAC**（国際純正・応用化学連合）命名法規則による正式名称。かつてはそれぞれ、**atomic weight** 原子量、**molecular weight** 分子量、を用いていた］
gravitational mass 重力質量　**inertial mass** 慣性質量
mass spectrometry 質量分析　**mass spectrum** 質量スペクトル、マススペクトル
massive *adj.* 大量の、塊状の
The road was blocked by a *massive* amount of dirt. 道路は大量の泥で遮断されていた。
biomass *n.* 生物量、バイオマス（熱資源として利用される生物体）
Using *biomass* for energy causes no net increase in carbon dioxide emissions to the environment. バイオマスをエネルギーとして使用する場合、環境に対して二酸化炭素排出の純増は起きない。
en masse /ɑːnmǽs/ *adv.* いっせいに（＝**in mass**）［フランス語からの借用なので綴りに注意］
The Cabinet resigned *en masse*. 内閣が総辞職した。

科学・技術例文

M

☐ **The *mass* of an electron is very small, being about 1/1,840 of that of a proton.** 電子の質量はごく小さく、陽子の質量の1,840分の1ほどしかない。

☐ **A female wood frog lays about 1,500 eggs in a gelatinous *mass*.** アメリカアカガエルのメスは、ゼラチン状の塊の中に1,500個もの卵を産む。

☐ **A cold front is formed at the front edge of a *mass* of cold air that is replacing a warmer *mass* of air.** 冷たい気団が暖かい気団を押しのけようとする時、その先端部分に寒冷前線が形成される。

☐ **One theory states that about 65 million years ago an asteroid impact caused a *mass* extinction that killed 50 to 70 percent of all species on Earth.** ある説によると、約6,500万年前に小惑星の衝突のために大量絶滅が起き、地球上の全生物中の50パーセントから70パーセントの種が死滅した。

material /mətí(ə)riəl/

n. 原料、材料、用具、資料、人材
adj. 物質的（肉体的）な、世俗的な、重要な

⇨ MATTER, SUBSTANCE

基本例文

☐ **There's enough *material* for two suits.** スーツ2着分の**生地**が十分にある。

☐ **All *material* on this site is copyrighted.** 本サイトのすべての**内容**には著作権があります。

☐ **She is potential executive *material*.** 将来の幹部と見込まれている**人材**だ。

関連語

raw material 原材料
organic material 有機材料
material particle 質点
material testing reactor 材料試験炉
material unaccounted for (MUF) 不明物質量
materialism *n.* 物質主義、実利主義、唯物論
materialistic *adj.* 物質主義の、唯物論的な
materiality *n.* 物質性、具体性、実在物
materialize *v.* 実現する、急に現われる
materially *adv.* 実質的に、著しく、物質的に
immaterial *adj.* 重要でない、実体のない

科学・技術例文

☐ **They import raw *materials* for chemical goods.** 化学製品の**原料**を輸入している。

☐ **We must handle radioactive *materials* with care.** 放射性**物質**は注意深く扱わなくてはならない。

☐ **Researchers at our university are making an effort to deal with large quantities of waste *materials* produced on campus.** われわれの大学の研究者たちはキャンパス内で生み出される大量の廃棄**物**を処理しようと努力している。

☐ **Students of *materials* science conduct experiments repeatedly to investigate the properties of various *materials*.** **材料**科学の学生はさまざまな**材料**の特性を調べるために何度も実験を行なう。

matter /mǽṭɚ | -tə/

n. 物質、事柄、問題、困難、重要さ、根拠、内容

v. 重要である

⇨ MATERIAL, SUBSTANCE

基本例文

☐ **This is a *matter* of life and death.** これは死活**問題**だ。

☐ ***Matters* went from bad to worse.** **事態**はますます悪化していった。

☐ **It does not *matter* what others think of me.** 他人にどう思われようと、**かまいません**。

☐ **The new edition contains no additional *matter*.** 新版には何も追加された**もの**はない。

☐ **The old man stood up as if nothing was the *matter* with his knees.** 老人は膝が**悪い**様子もなく立ち上がった。

関連語

no matter＋疑問詞 **. . .** たとえ～でも

No matter **how fast you may run, you won't catch up with him.** **どんなに**速く走って**も**彼には追いつくまい。（＝**However fast you may run, . . .**）

organic matter 有機物　**inorganic matter** 無機物

coloring matter 色素

⇨ 用例は「科学・技術例文」に示した。

animal matter 動物質　**vegetable matter** 植物質　**mineral matter** 鉱物質

科学・技術例文

☐ ***Matter* can exist as a solid, liquid, or gas.** **物質**は固体、液体、気体として存在しうる。

☐ **Plasmas are often called the fourth state of *matter* because they have unique physical properties distinct from solids, liquids and gases.** プラズマは固体、液体、気体と異なる独自の物理的性質をもつため、しばしば第四態の**物質**と呼ばれる。

☐ **Humus, the remnants of decaying *matter* in soil, is long-lasting, stable, and essential for plant growth.** 土の中に残った腐敗**物**である腐植は、長持ちし、安定していて、植物の成長には欠かせないものである。

☐ **In the final treatment of corks a certain amount of synthetic *coloring matter* was used to restore the natural color which had been lost during manufacturing.** コルクの仕上げにおいて、製造過程で失われた自然な色を回復するため一定量の人工**色素**が使用された。

maximum /mǽksəməm/

n., adj., adv. 最大（最大の、最大で）、極大

minimum /mínəməm/

n., adj., adv. 最小（最小の、最小で）、極小

⇨ 最大値（最小値）だが、また上限（下限）でもあって、それ以上（以下）は許容されないという意味合いを含む。

medium /míːḍiəm/

n., adj. 中間（の）、Mサイズのもの、手段、媒体、霊媒、生息環境、保存液、培養基（= culture medium）

optimum /ɑ́(ː)ptəməm | ɔ́p-/

n., adj. 最適（の）

基本例文

□ **He used the advantage to the *maximum*.** 有利な条件を**最大限**に利用した。

□ **They tried to reduce the costs to a *minimum*.** コストを**ぎりぎり**まで切り詰めようとした。

□ **The word "*medium*" is often used in the plural form ("media") to mean a way of mass communication, such as newspapers or television.** "medium" という単語は、複数形の "media" が、新聞やテレビのようなマスメディアの意味でよく使われる。

□ **From the experience, they deduced the *optimum* operation condition for minimizing the production losses.** 経験をもとに、生産ロスを最小にするための**最適な**運転条件を推察した。

関連語

maximal *adj.*（可能な限り）最大の
minimum wage 最低賃金
minimal *adj.* 微少な　**at minimal cost** わずかなコストで
happy medium ほどよい中道の選択
　strike a happy medium between the two extremes 両極端の間で手頃な方針をとる
medium of exchange 交換の手段（通貨など）
optimal *adj.* 最適の　**optimal control theory** 最適制御理論
optimality *n.* 最適性
optimization *n.* 最適化、最適化法

科学・技術例文

□ **What is the *maximum* survivable body temperature in centigrade?** 生きていられる体温の**上限**は摂氏で何度ですか。

M

☐ **How many liters of water a day do people need as an absolute *minimum*?** 絶対に必要な（＝**最低限**の）水の量は、一日に何リットルですか。

☐ **The space between stars is not actually a complete vacuum, but is filled with gas or dust of very low density called the interstellar *medium* (ISM).** 宇宙空間は完全な真空というわけではなく、星間**物質**（ISM）という希薄なガスや塵で満たされている。

M

measure /méʒɚ, méɪʒɚ | méʒə/

n. 大きさ、寸法、尺度、基準、対策、手段、処置、(数学で) 測度
v. 測定する、計量する
⇨ 自動詞では、長さ、大きさなどの寸法が「～だけある」という意味になる。

基本例文

□ **What you do is a *measure* of what you are.** 行動を見ればその人の本質がわかる (=行動はその人の本質を見きわめるための**尺度**である)。

□ **The government should take effective *measures* to stimulate the economy.** 政府は有効な景気**対策**を講ずるべきだ。

□ **He *measured* out a cup of milk and added it to the mixture.** カップ一杯分のミルクを**計って**加えた。

関連語

liquid measure 液量 (単位)
measure theory 測度論　**Lebesgue measure** ルベーグ測度
measurement *n.* 測定 ［通例複数形で］測定値、測定結果
Electrical parameter *measurements* are made/taken. 電気的パラメーターの**測定**を行なう。
measure with the eyes 目測する
measure に「対策」「処置」の意味が加わったのは、フランス語の **prendre des mesures** を借用した **take measures** (対策を講ずる) という表現が生まれてからである (**prendre** = **take**)。日本語で「メジャー・リーグ」「メジャー・デビューする」と言う時の「メジャー」は、**measure** ではなく **major** /méɪdʒɚ | -dʒə/。発音にも注意。

科学・技術例文

□ **An overall *measure* of the fictional spacecraft is based on that of the real one.** フィクションに出てくる宇宙船の全体の**寸法**は、ほんものを参考にしている。

□ **Maximum starting voltage is a *measure* of the static friction of motors.** 最大始動電圧は、モーターの静摩擦の**目安**となる。

□ **The first attempt to *measure* the speed of light involved a method proposed by Galileo.** 光速を**測定する**最初の試みは、ガリレオが提唱した方法がもとになった。

□ **The watt is a unit in which electric power is *measured*.** ワットとは電力を**表わす**のに用いられる単位である。

□ **The drum-shaped device *measures* one meter tall and 50 centimeters in diameter.** ドラム型のその装置は高さ 1 メートル、直径 50 センチ (という**大きさ**) である。

M

melt /mélt/

v. (加熱によって) 溶ける、溶かす

⇨ 熱によって溶ける場合によく用いるが、液体の中で固体が溶けるという dissolve の意味でも用いる。 ⇨ DISSOLVE

n. 溶解物、融液、融成物 ⇨ SOLUTION

基本例文

□ **This cake *melts* in your mouth.** このケーキは口の中で**とろける**。

□ **His anger *melted* away.** 怒りが**消え失せて**しまった。

□ **At the horizon the sea seemed to *melt* into the sky.** 水平線では海が空に**溶け込む**ように見えた。

□ **The sun *melted* the snow away.** 太陽が雪をすっかり**溶かした**。

関連語

melting point (**m.p.**) 融点、融解点

melting pot るつぼ、(転じて) さまざまな人種・文化が共存する場所

molten *adj.* (熱で) 溶けた [**melt** の過去分詞形の **molten** は今では普通、名詞を前から修飾する形容詞としてのみ用いられ、**molten ore** (溶融した鉱石) のように高温でしか溶けない金属、岩、ガラス等に用いる。**melted butter** (溶けたバター) のように溶けやすい物には **melted** を用いる]

meltdown *n.* 原子炉の炉心溶融、(転じて) 壊滅、崩壊、暴落

financial meltdown 金融崩壊

科学・技術例文

□ **Gold *melts* at 1,063°C.** 金は摂氏 1,063 度で**融解する**。[°C の発音は、付属 CD に Celsius と centigrade の両方を入れたので、ぜひ確認してほしい]

□ **When ice *melts* into water, it undergoes a change of phase from solid to liquid.** 氷が**融解**して水になると、固体から液体への相の変化が起こる。

M

□ **They have installed inherently-safe reactors that cannot *melt* down.** 決して炉心**溶融**しない、構造的に安全な原子炉を据えつけた。

□ **According to surveys from satellites, there is an alarming acceleration in the *melting* of glaciers globally.** 人工衛星からの調査によると、全世界で氷河の**溶解**が驚くほど加速している。

□ **When DNA *melting* occurs, hydrogen bonding between the bases is broken, which causes double-stranded deoxyribonucleic acid to unwind and separate into two single strands.** DNA の**融解**が起こると、塩基間の水素結合が切れ、それによって 2 本鎖のデオキシリボ核酸が解けて二つの 1 本鎖に分かれる。

memory /mém(ə)ri/

n. 記憶、記憶力、記憶の内容、思い出

⇨ 記憶装置、記憶容量、メモリー（storage）、復元力（針金・鉄棒・鉄板・プラスチック製品などがある力を加えられた後、もとの姿にもどる能力）。

基本例文

☐ **I have no *memory* of the accident.** その事故の**記憶**がない。

☐ **He has a good [bad, poor] *memory* for names.** 名前の**記憶**がよい［悪い］。

☐ **Everyone has some precious *memory* in their heart.** 誰もが心の中に何か大切な**思い出**を持っている。

☐ **The moment is still fresh in my *memory* when I held my daughter in my arms for the first time, immediately after she was born.** 生まれたばかりの娘を初めて抱いた瞬間は、いまも**記憶**の中に鮮明だ。

関連語

built-in memory 内蔵メモリー（記憶装置）
8 gigabytes of memory 8ギガバイトのメモリー（＝8ギガバイト分のメモリー）
an 8 gigabyte memory 8ギガバイトのメモリー（＝1個で8ギガバイトのメモリーデバイス）
virtual memory 仮想記憶（メモリー）
shape memory alloy (SMA) 形状記憶合金
shape memory polymer (SMP) 形状記憶ポリマー
memorable *adj.* 記憶すべき、記憶に残る
memorabilia *n.*［複数形］記念品
　a collection of railroad memorabilia 鉄道関連の記念品コレクション

科学・技術例文

☐ **Those cells maintain a *memory* of their original condition.** そういう細胞は、もとの状態の**記憶**を保持する。

☐ **The hippocampus, having the shape of a sea horse in cross section, is considered a crucial *memory* center in the brain.** 海馬は、断面の形がタツノオトシゴに似ていて、脳内の重要な**記憶**センターであると考えられている。

☐ **Before the operation, you should load [read] data into *memory*.** 作業の前にデータを**メモリー**に読み込まなければならない。

☐ **The FPM DRAM gave way to higher performance *memories* such as EDO DRAM and SDRAM.** FPM DRAM は EDO DRAM, SDRAM といったより高性能の**メモリー**に取って代わられた。

M

message /mésɪʤ/

n. メッセージ、伝言、通知、教書（アメリカで大統領・州知事から議会に発する政治上の意見書）、（書籍、映画等の作品が特に伝えたい）考え、（生物学で）伝達暗号
⇨ 元来は「（使者により）送られたもの」の意。letter が書面で送られるのに対して、message には口頭の伝言が含まれる。

基本例文

☐ **The package carries no written *message*.** その小包には**通信文**は入っていない。

☐ **I left a *message* with your secretary.** あなたの秘書に**伝言**を頼んでおいた。

☐ **The President delivered the State of the Union *Message* to Congress.** 大統領が一般**教書**を議会で発表した。

☐ **The *message* of the report is that human negligence as well as the stormy weather caused the calamity.** 報告書が**特に伝えようとしたの**は、その惨事の原因が荒れた天候ばかりでなく人間の怠慢にもあったことだ。

関連語

text message（携帯電話間で交わされる短い）文字通信
  send a text message on a mobile 携帯メールを送る
get the message 察する、裏を読む
messaging *n.*（メールなどによる）メッセージのやりとり
  instant messaging（**IM**）インスタントメッセージ
messenger *n.* 使者、配達人、メッセンジャー
  messenger ribonucleic acid（**mRNA**）メッセンジャー RNA
  cf. **transfer RNA**（**tRNA**）トランスファー RNA（転移 RNA）

科学・技術例文

☐ **When a run-time error occurs, an error *message* appears on the screen with an error code and the program stops.** 実行時エラーが起きると、画面にはエラーコードとともにエラー**メッセージ**が表示され、プログラムが停止する。

☐ ***Messages* from the brain, carried to all parts of the body by the spinal cord, control sensory, motor, and autonomic functions.** 脳からの**メッセージ**は、脊髄を通じて全身に伝えられ、感覚、運動、自律神経の各機能をコントロールする。

☐ **Transcription of the genetic *message* to RNA starts when the tightly packed DNA begins to unfold at a point near the gene that is to be transcribed.** 固く折りたたまれていた DNA が転写されるべき遺伝子近くでほどけ始めることによって、遺伝**情報**の RNA への転写が開始される。

DOWNLOAD 154

method /méθəd/

n. 方法、秩序、(生物学で) 分類法

⇨「あとを追うこと」が原義で、知識を追い求めるための論理的で体系的な方法を表わす。

⇨ MODE

基本例文

☐ **He has introduced a new *method* of [for] teaching foreign languages.** 彼は外国語の新教授**法**を紹介した。

☐ **He always works with *method*.** 彼はいつも**順序立てて**仕事をする。

☐ **There's *method* in [to] his madness.** 彼は狂っている割に**筋道**が立っている (＝見かけほど無謀ではない)。[シェイクスピア『ハムレット』の台詞がイディオム化したもの]

関連語

method of . . . ～法

method of compensation 補整法　**method of least squares** 最小二乗法

method of orthogonal projection 直交射影の方法　**method of residues** 剰余法

method of successive elimination 逐次消去法

method of undetermined multiplier 未定乗数法

methodical *adj.* 秩序立った、きちょうめんな

methodize *v.* 方式化する、順序立てる

methodology *n.* 方法、方法論、系統的分類法

科学・技術例文

☐ **The chemists eventually developed more efficient *methods* of conducting experiments.** 化学者たちは、より効率的な実験**方法**を開発するにいたった。

☐ **The scientific *method* requires modification of a hypothesis if its predictions are incompatible with experimental results.** 科学的**方法**であるからには、仮説からの予想が実験結果と矛盾する場合には、その仮説を修正しなければならない。

☐ **An object can be operated on by only those *methods* that were defined for it.** (オブジェクト指向プログラミングで) オブジェクトは、そのオブジェクトのために定義された**メソッド**の作用しか受けない。

☐ **It is a big step in mathematics to show that a solution to a problem exists. Once it is established, then you can look for some *method* to compute the solution.** 数学では問題への解が存在することを示すことが大きな一歩である。いったんそれが確証されれば、あとは解を計算する**方法**を探せばよいのだ。

mixture /míkstʃɚ | -tʃə/

n. 混合、混合物、合成物、混合作用、入り混じったもの

⇨ 二つ以上の要素がいっしょになると、ただ混ざるだけでなく、合成、結合、化合、統合など、さまざまな現象が生ずる。 ⇨ COMPOUND, SYNTHESIS

基本例文

□ **Air is a *mixture* of various gases.** 空気はいろいろな気体の**混合物**である。

□ **Put all the ingredients in a bowl and pour the *mixture* into a well-heated frying pan.** すべての材料をボウルに入れ、**混ぜあわせたもの**をよく熱したフライパンに流し込んでください。

□ **We listened to the news with a *mixture* of excitement and fear.** 興奮と恐怖の**入り混じった**気持ちでその知らせを聞いた。

関連語

fuel-air mixture 混合気
cough mixture 咳止め薬（**cough medicine** ともいう）
a mixture of feelings（= **mixed feelings**）感情の入り混じった状態、複雑な気分
racemic mixture【化学】ラセミ混合物（光学活性をもつ物質で、右旋性と左旋性の分子が等量混合している）
mix *v.* 混ぜる、調合する、交配する、結びつける
⇨ 用例は「科学・技術例文」に示した。

科学・技術例文

□ **Gelatinized solution acts as a lubricant to smooth the *mixture's* flow through glass tubes.** ゼラチン化した溶液は、**混合物**がガラス管をなめらかに流れるための潤滑剤として機能する。

□ **The inspection team found out that the fuel-air *mixture* in the fuel tank had ignited and caused serious damage to the airframe.** 調査団は、燃料タンクの**混合**気が発火して機体に深刻な損傷をあたえたことを発見した。

□ **To create biodiesel fuel, methanol is *mixed* with sodium hydroxide, and then added to the vegetable oil.** バイオディーゼル燃料を作るには、メタノールに水酸化ナトリウムを**混ぜ**、次に植物油に添加する。［この過程は「エステル交換（transesterification）」と命名されている］

DOWNLOAD 156

mode /móʊd/

n. 方式、様式、あり方、モード、様態、最頻値（並数）、旋法、鉱物組成

⇨ 分野によってさまざまな訳語を使うだろうが、基本的には、動作、状態、思考に見られる「一定の型」だと思えばよい。ある時代が持っている「型」なら、「流行」としてのモードである。

⇨ 方法の意味では way がもっとも一般的な日常語。mode は習慣としてできあがった様式の意味合い。method は、より意識的・合理的に決められた方法を思わせる（⇨ METHOD）。

基本例文

☐ **The computer went into sleep *mode*.** コンピュータがスリープ**状態**になった。

☐ **I set my camera to automatic *mode*.** カメラを自動**モード**にした。

［この２例とも、mode に冠詞がつく場合がある（to the automatic mode のように）］

☐ **At the age of fourteen, the boy began to show a different *mode* of behavior.** 少年は 14 歳で行動の**仕方**が違ってきた。

関連語

mode of action 作用様式、作用機序
in ［into］. . . mode ～の気分である［になる］ **in holiday mode** 休み気分になっている
It's time to get *into* work *mode*. そろそろ**本気モード**で働こう。
à la mode アイスクリームを添えた、当世流行の
modal analysis モード解析
modish *adj.* 流行の（**fashionable, stylish**）

科学・技術例文

☐ **When did the airplane replace the train as the major *mode* of transportation for long-distance travels?** 長距離の移動**手段**として、飛行機が列車に代わる主役となったのは、いつ頃だろう。

☐ **If you fail to start your computer correctly, try safe *mode*, which will help to troubleshoot the problems you might have with your programs or drivers.** コンピュータが正常に起動しなければ、セーフ**モード**を試してみるとよい。ソフトウェアやドライバーの問題をトラブルシューティングできるかもしれない。

☐ **That heat is a *mode* of motion is a view commonly held since the mid-19th century, and an early 20th century dictionary defines it as "a *mode* of motion, being in general a form of molecular disturbance or vibration."** 19 世紀中頃から、熱を運動の**一形態**とする考えが広まった。20 世紀初めの辞書には「運動の**一形態**であって、一般に分子の擾乱（じょうらん）ないし振動という形をとる」と定義されている。

modify /mɑ́(ː)ḍəfàɪ | mɔ́d-/

v. 修正する

⇨ なんらかの目的で部分的な変更を加える。それが好ましい改良である（＝適合させる）ことも、程度を下げる（＝緩和する）ことも、また言葉の意味を限定する（＝修飾する）こともある。 ⇨ DIFFER, TRANSFORM, VARY

基本例文

☐ **I had the bracelet *modified* to fit my wrist.** 手首にあわせてブレスレットを**直して**もらった。

☐ **Softball is a *modified* version of baseball, using a larger ball.** ソフトボールは野球を**作り替えた**もので、大きめのボールを使う。

☐ **If you want an orange flavor, you can *modify* this traditional recipe by adding orange extract instead of vanilla.** オレンジ味が好みなら、バニラではなくオレンジエキスを入れる**工夫をして**もよいのです。

関連語

modified *adj.* 改質した［**polymer-modified, surface-modified** のような複合語になる］

genetically modified 遺伝子を組換えた（＝**genetically engineered**）

chemically-modified carbon nano tube 化学修飾カーボンナノチューブ

modification *n.* 修正、変更

chemical modification 化学修飾

They made some major *modifications* to their website. ウェブサイトを大幅に**模様替え**した。

⇨ 用例はほかに「科学・技術例文」に示した。

科学・技術例文

☐ **The introduction of a new therapy resulted in a significant *modification* in the patients' behavior.** 新しい療法を導入してから、患者の行動が大きく**変わった**。

☐ **The present study aims to evaluate the performance of chemically *modified* wood against weathering in normal environments.** この研究は、化学**修飾した**木材の、通常の環境における耐候性を検証しようとする。

☐ **It is not very difficult to *modify* the engine to comply with the tougher emissions regulations.** 排ガス規制は厳しくなったが、エンジンを**適合させる**のはむずかしくない。

☐ **We need more information about genetically *modified* crops to make decisions about their use.** 遺伝子**組換え**作物については、もっと調べないとその使用の可否を判断できない。

M

motion /móʊʃən/

n. 運動、動作、動議、(動きのある) メカニズム
v. 合図する、身振りで (意図や要求を) 知らせる

基本例文

☐ **Apply a thin layer of shoe polish and rub it in a circular *motion*.** 靴磨きを薄く塗って、円を描くように (=円**運動**で) 擦りつけます。

☐ **His hair rose and fell with the *motion* of his horse.** 乗っている馬の**動き**にあわせて、髪の毛が波打った。

☐ **The policeman *motioned* for the driver to pull over.** 警官が路肩に寄るように**指示を出した**。

関連語

motion sickness 乗り物酔い　**motion picture** 映画　**perpetual motion** 永久運動
slow motion スローモーション
Now let's see it again in super *slow motion*. では超**スローモーション**で、もう一度。
Newton's laws of motion ニュートンの運動の法則　**equation of motion** 運動方程式
set/put in motion 始動させる
The first thing you should do is to *put* yourself *in motion*. とにかく、まず自分が**動い**てみなさい。
go through the motions of . . . ～するように見せかける
The authorities were *going through the motions of* investigating the incident. 事件について**形ばかりの**捜査が**行なわれていた**。

科学・技術例文

☐ **The movement of the Earth causes the apparent *motion* of the stars.** 地球が動くので、星が**動く**ように見える。

☐ **It is the tilt of the Earth and its *motion* around the Sun that cause the seasons.** 地球が傾いて**公転する**ために季節の差が生じる。

☐ **Newton's First Law states that an object in *motion* will stay in motion and an object at rest will stay at rest unless acted upon by an external force.** 外力が加わらない限り、**動いている**物体は動きつづけ、止まっている物体は止まったままである、とニュートンの第一法則は言う。

☐ **The Brownian *motion*, first observed by Robert Brown in 1827, is a random *motion* of particles suspended in a fluid, caused by their collisions with molecules of the fluid.** ブラウン**運動**は、1827年にロバート・ブラウンが初めて観察した現象で、流体中に浮遊する微粒子の不規則な**運動**であり、流体の分子との衝突によって生じるものである。

DOWNLOAD 159

N

nerve /nə́ːv| nə́ːv/

n. 神経、葉脈、（昆虫の）翅脈、勇気、神経過敏
v. 勇気づける

基本例文

☐ **The operation caused damage to the facial *nerve*.** 手術によって顔の**神経**を損傷した。

☐ **He didn't have the *nerve* to mention it to his teacher.** そのことを先生に言うだけの**勇気**がなかった。

☐ **He always says things that get on my *nerves*.** いつも私の**気にさわる**ようなことを言う。

☐ **What a *nerve*!** 何という**ずうずうし**さだ。

☐ **The players *nerved* themselves for the match.** 選手たちは**奮起して**試合にのぞんだ。

関連語

nerve cell 神経細胞　**nerve center** 神経中枢　**nerve fiber** 神経線維
nerve impulse 神経インパルス、神経衝撃
nervous *adj.* 神経質な、神経の　**nervous breakdown** 神経衰弱、ノイローゼ
nervous system 神経系　**nervous tissue** 神経組織
⇨用例はほかに「科学・技術例文」に示した。
neural *adj.* 神経の、（脊椎動物の器官が）脊髄と同じ側にある（⇔ **hemal** 心臓や大血管と同じ側にある）　**neural network** 神経回路網、ニューラルネットワーク

科学・技術例文

☐ **Visual information is transmitted from the retina to the brain by the optic *nerve*.** 視覚情報は、視**神経**によって網膜から脳へ伝達される。

☐ **When a *nerve* is damaged due to injury, diabetes, age and so on, *nerve* pain results.** 外傷、糖尿病、年齢などにより**神経**が損傷を受けると、**神経**痛が起こる。

☐ **Our *nervous* system controls everything from digestion and walking to vision and memory.** われわれの**神経**系は消化や歩行から視覚、記憶にいたるまですべてをコントロールしている。

☐ **By the end of the eighteenth century, scientists dissected the *nervous* system and recognized that it consists of two divisions: one consisting of the brain and spinal cord, and the other consisting of the network of *nerves* throughout the body.** 18 世紀末までに科学者たちは**神経**系を解剖し、それが脳と脊髄から成る部門と、身体中に張りめぐらされた**神経**回路網から成る部門の二つから成り立っていることを理解した。

DOWNLOAD 160

neutralize /n(j)úːtrəlàɪz | njúː-/

v. 中和する、中性にする、中立化する、無効化（無力化）する

基本例文

☐ **A proposal was made through diplomatic channels to *neutralize* the zone.** その地域を**中立化する**ために外交ルートをとおしてある提案がなされた。

☐ **The latest figures should *neutralize* the fears of depression.** 最近の数字は不況の不安を**消し去る**だろう。

関連語

neutralizing agent 中和剤
neutralization *n.* 中立化、中性化、無効化
⇨ 用例は「科学・技術例文」に示した。
neutral *adj.* 中立の、中間的な、中性の（acidでもalkalineでもない）、帯電（帯磁）していない
n. 中立的な人、中立国、（ギアの）ニュートラル、中間色
neutral fat 中性脂肪（＝**triglyceride** トリグリセリド）
The car was left in *neutral* with the parking brake on. 車は、サイドブレーキがかかって、**ニュートラル**のままだった。
⇨ 用例はほかに「科学・技術例文」に示した。
neutron *n.* 中性子
neuter *adj.*（文法的に）中性の、（生物が）無性の
n. 中性の語、無性の生物
v.（動物を）去勢する［通常は雄について言い、雌の卵巣を除去する場合はspayを使う］

科学・技術例文

☐ **Alkalis *neutralize* acids.** アルカリは酸を**中和する**。

☐ **A family of lab-made proteins have been identified to *neutralize* a broad range of influenza A viruses.** ある系統の人工タンパク質が、広範なA型インフルエンザウイルスに**効く**ことが判明した。

☐ **The immune system of the insect *neutralizes* most of the bacteria infecting its hemolymph in less than an hour.** その昆虫の免疫システムは、血リンパに感染しようとする細菌のほとんどを1時間以内に**死滅させる**。

☐ **The viruses are sensitive to *neutralization* by the antibody.** そのウイルスは抗体で**無毒化**されやすい。

☐ **The catalyst operates in *neutral* water under ambient conditions.** その触媒は、通常の環境下で、**中性**の水の中で働く。

number /nʌ́mbɚ | -bə/

n. 数、番号、(雑誌の) 号
v. 番号を付ける

基本例文

☐ **Mistakes often happen in multiplication when people forget to carry a *number* to the next column.** **数字**をひと桁繰り上げるのを忘れると掛け算でよく間違いが起こる。

☐ **Check your product serial *number* to use the warranty service.** 保証サービスをご利用の際には、製品製造**番号**をご確認ください。

☐ **A free gift was attached to the inaugural *number* of the magazine.** その雑誌の創刊**号**にはおまけがついていた。

☐ **My copy of that limited edition is *numbered* 11 of 70.** 私が所蔵しているその限定版には、「70部のうちの11番」と**番号がついている**。

関連語

numbers of . . . 多数の～
numeral *adj.* 数の、数を表わす *n.* 数字 **Arabic numerals** アラビア数字
numerous *adj.* 多数の、多数から成る **numerous instances** おびただしい数の例
numerous family 大家族
numeric, numerical *adj.* 数の、数字で表わした
A character is represented by a *numeric* code within a computer. 文字はコンピュータ内部では**数値**コードで表わされる。
numerical analysis 数値解析
⇨ 用例はほかに「科学・技術例文」に示した。
numberless *adj.* 数え切れないほどの、番号が付いていない
enumerate *v.* 数える、列挙する **enumeration** *n.* **enumerative** *adj.*
The errors are too many to *enumerate*. 誤りが**数え**切れないほど多い。
outnumber *v.* 数でまさる
Applicants doubly *outnumbered* the vacant positions. 志願者が空いている役職の二倍にのぼった。

科学・技術例文

☐ **The history of mathematics is full of expanding concepts of *numbers*. One example is the expansion of *numbers* to include irrational *numbers*.** 数学の歴史は、**数**の概念が拡張されてきた例に満ちている。拡張の一例として、無理**数**が**数**に含まれるようになったことが挙げられる。

☐ **The total *number* of stars in the observable universe is roughly estimated to be 7 times 100 billion times 100 billion. That means 70,000,000,000,000,000,000,000 stars, or 70 sextillion stars.** 観測可能

な宇宙にある星の総**数**はざっと1,000億の1,000億倍のさらに7倍だと見積もられている。それは7のあとに0が22個つづく数、700垓(がい)個という数の星だ。

☐ **Magnitude is a *numerical* expression of the amount of energy an earthquake releases, the *number* scale of which is logarithmic value, not arithmetic.** マグニチュードとは、地震が放出するエネルギー量を**数**を使って表現したものであり、その**数**値の尺度は算術目盛ではなく対数目盛になっている。

[**数の基本語句**]
natural number 自然数　**whole number** 整数、自然数
integer 整数　**integral** *adj.*
decimal / decimal fraction 小数　**infinite decimal** 無限小数
repeating decimal 循環小数
place 桁、位　**the hundreds place** 百の位　**the tenth place** 十分の一の位
　Calculate it three *places* of decimals. 小数点以下3**桁目**を計算しなさい。
significant figure 有効数字
fraction 分数　**numerator** 分子　**denominator** 分母
mixed fraction 帯分数（混数）　**improper fraction** 仮分数
rational number 有理数　**irrational number** 無理数
real number 実数　**imaginary number** 虚数　**complex number** 複素数
cardinal number 基数　**ordinal number** 序数
even number 偶数　**odd number** 奇数
prime number 素数　**composite number** 合成数
multiple 倍数　**the least**（または、**the lowest**）**common multiple**（**LCM**）最小公倍数
denominator 約数（= **divisor, factor**）
the greatest common denominator/divisor/factor（**GCD**）最大公約数
inverse number 逆数（= **reciprocal number**）　**complement** 補数
factor 因数　**factorization** 因数分解
square number 平方数　（**square**）**root** 平方根
　Nine is the *square number* of three. 9は3の**平方数**である。
logarithm 対数　**natural logarithm** 自然対数　**table of logarithms** 対数表
　The base of the common *logarithm* is 10. 常用**対数**の底は10である。
constant 定数　**variable** 変数
coefficient 係数　**argument** 引数
decimal number 十進数　**binary** [**octal, hexadecimal**] **number** 二[八、十六]進数
atomic number 原子番号（**at. no.**）　**mass number** 質量数
Avogadro number / Avogadro's number アボガドロ数
oxidation number 酸化数

O

object

n. /ɑ́(ː)bdʒɪkt | ɔ́b-/ 物体、対象、目的、目的語
v. /əbdʒékt/ 反対する
⇨「～に対して投げられたもの」が原義。他にも jet, inject, project, subject など、投げるという語源をもつ単語は多い。

基本例文

☐ **I touched a strange *object* in the dark.** 暗やみの中で変な**物**に触った。

☐ **Some people work with the *object* of earning fame.** 名声を得ようとする**目的**で仕事をする人もいる。

☐ **I *object* to the argument on scientific grounds.** 科学上の根拠からその説に**異議がある**。

☐ **They *objected* that a new airport would pollute the environment.** 新しい空港ができれば環境が汚染されるだろうと**反対した**。

関連語

object code 目的コード、オブジェクトコード　**object finder** 対象ファインダー
object language 対象言語、オブジェクト言語
object module 目的モジュール、オブジェクトモジュール
object-oriented *adj.* オブジェクト指向の　**object point** 物点
object program 目的プログラム、オブジェクトプログラム　**object space** 物空間
object wave 物体波
objectify *v.* 客観化する、品物として扱う
objection *n.* 異議、反対理由
objective *n.* 目標、目的、対物レンズ
adj. 客観的な、実在の、【文法】目的格の
objective function 目的関数　**objective prism** 対物プリズム
objective test 客観テスト

科学・技術例文

☐ **The sole *object* of her research is to find a cure for AIDS.** 彼女の研究の唯一の**目的**はエイズの治療法を見つけることである。

☐ **You can easily embed in your document an *object* created by another application.** 他のアプリケーションでつくった**オブジェクト**を、簡単に文書中に埋め込むことができます。

☐ **Identify the faces, edges and vertices of each three-dimensional *object*.** それぞれの三次元の**物体**の面、辺、頂点がどこなのかを明らかにせよ。

observe /əbzə́ːv | -zə́ːv/

v. 観察する、(観察した結果) 気づく、述べる、(法律などを) 守る、(行為などを) 保つ

⇨「～に向かって注意を向ける」が原義。

基本例文

☐ **I *observed* a flash of lightning in the dark.** 暗闇の中にぴかりと稲妻が光るのを**見た**。

☐ **The doctor *observed* that she was well enough to leave the hospital.** 医者は、彼女はもう退院できる状態だと**述べた**。

☐ **We must *observe* the traffic regulations.** われわれは交通法規を**守らなくてはいけない**。

関連語

observation *n.* 観察、観測、判断、発言　⇨ 用例は「科学・技術例文」に示した。

observance *n.* (規則・義務などを) 守ること、習慣

His company has been well known for its strict *observance* of business ethics. 彼の会社は商業倫理を厳**守**することで有名である。

observable *adj.* 観察できる、注目すべき、守るべき

⇨ 用例は「科学・技術例文」に示した。

observer *n.* 観察者、【制御工学】観測器、オブザーバ

observatory *n.* 観測所　**observable** *adj.* 可観測な　**observability** *n.* 可観測性

科学・技術例文

☐ **During his stop at the Galapagos Islands, Charles Darwin *observed* that some finches had larger beaks than other finches.** ガラパゴス諸島に立ち寄った際、チャールズ・ダーウィンは他のフィンチと比べて嘴の大きいフィンチがいることに**気づいた**。

☐ **The long-awaited total solar eclipse was *observed* in the southern part of Egypt on Thursday morning, which lasted for nearly 3 minutes.** 木曜の朝、エジプト南部で待望久しい皆既日食が**観測され**、それはほぼ3分もつづいた。

☐ **Careful *observation* of the movement of higher level clouds is essential in predicting the weather.** 上層にある雲の動きを注意深く**観察することは**、天気を予報する際に不可欠である。

☐ **The test result shows that the drug has no *observable* depressive effect on the immune system.** 試験の結果、この薬には免疫系を抑制する作用は**観測されなかった**。

DOWNLOAD 164

obtain /əbtéɪn/

v. 得る、通用する

⇨ 企図あるいは要求の結果として獲得する、という意味合い。文語的だが自動詞では prevail, apply に近い。

O

基本例文

☐ **They *obtained* permission from the local police.** 所轄署の許可をとった。

☐ **It will be extremely difficult to *obtain* the reversal of the judgment.** 判決を破棄させるのは、きわめて困難だろう。

☐ **The critic proudly talked about social situations that no longer *obtained*.** 評論家が、すでに**妥当**ではなくなった社会状況について、得々と語った。

［類語情報］

「得る」意味でもっとも一般的な **get** は、どのように獲得するのか、特に決まったニュアンスがないので、「偶然手に入れる」場合もある。**gain** は努力を含意する点では **obtain** と似ていて、獲得までの競争、段階的な推移を感じさせることがある。**acquire** も近い意味をもつが、悪癖や病気のように「身についてしまう」ものに使うことも多い。また **acquired characteristics** なら後天的な「獲得形質」であって、その場合の **acquired** は **inherited** や **genetic** と対になる。

The singer *gained* popularity among young girls. その歌手は若い女性に人気を**博した**。

He *acquired* a reputation for not matching words with deeds. 言行不一致の評が**立った**。

関連語

obtainable *adj.* 入手可能な

readily obtainable data すぐ手に入るデータ

科学・技術例文

☐ **We had to really struggle to *obtain* the research money.** 研究資金を**獲得する**のに、大変な苦労があった。

☐ **They agreed to set the goal of *obtaining* 20% of energy from renewable sources.** エネルギーの 20% を再生可能な資源から**得る**という目標で合意した。

☐ **Compare the results *obtained* from laboratory experiments with your observations under natural circumstances.** 実験室で**得た**結果と、自然条件で観察したことを、比較しなさい。

operate /ɑ́(ː)pərèɪt | ɔ́p-/

v. 動く、作業する、機能する、操作する、運転する、手術する

⇨ オペラ（opera）と同じく、仕事、労働を表わすラテン語が起源である。

基本例文

☐ **All the vending machines *operate* on the same principle.** 自動販売機はみな同じ原理で**作動している**。

☐ **The trains *operate* every 10 minutes.** 電車は10分おきに**運行している**。

☐ **It was difficult to *operate* on an anemic patient because even a slight loss of blood would produce shock.** 少しの失血がショックを引き起こしかねないので、貧血症の患者を**手術する**のはむずかしかった。

関連語

cooperate, co-operate *v.* 協力する、協同（で作業）する
operation *n.* 操作、作業、運転、演算、作戦、手術
　operations research オペレーションズ・リサーチ（＝**operational research** 略号で **OR**）
operating *adj.* 動作中の、手術用の
　operating system（コンピュータの）OS
　operating ratio 稼働率、操業率
-operated *adj.* 〜で動く、〜式の
　battery-operated 電池で動く　**card-operated** カード式

科学・技術例文

☐ **The equipment *operates* from a 200 volt source.** その装置は200ボルトの電源で**作動する**。

☐ **The machine *operates* for three hours on one battery charge.** その機械は一回の充電で3時間**動く**。

☐ **The failure of the safety device to *operate* caused the emergency.** 安全装置が**作動し**なかったのが原因で、緊急事態が発生した。

☐ **In a jet-type engine, escaping gases *operate* a turbine.** ジェット型エンジンでは、排出ガスでタービンを**動かす**。

☐ **It is water power that is used to *operate* this gigantic tool.** この大型装置を**動かす**のに使われるのは水力である。

環境・社会理工学院の英語
School of Environment and Society

■現実社会との繋がりを重視した研究テーマが多い

環境・社会理工学院の研究分野は工学に留まらず社会学までをカバーし、非常に多岐に渡ります。現実社会との繋がりを重視した研究テーマが多いことも特徴です。

筆者自身は、現在、主に二つの専門分野にて研究活動を行っています。一つはマイクロロボティクス（ヤモリなど生体にヒントを得た凝着機能材料の開発ほか）、もう一つはエンジニアリングデザイン（製品・サービスのデザインにおけるユーザーへの「共感」を支援する手法の開発など）です。前者は機械工学と材料工学の融合分野であり、後者は工学と社会科学の横断領域に存在する融合分野になります。二つの分野に共通して求められる英語力として、情報収集力、高度理解力、知識開拓力が挙げられます。

■情報収集力

情報収集力というのは、英語の文献を大量に読むことで学術分野の情報を収集する能力です。短時間で大量の文章を読むことが必要になります。当然ですが、英文をいちいち和訳している時間はないので、原文を直読直解する力が求められます。この力を高めるための方法としてもっとも重要なのは、逆説的ですが「大量の文献を読む」ことです。最初に適切なアドバイザーやメンター（特定分野の研究者など）に論文の読み方を教えてもらうことは非常に有効ですが、次のステップでは自発的に研究に関連する論文の多読が求められます。ただし、文献の内容理解について他の人からフィードバックを受けたり、議論したりする機会も必要です。その意味で、定期的な論文の精読が非常に重要となります。

■高度理解力

高度理解力というのは、主に専門用語をベースにした言語の広がりを知り、文献の内容そのものや特定分野における専門知を高度に理解する能力です。特定分野の標準的な教科書（あるいは教科書的書籍）が存在するのであれば、それを元に専門用語の多くを身に着けることが可能ですが、融合分野ではそういった教科書が存在しないこともあります。その場合に高度理解力を高めるために、当該分野の論文などの多読が必須となります。

筆者は二つの専門分野にまたがって研究をつづけているので強く実感しますが、専門用語をベースにした言語の広がりは分野によってそれぞれ大きく異なります。例えばマイクロロボティクスでは、物理学、材料加工学、材料力学など、応用物理学と工学の範囲における専門用語を用いることが多く、融合分野とは言え、比較的、専門用語の用法が一義的（定義が定まっており、使用者によって相違することがない）であることが少なくありません。一方、エンジニアリングデザインでは、工学、情報学、認知科学、心理学、デザイン学など、工学から社会科学にわたって極めて広い範囲の専門用語を理解する必要があり、かつ、専門用語であるにも関わらず、（論文の著者がどの分野を主戦場にしているかによって）用法が一義的でないこともあります。各学問分野が別個にそれぞれ進化してきた先で、新しい融合分野が成立しようとしている背景があるからです。 マイクロロボティクスとエンジニアリングデザインの二つの分野を比べた場合、分野の全体像を掴むには、後者のほうがより幅広い範囲の文献に数多くあたることが必要になります。

■知識開拓力

知識開拓力というのは、英語で議論して思考を深め、新しい知識を紡ぐ力のことです。もちろん、母語である日本語でも習得はむずかしいですが、知識創造のためには不可欠です。自分の研究の結果をもとに、国際会議で英語で口頭発表することは、それほどむずかしいことはありません。事前にきっちりと発表内容を練り、口頭発表原稿を用意し、地道にスピーチの練習を積めば、ほぼ例外なく立派な発表ができます。

ところが、しばしば発表後の質疑応答において問題が生じます。質問者の言葉を瞬時に理解し、適切な言葉で回答することは外国語である英語では簡単ではありません。自分の発表内容の背景を形作る研究分野全体への高度な理解とそれを表現する（専門用語を含めた）ボキャブラリーが実りある質疑応答の前提として必要となります。また、発表後のカジュアルな質問者とのやりとりも非常に重要な場面になります。この力をつけるには、日頃から英語での議論を行い、自分の研究を様々なレベルで説明できるようにしておくことが有効です。この力がある程度ついて、世界中の人とコミュニケーションをとり、新しい発想を生み、より深く理解できるようになれば、世界が一挙に広がり、研究活動も一段と楽しくなります。学問の世界には新しい知識や概念が次々に出てくるので、常に学ぶ姿勢が強く求められます。

■国際共通語としての英語を身に付ける

学問的な知は英語をベースに進化しており、情報が瞬時にインターネット経由で共有される現代では、英語が「使えない」と、ゲームにすら参加できません。一方でテクノロジーの進化によって自動翻訳などの革命的なツールがこの数年で急速に実用的なレベルになってきており、これは今後確実により有効なものになると思われます。自動翻訳などのツールは筆者を含めた非英語圏の人々には基本的には福音ですし、大変使用価値の高いものです。実際に筆者も翻訳エンジンを活用したり、ストリーミングの自動翻訳字幕などを活用したりすることが多くなっています。基本的にはこれらのツールを積極的に活用していくことに賛成ですが、英語初学者などが使用する際には注意もかなり必要です。母語以外の外国語（現実的には英語）をあるレベルまでマスターしておかなければ、ツールが生成するものの品質を測る方法や感覚が備わらず、常にブラックボックスを介して知識創造をしなければならないハンデを負うことにもなるからです。どんなにツールが発達しても「洋画に字幕がついている感覚は必ず残る」と理解しておく必要があります。

世界の知識創造の現場では、非英語圏の人々も堂々と英語を使いこなします。そこでは平易な英語（plain English）と専門用語（terminology）を組み合わせたコミュニケーションが好まれ、思考と言語が直結した状態で交流することが求められます。相手の持っている背景知識に合わせて、隠語（jargon）を避けて言い回しを変えられるコミュニケーション能力も重要です。英語圏への留学準備をする場合は、ローカル言語としての米語（American English）や英語（British English）に適応することも重要になりますが、まずは、その前の段階として、国際共通語としての英語を身に付けることを強くお勧めします。

齊藤滋規（環境・社会理工学院 融合理工学系）

particle /pάɚṭɪkl | pάː-/

n. 粒子、小片、微粒子、少量、微量

⇨「部分」を意味する parti- に「小さい」を表わす -cle がついたもので、particular も同根。a particle of... は「少量の（微量の）～」を表わし、否定形で用いられることが多い。particle physics は素粒子物理学と訳されている。

基本例文

☐ **I saw numberless dust *particles* dancing in the air.** 無数の**細かい**埃が舞っているのを見た。

☐ **There is not a *particle* of truth in his story.** あの人の話には**ひとかけら**の真実もない。

関連語

subatomic particle 素粒子
particle beam 粒子線
particle accelerator 粒子加速器（= **atom smasher**）
以下にさまざまな粒子を挙げる
atom 原子　**molecule** 分子　**proton** 陽子　**neutron** 中性子　**electron** 電子
photon 光子　**meson** 中間子　**graviton** 重力子　**hadron** ハドロン
baryon バリオン　**pion** パイ中間子　**muon** ミュー粒子　**quark** クォーク
neutrino ニュートリノ　**boson** ボゾン

科学・技術例文

☐ **There are two types of subatomic *particles*: elementary *particles* and composite *particles*.** 素**粒子**には基本**粒子**と複合**粒子**の二種類がある。

☐ **The meson is one of the *particles* that hold the atom together.** 中間子は原子を結合させる**素粒子**の一つである。

☐ ***Particles* diffused through the atmosphere cause the color of sunset.** 夕焼けの色は大気中に拡散した**粒子**が生み出す。

☐ **Filters often trap only the larger *particles*: smaller ones may continue to float around, provoking hay fever.** フィルターは大きな**粒子**しか捕えないことがあり、細かな粒子は空中を浮遊しつづけて花粉症を引き起こしかねない。

☐ **Pasteur believed that microbes were carried about on dust *particles* in the air.** パスツールは、病原菌が埃の**粒子**に付着して大気中を移動すると信じていた。

☐ **The pressure is proportional to the product of the *particle* density and the temperature.** その圧力は、**粒子**密度と温度の積に比例する。

DOWNLOAD 167

performance /pɚfɔ́ɚməns | pəfɔ́ː-/

n. 上演、性能、成績、実行

基本例文

☐ **I enjoyed your *performance* immensely.** あなたの**演奏**は大変に楽しかった。

☐ **His family troubles affected his *performance* at work.** 家庭内のトラブルのために彼の**仕事ぶり**に差し障りが出た。

☐ **Her *performance* in the exams was rather good.** 彼女の試験の**でき**はかなりよかった。

☐ **She wanted to buy a high-*performance* car, but she couldn't afford one.** 彼女は高**性能**な車がほしかったが、お金に余裕がなかった。

関連語

performance-enhancing drugs（アスリートが使用する）ドーピング剤

perform *v.* 行なう、実行する、演ずる、作動する

The touchpad *performs* the same functions as the mouse. タッチパッドはマウスと同じ機能を**果たす**。

outperform *vt.* ～より性能がすぐれている

科学・技術例文

☐ **Increased protein intake does not enhance athletic *performance.*** タンパク質の摂取をふやしても競技の**成績**はよくならない。

☐ **New *performance*-enhancing, fuel-saving technologies are currently available, which can help protect the environment.** **性能**を向上させ燃費を節約する新たな技術を現在使うことができ、それは環境を守るのに役立つ。

☐ **In order to optimize your PC for better *performance*, it's a good idea to uninstall the programs you don't use.** パソコンの**性能**をよりよく引き出せるようにするには、使わないプログラムをアンインストールするとよい。

☐ **Experiments were conducted to see if superstitions like lucky charms can improve motor and cognitive *performance*.** お守りのような迷信が運動や認知の**能力**を高めることができるかどうかを調べるため、実験が行なわれた。

☐ **High-*performance* liquid chromatography (HPLC) is an important analytical tool for separating and quantifying compounds that are dissolved in solution.** **高速**液体クロマトグラフィーは溶液中に溶けた化合物を分離、定量するための重要な分析手段である。

period /pí(ə)riəd/

n.（ある一定の）期間、時期、時代、（一学科一回分の）授業時間、時限

⇨ 医学では、（病気、症状の）段階、（発作の繰り返される）期間、周期、月経（menstruation）。天文学・物理学では、周期。地質学では、紀（年代区分の一単位で、epoch（世）より大きく era（代）より小さい）。化学では、（元素の）周期。数学では、（循環小数の）周期、循環節、（周期関数の）周期、（桁数の大きい数字読取りの便宜のために打つ）コンマで区切られた一組の数字。原子力関係では、原子炉周期、周期、ペリオド（原子炉の出力がe（自然対数の底）になるのに要する時間）。

基本例文

☐ **He stayed with us for a short *period* of time.** 彼は短**期間**、わが家に滞在した。

☐ **Which *period* of history do you most want to live in?** 歴史上のどの**時代**にもっとも住みたいですか。

☐ **Picasso's blue *period* ended in 1904, followed by his rose *period*.** 1904年、ピカソの青の**時代**が終わり、バラ色の**時代**になった。

関連語

a trial period of four weeks（= **a four-week trial period**）4週間の試用期間

cooling-off period クーリングオフ期間

Customers are given a *cooling-off period* of seven business days from the date of receipt of the goods, during which they can unconditionally cancel their order. 商品の受け取りから7営業日の**クーリングオフ期間**があって、その間は無条件に注文をキャンセルできる。

period of rotation [**revolution**]（= **period**）【天文】自転［公転］周期

natural period【天文・物理】自然周期

period piece 時代物（芸術作品、建築などで、ある時代の記録として価値があるもの）

periodic *adj.* 周期的な、間欠的な

periodic table【化学】周期律表、周期表　　**periodic meeting** 定例会合

⇨ 用例はほかに「科学・技術例文」に示した。

科学・技術例文

☐ **The incubation *period* between exposure to the bacteria and development of the initial symptoms ranges from two days to two months.** 細菌と接触してから発症までの潜伏**期間**は二日から二ヵ月である。

☐ **The *period* is the time the sound wave takes to complete a cycle, while frequency is the number of cycles in a second.** 周期は音波が1サイクル進むのにかかる時間であるのに対して、周波数は1秒に進むサイクル数である。

☐ **The Jurassic *period* started 213 million years ago and lasted until 140 million years ago, when dinosaurs ruled the land and the first bird**

appeared. ジュラ**紀**は2億1,300万年前から1億4千万年前までつづき、その頃恐竜が地上を支配し鳥が初めて登場した。

☐ **The *periodic* table of the chemical elements consists of a vertical column called a group or family and a horizontal row called a *period.*** 化学元素**周期**表はグループまたは族と呼ばれる縦の欄と、**周期**と呼ばれる横の欄によって構成される。

permanent /pə́ːm(ə)nənt | pə́ː-/

adj. 永続する、持続的な、終身の、常設の

⇨「一貫して（per-）」、「とどまる（-man）」、さらに -ent との組みあわせで、「耐え抜く、持ちこたえる」の意味がもとになっている。類似の組みあわせから成る単語として、persistent（頑固な、持続する）がある［「一貫して（per-）」+「しっかりと立っている（-sist）」+ -ent］。

P

基本例文

☐ **Standard paper is a more *permanent* material than thermal paper.** 普通紙は感熱紙よりも**保存性のよい**媒体である。

☐ **Milk teeth become loose and fall out to make room for *permanent* teeth to grow.** 乳歯がぐらついて抜けていくと、**永久**歯が生えるすきまができる。

☐ **Da Vinci's *Mona Lisa* is on a *permanent* exhibition in the Louvre.** ダ・ヴィンチの『モナ・リザ』はルーブル美術館で**常設**展示されている。

関連語

permanence *n.* 永続性、持続性　⇨ 用例は「科学・技術例文」に示した。

permanency *n.* 永続性、変わらない立場［人］

permanently *adv.* 永続的に

The Federal court has nine *permanently* appointed judges. 連邦裁判所には9人の**終身**在職権をもつ判事がいる。

permafrost *n.* 永久凍土層

A baby mammoth was unearthed from the *permafrost* in Siberia. シベリアの**永久凍土層**から赤ん坊のマンモスが発掘された。

permanent magnet 永久磁石　**permanent magnetism** 残留磁気

Neodymium Iron Boron (NdFeB) magnets are currently the strongest among commercialized *permanent magnets*. ネオジム・鉄・ホウ素（NdFeB）磁石は、商品化された**永久磁石**として現在のところもっとも強いものだ。

科学・技術例文

☐ ***Permanent*-wave and hair-straightening preparations use ammonium thioglycolate to release the disulfide bonds in the hair.** **パーマ**をかけて髪をウエーブにしたりストレートにするためのパーマ液では、髪のジスルフィド結合を解くためにチオグリコール酸アンモニウムを用いる。

☐ **Hayabusa, Japan's asteroid explorer, has survived critical incidents that could have caused *permanent* failure.** 日本の小惑星探査機「はやぶさ」は**修復不能**になりかねない危機的な出来事をくぐりぬけてきた。

☐ **Pigment inks are generally more resistant to light and water than dye inks, and thus have greater image stability and *permanence*.** 一般に顔料インクは染料インクよりも耐光性と耐水性にすぐれ、したがって画像の安定性と**耐久性**が高くなっている。

DOWNLOAD 170

plot /plɑ́(:)t | plɔ́t/

v. たくらむ、構想する、図面などを描く、グラフ上の点として示す、プロットする

n. 謀略、筋、小区画の土地、見取り図

⇨ 英国の Gunpowder Plot は、1605 年 11 月 5 日国会議事堂の爆破を企てた Guy Fawkes を首謀者とするカトリック教徒の火薬陰謀事件として知られ、毎年この日には Guy の人形を燃やすかがり火を焚いたり花火を打ち上げたりする。

P

基本例文

☐ **A *plot* to assassinate the President was uncovered.** 大統領暗殺の**陰謀**が発覚した。

☐ **He *plotted* with his colleagues against the boss.** 彼は同僚と、上司に対する**陰謀を企てた**。

☐ **They *plotted* the course of the ship every ten minutes.** 彼らは 10 分ごとに船の針路を**図上に記入した**。

☐ **The *plot* thickens.** **筋（事）**が一層込み入って面白くなってくる。

関連語

Scatchard plot スキャッチャード・プロット（受容体結合解析）
plotless *adj.* 筋のない、計画のない
plotter *n.* 陰謀をたくらむ者、プロッター、作図装置

科学・技術例文

☐ **The sales increase is *plotted* on the graph.** 売り上げの伸びは**グラフに示されている**。

☐ ***Plot* a graph of body temperature against time.** 時間がたつにつれて体温がどうなるのかを表わす**グラフを書き**なさい。

☐ **We have *plotted* temperature on the x-axis and depth on the y-axis.** x 軸に温度を、y 軸に深さを**プロットした**。

☐ **In order to *plot* points on a coordinate graph, you must know what variable the horizontal axis and the vertical axis each represents.** 座標軸をもったグラフ上で**点の位置を決める**ためには、横軸と縦軸とがそれぞれどんな変数を表わしているのかを知っていなければならない。

☐ **This application software has many ways of *plotting* functions.** この応用ソフトは関数を**プロットする**多くの方法を備えている。

plus /plʌ́s/

prep. ～を加えて、～の上に
adj. プラスの、正の、～以上の、好ましい、余分の、(電気について) 陽の (positive)、(菌糸体が) 雄性の [一般には male が使われる]
n. プラス記号、正数、足し算、好ましい要素、利益
adv. その上、しかも

基本例文

- ☐ **Two *plus* two equals four.** 2+2=4
- ☐ **She has intelligence *plus* perseverance.** 彼女は知性に加えて根気もある。
- ☐ **In finding a job, a college degree is a *plus* factor.** 仕事を探す際、大学の学位はプラス要素になる。
- ☐ **The clear weather was a *plus* for the tennis match.** そのテニスの試合にとって晴天は望ましいことだった。
- ☐ **He has the time *plus* he has the money.** 彼にはそのための時間があるし、おまけに金もある。

関連語

plus quantity 正数 ⇔ **minus quantity** 負数
plus sign プラス記号 ⇔ **minus sign** マイナス記号
A plus (成績評価で) **A** の上 (A^{+} と書く)　*cf.* **B minus**　**B** の下 (B^{-} と書く)
minus *prep.* を引いた、～のない　*adj.* マイナスの、負の、氷点下の、不利な、(菌糸体が) 雌性の [一般には **female**]　*n.* マイナス、負数、不足、不利なこと、短所
Two *minuses* make a *plus*. マイナスが二つ重なるとプラスになる。
⇨ 用例はほかに「科学・技術例文」に示した。
surplus *adj.* 余りの、過剰の　*n.* 余り、剰余

科学・技術例文

- ☐ **Errors of *plus* or *minus* 2 percent or so seem to be unavoidable.** ±2% 程度の誤差は不可避と思われる。
- ☐ **The test result is represented in Table 5 where a *plus* sign indicates that positive effects were observed.** 試験結果は表5に表わされ、プラス記号はよい効果が観測されたことを示す。
- ☐ **The temperature is *minus* twenty degrees Celsius.** 温度は零下 20℃ だ。
- ☐ **If you connect a circuit across the two poles of a battery, the electrons flow from the negative pole to the positive pole.** 電池の二つの極に回路をつなぐと、電子は負極から正極へと流れる。[いわゆる「プラス極」を the plus pole、また「マイナス極」を the minus pole と書いている用例がないわけではないが、一般には positive, negative という語が使われる]

point /pɔ́ɪnt/

n. 先端、点（時点、地点、論点、要点、到達点など）
v. ある点を指す、とがらせる

基本例文

☐ **I see your *point*, but I'm afraid you have missed the true *point*.** なるほど一理ありますが、**肝心なところ**は見逃したようですね。

☐ **What's the *point* of all that complaining?** 文句ばっかり言っても**意味**がない。

☐ **Apparently, intelligence is not one of his strong *points*.** あまり知性派ではないらしい（＝知性が**長所**になっていない）。

☐ **The boy punched a hole in the paper with a *pointed* pencil.** **とがった**鉛筆で紙にぷつっと穴をあけた。

関連語

boiling point 沸点
　reach the boiling point at 100 degrees Celsius 摂氏 100 度で沸点に達する
　measure the boiling point at various pressures 異なる気圧での沸点を計測する
freezing point 氷点、凝固点
melting point 融点
saturation point 飽和点
dew point 露点
decimal point 小数点
focal point 焦点（＝**focus**）
breaking point 破壊点、限界点［それ以上は耐えきれない限度］
pressure point 皮膚のツボ、止血ポイント、（情勢の）急所
vanishing point（透視画法の）消点（消尽点）、消えてなくなる一点
selling point セールスポイント
turning point ターニングポイント
vantage point 見通しのきく地点、有利な観点
point mutation 点変異、点突然変異
beside the point 的はずれな
to the point 的を射た　**a question more to the point** より適切な質問
to the point of . . . 〜の程度にまで
　hard-headed to the point of obstinacy 頑固なほど自分を曲げない
in point of fact 実際問題としては
point of no return 引き返せなくなる点、（飛行機が燃料不足で）出発地へもどれなくなる点
pointer *n.* 指し示すもの、指針、助言、（パソコン画面の）ポインター
　pointing device ポインターを動かす道具（マウスなど）
viewpoint *n.* 視点、観点（＝**point of view**）
pinpoint *n.* 針の先（のように小さい点）　*v.* ぴたりと示す　*adj.* 非常に正確な

With GPS you can *pinpoint* the location of a cell phone user. GPSがあれば携帯使用者の位置を**精密に特定**できる。

科学・技術例文

- ☐ **Our research results clearly *point* to a causal relationship between physical and psychiatric disorders.** 調査の結果として、身体と精神の変調に明らかな因果関係が**見えている**。
- ☐ **This incident is a case in *point*, and it will provide a natural starting *point* for further research.** 今回の件はわかりやすい**好例**であり、さらに調べる出発**点**としても適当だ。
- ☐ **The pointer is a breed of dog, so called because it instinctively stands with its muzzle *pointing* toward the game it spots, as if *pointing* the hunter in the right direction.** ポインターという犬は、獲物を見つけると、まるでハンターに**知らせる**ように、獲物の方向へ鼻面を**向けて**立つ本能があるので、ポインターという名前が付いている。

P

DOWNLOAD 173

position /pəzíʃən/

n. 位置、場所、地位、立場、姿勢、(高い) 地位、職

v. 置く、設置する、配備する

⇨ 原義は「置く」で、pose と positive も語源は同じ。

P

基本例文

□ **By consummate ability and force of character, she has acquired her present *position*.** 申し分のない才能と人格の力で、現在の**地位**を得た。

□ **He did a complete about-face and took the opposite *position*.** 180 度態度を変えて反対の**立場**に立った。

□ **One of our graduates holds a good *position* with an IT company.** 卒業生の一人が、ある IT 会社でいい**職**に就いている。

□ **Large television monitors were *positioned* at either end of the stadium.** 大きな TV モニターがスタジアムの両端に**置かれていた**。

関連語

in position 正しい位置に ⇔ **out of position** 誤った位置に

secure the lever in position レバーを所定の位置に固定する

position vector 位置ベクトル

positioning *n.* 位置決め、測位　**GPS** (**Global Positioning System**) 全地球測位システム

positional *adj.* 位置的な、ポジショナルな

positional cloning【分子生物学・遺伝学】ポジショナルクローニング

科学・技術例文

□ **The receiving shaft made one revolution and returned to its home *position*.** 受け軸は一回転して元の**位置**にもどった。

□ **To cut off the main power supply, you only have to lift the lever to the "off" *position*.** 主電源を切るには、レバーを「オフ」の**位置**まで上げるだけでよい。

□ **We started our observations when Mercury and Jupiter were in the *positions* M_5 and J_6.** 水星と木星がそれぞれ M_5 と J_6 の**位置**にある時に観測を開始した。

□ **The rotary loading device *positions* the wafers on chain-driven fixtures.** 回転ローディング装置がウェーハをチェーン駆動式装置に**配置する**。

□ ***Position* a moving steel armature between two permanent magnets.** 可動スチール電機子を二つの永久磁石の間に**設置し**なさい。

power /páʊɚ | páʊə/

n. 力［能力、知力、体力、権力、電力など］、エネルギー、力のある存在、累乗、倍率、仕事率
v. 力［動力、電力、活力など］を供給する
adj. 動力の、電動式の、有力者に関わる

基本例文

☐ **Does the *power* of a nation truly depend on its military strength?** 国**力**とは軍事力で決まるものだろうか。

☐ **Music has the *power* to influence people in many different ways.** 音楽には人をさまざまに動かす**力**がある。

☐ **Three home runs *powered* the team to a 9–4 win.** 3本のホームランが**原動力になって**9対4で勝った。

関連語

power up 電源を入れる　**power up**（= **start up, turn on**）**a computer** コンピュータの電源を入れる
power down 電源を切る　**power down**（= **shut down/off, turn off**）**a computer** コンピュータの電源を切る
air power 空軍力　*cf.* **wind power** 風力
land power 陸軍力
sea power 海軍力　*cf.* **water power** 水力　**tidal power** 潮力
superpower *n.* 超大国
balance of power 国家間の勢力が拮抗して、どの一国も主導権をとれない状況
high-powered *adj.* 馬力のある、高倍率の
-powered *adj.* ～を動力とする　**a nuclear-powered submarine** 原子力潜水艦
They broke the world record for the longest distance traveled by a solar-*powered* vehicle. ソーラーカーによる走行距離の世界記録を破った。
power base 支持基盤、政治家の地盤
power breakfast［**lunch**］（幹部級の）ビジネス会議を兼ねた朝食［昼食］
power broker 政界の大物、（投票行動に影響する）実力者
power dressing（特に女性の）有力者が地位を誇示するための高級な服装
powerful *adj.* 有力な　**a powerful tool for data analysis** 強力なデータ解析ツール
powerless *adj.* 無力な
powerhouse *n.* 発電所（= **power plant**）、精力的（生産的、攻撃的）な人物（チーム）
hydropower *n.* 水力による電気（= **hydroelectric power**）
a thermal power station 火力発電所

［乗数の読み方について］
Read 10^2 as "ten to the power of two" or "ten squared."
$10 \times 10 \times 10$ is the same as "10 to the power of three" or simply "10 cubed."
"10 to the power of 4," or simply "10 to the 4," may be written as 10^4.

10^{-5} is pronounced as "ten to the power of minus five."

科学・技術例文

☐ **This chart shows how the purchasing *power* of the dollar has been declining.** この表はドルの購買**力**がいかに低下してきているかを示す。

P

☐ **A spokesperson from the electric *power* company said their nuclear *power* plants were operating normally after the earthquake.** 電**力**会社の広報担当者は、地震のあとも原子**力**発電所は通常どおり稼働していると言った。

☐ **In that society, the head of the family, usually the father, had absolute *power* over the household.** その社会では、家長（たいていは父親）が、家族内での絶対**権力**を持っていた。

☐ **Mitochondria may be called the *power* plants of the cell, where it consumes oxygen to generate energy to *power* the cell.** ミトコンドリアは、いわば細胞の**発電**所であり、酸素を消費してエネルギーを発生させて、細胞の**動力源**にする。

☐ **As a term in physics, "*power*" is used to mean the time rate of doing work or transferring energy, usually measured in watts.** 物理学用語では、**power**［**仕事率**］は単位時間あたりの仕事やエネルギー変換のことを言い、通常はワットを単位として表わされる。

practical /prǽktɪk(ə)l/

adj. 実際的な、実践的な、実用的な、経験に富んだ、事実上の

基本例文

☐ **The plan has many *practical* difficulties.** その計画には多くの**実際上の**困難がある。

☐ ***Practical* trainings are required in the course.** その授業では**実習**が課せられている。

☐ **Her ideas are always *practical*.** 彼女の考えはいつも**現実的**だ。

☐ **His silence was a *practical* admission of guilt.** 黙っているということは**事実上**罪を認めたということだ。

関連語

practical implementation 実用化

for all practical purposes 現実問題として

The New Year's Day is, *for all practical purposes*, just another working day for me. **結局は**、正月だって休みにならない。

practice *n.* 練習、習慣、実行、実務　*v.* 繰り返し練習する、〜に従事する、実行する

The doctor went into private *practice* after finishing his residency. 医者が研修期間を終えて**開業**した。

You know how it's difficult to *practice* what you preach. 人にやらせようとすることを自分で**実行する**のはむずかしいですね。

科学・技術例文

☐ **His invention has lately been put to *practical* use.** 彼の発明は最近**実用化**された。

☐ **Seismology can be considered a *practical* science because everyone is concerned about earthquakes.** 最近誰もが地震を心配しているので、地震学は**実用的な**科学と見なすことができる。

☐ **The product has become *practical* for mass production.** その製品は大量生産が**可能**になった。

☐ **In the future this technology could have *practical* applications such as correcting satellite orientation in space.** 将来、この技術は宇宙で衛星の向きを修正することなどに**実際**に適用できるだろう。

☐ **The results of laboratory-scale examinations already approach values that would be suitable for *practical* implementation.** 実験規模の試験の結果はすでに**実用化**に適するものと思われる値に達している。

precipitate /prɪsípətèɪt/

v. (望ましくない事態の到来を) 早める、沈殿させる、降水させる

n. 沈殿物

adj. まっさかさまの、大急ぎの

⇨「頭を先にする」が原義で、「まっさかさまに落とす」「せきたてる」などの意味につながる。

P

基本例文

□ **The collapse of the real estate market *precipitated* the worldwide credit crisis.** 不動産市場の崩壊が世界的な信用危機の**到来を早めた**。

□ **The *precipitate* decision to expand the business resulted in cash-flow problems.** 事業拡大を**拙速**に決断したため、資金繰りに行き詰まった。

関連語

precipitation *n.* 降水、沈殿

The normal *precipitation* in Tokyo is approximately 1,470 mm per year. 東京の平年**降水量**は年間で約1,470ミリメートルだ。

⇨ 用例はほかに「科学・技術例文」に示した。

precipitated *adj.* 沈降 (沈殿) した　**precipitated calcium carbonate** 沈降炭酸カルシウム

precipitant *n.* 沈殿剤　*adj.* 性急な　**precipitantly** *adv.*

precipitous *adj.* 崖のような、せっかちな　**precipitously** *adv.*

Online distribution of music may be a cause of the *precipitous* drop of CD sales. CD売り上げの**急激な**減少の一因はオンラインでの音楽配信にあるのかもしれない。

科学・技術例文

□ **As a result of the processing of sugar cane, crystallized sugar *precipitates* out.** サトウキビの加工処理の結果、結晶化した砂糖が**沈澱**物となって分離する (=析出する)。

□ **Adding silver nitrate solution to sodium chloride solution forms a white *precipitate* of silver chloride.** 食塩水に硝酸銀溶液を加えると、塩化銀の白い**沈殿**が生じる。

□ **Calcium ions and oxalates in the urine can react to produce a *precipitate* called a kidney stone.** 尿中のカルシウムイオンとシュウ酸塩が反応して、**沈殿物** (腎結石) を生成することがある。

□ **When water particles in a cloud become too heavy to stay suspended in the atmosphere, *precipitation* begins in a variety of forms such as rain, snow, sleet or hail.** 雲中の水の粒子が重くなり大気中に漂っていることができなくなると、雨、雪、みぞれ、ひょうといったさまざまな形で**降水**が始まる。

precision /prɪsíʒən/

n. 正確、精密、精度

⇨ 名詞を前から修飾して、「精密な」「高精度の」と形容詞的に使われることもある。accuracyとの違いについては例文を参照のこと［正しい値と合致するのがaccuracyで、測定結果の誤差が小さいのがprecision］。

基本例文

□ ***Precision*** **is required in calculation.** 計算には**正確**さが求められる。

□ **She always conducts her research with *precision*.** 彼女はいつも研究を**正確**に行なう。

□ **Our *precision* instruments are out of order. We need to repair them immediately.** **精密**機械が故障している。すぐに修理しなければならない。

関連語

precision casting 精密鋳造　**precision depth recorder** 精密深度記録計
precision gauge 精密計器　**precision physics** 精密物理学　**single precision** 単精度
double precision 倍精度
precisionism *n.* 几帳面、精密主義、プレシジョニズム
imprecision *n.* 不正確
precise *adj.* 正確な、細かいところまで気を遣う（悪く言えば「やたらに細かい」）
precise measurements 正確な寸法　**to be (more) precise**（さらに）正確に言うならば
⇨ 用例は「科学・技術例文」に示した。

科学・技術例文

□ ***Precision*** **refers to how close measured values are to each other. Data can be very *precise*, yet they may not be accurate, for they may contain a high degree of experimental error.** **精度**とは測定値がたがいにどのくらい近いかを表わすものである。データは非常に精度が高くても正確ではないということがありうる。というのも実験上の誤差が多く含まれている可能性があるからである。

□ **Researchers at the department of *precision* engineering design and manufacture *precision* machines and components.** **精密**工学科の研究者たちは**精密**機械や**精密**部品を設計、製作する。

□ **When the *precision* is low, you are going to need a larger sample in your research to deal with the noise in your measurements.** **精度**が低い時には、測定のノイズに対処するために、より大きなサンプルが研究に必要となる。［この例文ではsampleの使い方にも注意。more samplesとは言っていない。対象として扱う標本の「規模が大きい」のである。たとえば“a sample of 100 specimens”は“a sample of 50 specimens”よりも「大きな」サンプル］

DOWNLOAD 178

pressure /préʃɚ | -ʃə/

n. 圧力、気圧、圧迫、困難、(心理的な) 重圧、起電力 (electromotive force)
v. 圧力をかける、無理に〜させる

P

基本例文

☐ **I felt *pressured* to work harder.** もっと頑張れという**圧力**を感じた。

☐ **The local government has been putting *pressure* on scientists to conduct studies that are consistent with its policies.** 現地の政府は政策に沿った研究を行なわせようと科学者に**圧力**をかけている。

関連語

blood pressure 血圧
vapor pressure 蒸気圧
high-pressure *adj.* 高圧の　*v.* 強要する、強引に売り込む
　a high-pressure job ストレスの多い仕事
　high-pressure sales tactics/techniques 押し売りの手口
　A *high-pressure* area (=An area of high pressure) is moving east. **高気圧**が東に移動している。
low-pressure *adj.* 低圧の
pressurize *v.* 加圧する
　Turbochargers *pressurize* the incoming air to a point above atmospheric pressure. ターボチャージャーは吸気を**加圧して**、大気圧よりも高くする。

科学・技術例文

☐ **At low *pressure*, the boiling point is lower.** 低**圧**だと沸点が下がる。

☐ **Apply *pressure* to check for leaks.** 洩れている箇所がないか、**圧力**をかけて確かめなさい。

☐ **The gas is under *pressure* in the sealed container.** 密閉容器のガス**圧**が高くなっている。

☐ **The jaws of a dog can exert a *pressure* of 200–450 psi.** 犬の噛む**力**は1平方インチあたり200から450ポンドである。[psi＝pounds per square inch]

☐ **All over your body you have tiny *pressure* sensors in your skin. Some areas have more *pressure* sensors than others, and are more sensitive to touch. For example, you have more than 1,000 *pressure* sensors per square centimeter in your fingertips.** 人間は全身の皮膚に小さな**圧力**センサーを持っています。センサーが多ければ感じやすい部位ということで、たとえば指先には1平方センチあたり1,000を超すセンサーがあります。

principle /prínsəpl/

n. 原理、原則、主義、信条、道義、本質、根本原因、(化学の) 素

⇨ 原義は「最初の状態、起源」。科学的に「自然界の法則」の意味で使われたのは、おそらく19世紀になってから。 ⇨ LAW, THEORY

基本例文

☐ **The title of his first lecture was "Ten Basic *Principles* of Economics."** 彼の最初の講義の題名は「経済学の十大基本**原理**」だった。

☐ **It is against my *principles* to pamper a child.** 子供を甘やかすのは私の**主義**に反する。

☐ **He has no *principles* where money is concerned.** 彼は金に関しては**節操**がない。

関連語

in principle 原則的に
The plan was accepted *in principle* but the details of it were to be discussed later. その計画は**原則として**受け入れられたが、詳細はこれから審議する予定だった。
on principle 主義として、主義に従って
She supported the Opposition *on principle*. 彼女は**主義に従って**野党を支持した。
maximum principle 最大値原理 (= **maximum modulus principle**)
principled *adj.* 理にかなった、主義に基づいた
-principled *adj.* ～主義の **high-principled** 高潔な **loose-principled** 無節操な

科学・技術例文

☐ **Though the list of devices containing computers is almost endless, fundamentally they all operate on the same *principle* that was discovered more than 60 years ago.** コンピュータを含む装置は無数といってよいくらいあるが、基本的にそれらはすべて60年以上前に発見されたのと同じ**原理**に基づいて機能している。

☐ **Archimedes' *principle* states that an object immersed in a fluid is buoyed up by a force equal to the weight of the displaced fluid.** アルキメデスの**原理**によると、液体に沈められた物体には、押しのけられた液体の重さと同じだけの浮力が働く。[Archimedes の発音は /àəkəmíːdiːz | ɑ̀ː-/]

☐ **Here we would like to apply the *principle* of parsimony, making no more assumptions than are required and sticking to the simplest explanation until we find evidence to contradict it.** ここでは節減の**法則**を適用して、必要とされないような仮定はせず、なにか矛盾する証拠を見つけるまではもっとも単純な説明のみを採択することにしたい。

P

probability /prɑ́(:)bəbíləṭi | prɔ́b-/

n. 見込み、ありそうなこと、蓋然性、確率

⇨ あることが現実化する度合い、という意味では likelihood と同義語。

probable /prɑ́(:)bəbl | prɔ́b-/

adj., n. ありそうな、(勝つ、選ばれる、など) の見込みがある人

probably /prɑ́(:)bəbli | prɔ́b-/

adv. たぶん

基本例文

☐ **This is the *probable* site of the ancient castle.**

= It is *probable* that this is where the ancient castle was.

= *Probably*, this is where the ancient castle was.

= The *probability* is that this is where the ancient castle was. おそらく、昔の城はこのへんにあったのでしょう。

☐ **There is a reasonable *probability* that eating too much can cause a stomach to be upset.** 過食で胃が不調になるのは、普通に考えられることだ。

[類語情報]

possible は可能性があることを示すのみだが、**probable** は「そうであっておかしくない」くらいの確度がある。**likely** とは近いが、**certain** ほどではない。

a possible alien spacecraft 空飛ぶ円盤かもしれない物体
a probable political change 予想される政治的変化
a likely winner of the next election 当選しそうな候補者
a gradual yet certain advance of age ゆっくりと確実に来る老化
cf. **a person of certain age** ある年齢の(かなり年配の)人

関連語

in all probability まず間違いなく
likelihood *n.* 【統計学】尤度(ゆうど)

科学・技術例文

☐ **The *probability* is not greater than one in ten, but under different conditions it may be higher than 20%.** 確率としては 10 に 1 つにも満たないが、条件が異なれば 20% を超えることもあろう。

☐ **How do you determine the *probability* of drawing the Ace of Spades from each of the two randomly shuffled decks of cards?** 2 セットのトランプをよく切って、それぞれスペードのエースを引く確率は、どうやって求めますか。

process /prɑ́(ː)ses, próʊ- | próʊ-, prɔ́s-/

n. 過程、プロセス、作用、工程、製法、方法
v. 加工する、処理する、現像する
⇨ もとをたどれば、「前進する（「前方へ（pro-）」+「行く、進む」）」という意味のラテン語動詞に行きつくから、proceed と同根ということになる。

基本例文

☐ **Negotiation is a *process* of approximation to an equitable compromise.** 交渉とは、双方にとって不足のない妥協に近づこうとする**プロセス**である。

☐ **Debility is a cruel consequence of the aging *process*.** 衰弱は老**化**の苛酷な結果である。

☐ **The dairy products are *processed* to extend their shelf life.** その乳製品は賞味期限を延ばすように**加工**されている。

☐ **It will take two weeks for your applications to be *processed*.** あなた方の応募書類を**処理する**（＝詳細に検討する）のに二週間かかる。

関連語

processing *n.* 加工　**thermal processing** 熱処理　**sewage processing** 汚水処理
numerical processing 数値処理　**processing cost** 加工費
post-translational processing（タンパク質の）翻訳後プロセシング、翻訳後修飾
⇨ 用例はほかに「科学・技術例文」に示した。
processor *n.* 加工業者、加工［処理］装置　**central processor** 中央処理装置（= **central processing unit, CPU**）
processor module 演算処理モジュール　**food processor** フードプロセッサー

科学・技術例文

☐ **The fact that the *process* of plutonium formation consumes neutrons is widely known.** プルトニウム製造**工程**で中性子が消費されるという事実は広く知られている。

☐ **Cracking is one of the *processes* used in the petroleum industry to reduce molecular weight of hydrocarbons by breaking molecular bonds.** クラッキングとは石油産業で用いられる**工程**の一つであり、炭化水素の分子結合を切断して分子量を減らすために行なわれる。

☐ **A laser is very useful for *processing* a variety of metal and nonmetal materials.** レーザーは、各種の金属材料および非金属材料を**加工**するのにきわめて有用である。

☐ **The brain has two ways of *processing* the signals from the nerve.** 神経から送られてくる信号を脳が**処理**する方法は二つある。

proof /prú:f/

n. 証明、証拠、試験、検算、(証明済みの) 強度、耐力、校正刷り、プルーフ (酒類のアルコール含量の強度の単位)
adj. 〜を防ぐ、耐〜の、〜にも扱える、〜にとって安全な

基本例文

☐ **The burden of *proof* is placed on the prosecution.** 立**証**責任は検察側にある。

☐ **In the absence of *proof* to the contrary it cannot be refuted.** 反対の**証拠**がないので論駁できない。

☐ **The *proofs* of the book have been meticulously read.** その本の**校正**は綿密に行なわれた。

☐ **Tequila is still bottled at a hefty 70–80 *proof*.** テキーラは今なお 70–80 プルーフの相当な**強度**でびん詰めにされている。

関連語

proof positive 確証
zero-knowledge proof (= **minimum disclosure proof**)【暗号学】零 (ゼロ) 知識証明 (非公開証明) [情報内容を開示することなしに情報を持っていることを証明すること]
-proof *adj.* 防〜の、耐〜の　*cf.* **waterproof** 防水の　**lightproof** 耐光性の
Most pill bottles now have child-*proof* caps. 今ではたいていの錠剤のびんには子供に**はずせない**蓋がついている。
proofreading activity (DNA の) プルーフリーディング活性
prooftest *v.* 耐久テストをする
prove *v.* 証明する、試験する、実験する、校正刷りをとる
The medication *proved* (to be) highly toxic in some cases. = They *proved* the medication highly toxic in some cases. その薬剤は場合によっては毒性が強いことが**証明された**。

科学・技術例文

☐ **You can define a mathematical *proof* as a derivation of one proposition from another.** 数学的**証明**は他の命題からある命題を導出することと定義できる。

☐ **No statistical *proof* emerged to indicate that the use of hormones saved a pregnancy.** ホルモン剤の使用が流産を防いだということを示す統計上の**証拠**は出てこなかった。

☐ **The charge density on the surface can be determined if the charge on the *proof* plane is measured.** **帯電試験**板上の電荷を計測すると、電荷密度が決められる。

proportion /prəpɔ́ɚʃən | -pɔ́:-/

n. 部分、比率、釣合い、調和、比例、比例算、［以下は複数形で］面積、容積、寸法、大きさ
v. (〜と) 比例させる、あわせる〔to〕

基本例文

☐ **His reputation was out of *proportion* to his ability.** 彼の評判はその能力に**不釣り合い**だった。

☐ **Their earnings are in *proportion* to their skill.** 彼らの稼ぎ高はその技能の程度に**比例**している。

☐ **We must *proportion* the punishment to the crime.** 罪に**応じて**罰しなければいけない。

関連語

direct proportion 正比例 ⇔ **inverse proportion** 反比例
Its quality increases in *direct proportion* to how it gets old. それは古くなるのに**比例**して質が向上する。
proportional *adj.* (〜と) 釣合った、比例の、(〜に) 比例する〔**to**〕
a proportional number [**quantity**] 比例数 [量]
be directly [**inversely, reciprocally**] **proportional to . . .** 〜に正 [反] 比例する
n. 比例数、比例項
a mean proportional 比例中項 **the third proportional** 第三比例項
⇨ 用例はほかに「科学・技術例文」に示した。

科学・技術例文

☐ **A large *proportion* of the earth's surface is covered with water.** 地球表面のかなりの**部分**は水に覆われている。

☐ **Mix sugar and salt in the *proportion* of three to one.** 砂糖と塩を 3 対 1 の**割合**で混ぜなさい。

☐ **The room is long in *proportion* to its width.** その部屋は幅の**割に**長い。

☐ **Do a sum in** [**by**] ***proportion.*** **比例**算で計算しなさい。

☐ **The cancer rate is claimed to be *proportional* to the amount of industrial pollutants.** 癌発生率は産業汚染物質の量に**比例する**とされている。

protect /prətékt/

v. 保護する、（産業を）保護する、（機械に）保護装置を施す

⇨ 元来は、「前方を（pro-）」+「覆う（-tect）」ことによって保護する意。器具、方法を利用して対象を危険から遠ざける場合に用いる。

基本例文

☐ **The walls *protected* the city from enemies.** 外壁が都市を**守って**いた。

☐ **Agricultural products are more heavily *protected* from foreign competition than manufactured goods.** 農産物は工場製品よりもさらに手厚く外国産との競争から**保護されて**いる。

☐ **The drug appears to *protect* against heart attack by preventing blood clots.** その薬は凝血を防ぐことで心臓発作を**予防する**らしい。

関連語

protection *n.* 保護

A nylon scarf gives little *protection* against the cold. ナイロンスカーフはあまり**防寒**にならない。

⇨ 用例はほかに「科学・技術例文」に示した。

protective *adj.* 保護する

***Protective* coloration improves the chances to survive.** **保護**色が生存の可能性を高める。

⇨ 用例はほかに「科学・技術例文」に示した。

protector *n.* 保護装置、安全装置

When you observe a solar eclipse, wear an eye *protector* to prevent solar retinitis. 日食の観測にあたっては、目を**保護する道具**を着用して日光網膜炎を予防すること。

protectionism *n.* 保護貿易主義

Every effort should be paid to avoid a surge of *protectionism* in this global recession. 今回の世界的不況の中で**保護貿易主義**が高まることのないよう力を尽くすべきである。

科学・技術例文

☐ **Special ceramic tiles are used to *protect* the space shuttle from the extremely high temperatures during the re-entry stage.** 特製セラミックタイルの利用により、スペースシャトルは再突入時の大変な高温から**守られて**いる。

☐ **There is a debate about whether surgical masks offer substantial *protection* against the flu or not.** サージカルマスクがインフルエンザ**防止**に十分な効果があるかどうか議論がある。

☐ **A vaccine against one type of the virus may not be *protective* against new variants.** ウイルスの一つの型に効くワクチンであっても新変種には効かないこともある。

provide /prəváɪd/

v. 供給する、規定する、用意する

⇨「前方を見る」が原義であり、将来を見すえて準備するということから、供給するという意味で使われるようになった。「見る」という語根を共有する単語は、advise, evident, review, revise, survey, view, vision, visit など多数。 ⇨ REVISE, SURVEY

基本例文

☐ **Sheep *provide* us with wool.** 羊は羊毛を**供給する**。[米語では provide us wool, provide wool to us も可]

☐ **Students must *provide* their own pens and write only on paper *provided* by the examiners.** 学生は各自ペンを**用意し**、試験官から**あたえられた**用紙のみに書くこと。

☐ **Our club's rules *provide* that dues must be paid monthly.** 会則に**よれば**会費は月ごとに納めなければならないことになっている。

☐ **She must *provide* for a large family.** 彼女は大家族を**食べさせていか**なくてはならない。

☐ **I will accompany you *provided* that I'm well enough.** 身体の具合が**よければ**ご一緒します。

関連語

provident *adj.* 先見の明のある、倹約な
provider *n.* （家族を）扶養する者、供給者、（インターネットなどの）プロバイダー（= **service provider**）
provision *n.* 供給、準備、食糧、規定

科学・技術例文

☐ **Her research *provided* the necessary information for us.** 彼女の研究で必要な情報が**得られた**。

☐ **Some scientists say that flights over the Arctic region *provide* data for ozone depletion.** 北極地方の上空を飛行することで、オゾン層破壊に関するデータが**得られる**と言う科学者たちもいる。

☐ **Fusion can *provide* environmentally benign energy without depleting natural resources for the future.** 核融合は将来、天然資源を枯渇させることなく環境にやさしいエネルギーを**供給する**ことができる。

DOWNLOAD 186

quality /kwɑ́(:)ləṭi | kwɔ́l-/

n. 質、良質、才能、特質、（色の）彩度、（音の）音色

⇨ 形容詞的に用いて、「高級な」という意味にもなる。

Q

基本例文

☐ **Our *quality* of life has improved since we moved to the countryside.** 田舎に引っ越してからわれわれの生活の**質**が向上した。

☐ **Is laughter a *quality* of man only?** 笑いは人間だけの**特質**なのか。

☐ **The scarf is of good *quality*.** これは上**質**なスカーフだ。

☐ **The restaurant is famous for the *quality* of its dishes.** そのレストランは上**質**な料理で有名です。

☐ **The scandal hit the headlines both in *quality* papers and the tabloid press.** そのスキャンダルは**高級**紙でもタブロイド紙でも大きくとり上げられた。

関連語

qualify *v.* 資格をあたえる、資格を得る、制限する

He is not *qualified* to teach English. 英語を教える**資格を持って**いない。

qualified *adj.* 資格のある、条件付きの

qualification *n.* 資格、制限、性格づけ

qualitative *adj.* 性質上の、定性的な

quantity *n.* 量、【音楽】音価、［複数形で］多量

unknown quantity 未知数

Quality matters more than *quantity*. **量**より質が大切である。

I had *quantities* of letters to write. 書かなくてはいけない手紙が**たくさん**あった。

quantify *v.* 量を定める、量を明確にする、定量化する

The aim of this project is to devise a better method to detect and *quantify* subsurface moisture. このプロジェクトの目的は、地表下の水分を探知し、その**量を明確にする**ための、よりよい方法を編み出すことである。

quantitative *adj.* 量の、定量的な

These researchers are trying to use *quantitative* analysis of tissues to identify the proteins that are linked to/with bowel cancer. これらの研究者たちは、組織の**定量**分析を用いて、大腸癌と関連するタンパク質を特定しようとしている。［こうした用法では、with よりも to を使うことが多い］

科学・技術例文

☐ **One of the *qualities* of steel is hardness.** 鋼鉄の**特性**の一つは硬いことだ。

☐ **Last week the environmental organization completed an intensive *quality* assessment study of eight rivers in this district.** その環境保護団体は先週、この地域の８つの河川の徹底した水**質**調査の結果をまとめた。

radical /rǽḍɪk(ə)l/

adj. 過激な、根本的な、（葉が）根生の
n. 過激な人、（数学の）根、（化学の）基
⇨ ある方向に突き進んでいる、根元からごっそり、という感じ。俗語では「すごくよい」という意味にもなる（ラディカルに訳せば「激ヤバ、マジすごっ」）。「根っこ（root）」を表わすラテン語に由来し、数学ではまさしく根（ルート）の意味で使われる。

基本例文

☐ **This may help, if you're looking for a *radical* solution.** 思いきった解決としては、そういう手もあるかな。

☐ **This issue disclosed *radical* differences in their values.** この一件で価値観がまるで違うとわかった。

R

関連語

radical sign 根号（√‾）
free radical 遊離基、フリーラジカル（＝**an atom or molecule with at least one unpaired electron** 少なくとも一つの不対電子を持った原子または分子）［単に **radical** とも言う］
⇨ 用例は「科学・技術例文」に示した。
radical scavenger ラジカルスカベンジャー（遊離基捕捉剤）
radically *adv.* 根本的に　**radically change an existing concept** 既存の概念を激変させる
⇨ 用例はほかに「科学・技術例文」に示した。
radicalism *n.* 過激な考え方、急進主義
radicalize *v.* 過激にする　**a generation of radicalized young people** 過激化した若者世代

科学・技術例文

☐ **He emphasized the need of a *radical* reform in the system.** システムの**抜本的な**改革が必要だと力説した。

☐ **Free *radicals* are chemically unstable and, in living organisms, are known to have toxic effects on cells.** **遊離基**は化学的に不安定で、生体内では細胞に悪影響を及ぼすことがわかっている。

☐ **The current crisis should give us an opportunity to *radically* examine our views on nature.** 現在の危機は、われわれの自然観を**根底から**見直す機会であるべきだ。

range /réɪndʒ/

n. 範囲、限度、期間、到達距離、(数学の) 値域
v. (範囲が) ～に及ぶ、わたる、(一定の範囲内を) 変動する

基本例文

☐ **There remained some ambiguity about the *range* of his authority.** 彼の権限の**範囲**に関してあいまいさが残っていた。

☐ **This organization is pursuing change in areas *ranging* from ecology to public welfare.** この機関が追求するのは、エコロジーから公共の福祉**にいたるまで**の諸領域における変革である。

R

関連語

long-range [short-range] goal 長期 [短期] 目標
intermediate-range ballistic missile (IRBM) 中距離弾道ミサイル
a range of . . . 多様な～ (＝**a variety of**)
Master the idiom of this program because you will use it with *a range of* software.
多様なソフトに用いることになるから、このプログラムで使う言語をマスターしなさい。

科学・技術例文

☐ **This theory in psychology has a wide *range* of application(s).** 心理学のこの理論は応用**範囲**が広い。

☐ **These television monitors *range* in size from 35 inches to 80 inches, measured diagonally.** これらの TV モニターのサイズは画面対角線を測るものだが、ここには 35 インチ**から** 80 インチの**ものまである**。

☐ **Did you know the fact that the rate of vibration of the solid body *ranges* between 20 Hz and 20,000 Hz?** その固体の振動数が 20 ヘルツから 20,000 ヘルツの**範囲**にあることを知っていましたか。

react /riǽkt/

v. 反応する、反発する、反作用を起こす、化学変化を示す
⇨「反応させる（cause to react）」という他動詞の用法もある。

基本例文

☐ **The stock markets *reacted* immediately to the outcome of the election.**
株式市場が選挙の結果にすばやく**反応**した。

☐ **The young artists *reacted* against the government-sponsored exhibition.** 若手の芸術家は官製の展覧会に**反発**した。

☐ **Some people *react* badly to insect bites.** 虫に刺されると、ひどい**症状の出る**人がいる。

☐ **The President at the time *reacted* by declaring an all-out war on terrorism.** 大統領はその時テロとの全面戦争を宣言して**応じ**た。

関連語

reactive *adj.* 化学変化する、反応として動く
　a highly reactive substance 反応しやすい物質
　a reactive policy 対応型の政策（*cf.* **a proactive policy** 主体的な政策）
reactant *n.* 反応物、反応体
reaction *n.* 反応、反動、反落、反響、副作用、相互作用
　action and reaction 作用と反作用　**chain reaction** 連鎖反応
　nuclear reaction 核反応　**polymerase chain reaction**（**PCR**）ポリメラーゼ連鎖反応
　cross-coupling reaction クロスカップリング反応
　⇨ 用例はほかに「科学・技術例文」に示した。
reactor *n.*（陽性）反応を示す生体、反発する人、反応装置、原子炉（＝**nuclear reactor**）
counteract *v.* 反対に作用する、中和する
　There is no antidote to *counteract* this poison. この毒には解毒剤（＝毒の**作用を消す**薬剤）がない。
interact *v.* 相互に作用する
　Atoms *interact* with each other to form molecules. 原子の**相互作用**から分子が生じる。

科学・技術例文

☐ **Hydrogen and oxygen *react* with each other to form water.** 水素と酸素が**反応**して水が発生する。

☐ **When an acid and an alkali *react* together, they neutralize each other to make salt and water.** 酸とアルカリが**反応する**と、中和して塩と水ができる。

☐ **Around 1940, scientists began to see that it was possible to produce a nuclear chain *reaction*.** 1940年頃には、核の連鎖**反応**を起こせることがわかってきた。

R

DOWNLOAD 190

reduce /rɪd(j)ú:s | -djú:s/

v. (数・量を) 減らす、(濃度を) 薄める、(価値・数値を) 下げる、(ある状態に) 陥らせる、(状態などを) 変える、弱める

⇨「濃度を薄める」のとは逆に「煮詰める」という意味もある。化学では「還元 (脱酸素) する」、数学では「約分する」「通分する」「換算する」、医学では「整復する」。成り立ちは「re- (後方へ、再び)」+「導く、もたらす (lead, bring)」［*cf.* produce =「pro- (前方へ)」+「導く、もたらす」］。-duct を含む conduct, deduct, product などといった語と類縁性がある。 ⇨ DEDUCT, INDUCE

R

基本例文

☐ **The editor *reduced* the sentence from 50 to 30 words.** 編集者が 50 語の文を 30 語に**切り詰めた**。

☐ **The cost of production has been considerably *reduced* by ［with］ automation.** 生産コストはオートメ化によってかなり**下がった**。

☐ **They will *reduce* the price further for large orders.** 大きな注文を出せば、もっと値**引き**するだろう。

☐ **This issue can be *reduced* to a few simple points.** この問題は、突き詰めれば、いくつかの要点に**まとめられる**。

☐ **Some psychologists attempt to *reduce* the complexity of human behavior to mere stimulus and response.** 複雑な人間行動を単なる刺激と反応に**還元し**ようとする心理学者もいる。

☐ **If the original drawings are *reduced* in size, extensive paper savings will occur.** 原図を**縮小すれ**ば、大量の紙を節約できる。

☐ **Mitigating circumstances *reduced* the sentence from 5 to 3 years.** 情状酌量の余地があって、5 年から 3 年に**減刑**された。

☐ **After the tornado passed through the town, more than half of the houses were nearly *reduced* to rubble.** 竜巻が通りすぎた町で、半数以上の家が瓦礫も同然に**なっていた**。

関連語

reduce a fraction 分数を約分する　**reduce an equation** 方程式を解く

reduced *adj.* 減らした、還元した

reduced pressure 減圧　**reduced ascorbic acid** 還元型アスコルビン酸

reduction *n.* 減少、縮小、削減

a reduction in salary of 5% 5% の減給　**reduction potential** 還元電位

reduction division【生物】減数分裂 (= **meiosis**)［meiosis の語源は、「減らす (reduce, lessen)」を意味するギリシャ語の動詞］

⇨ 用例はほかに「科学・技術例文」に示した。

reducible *adj.* 縮小できる　**a reducible fraction** 約分できる分数
reduction agent【化学】還元剤（＝**reducer**）
reductase *n.* 還元酵素、リダクターゼ　⇔ **oxidase** 酸化酵素、オキシダーゼ

科学・技術例文

☐ **The substance is believed to *reduce* the absorption of fat.** その物質は脂肪の吸収を**減少させる**と信じられている。

☐ **The waste from the laboratory should be *reduced* by 20% in volume and by 10 to 15% in weight.** 実験室から出る廃棄物を、体積で20%、重量で10～15% は**減らし**たいものだ。

☐ **All modern cars are aerodynamically designed to *reduce* air resistance.** いまの自動車は、空気力学に基づいて設計され、空気抵抗を**減らしている**。

☐ **I *reduced* the proof of the solution from 25 to 19.** 溶液のアルコール濃度を25から19プルーフに**薄めた**。

☐ ***Reduce* 3/7 and 4/5 to a common denominator.** 3/7 と 4/5 を**通分**しなさい。

☐ **At high speed the diesel engine's fuel advantages are greatly *reduced*.** 高速域においては、ディーゼルエンジンの燃費面の強みがほとんど**生きない**。

☐ **The new product, which is fully *reduced*, is free from defects associated with hydrogen.** 新製品は完全に**脱酸素され**ているので、水素が原因の欠陥とは無縁である。

☐ **The group of researchers unanimously called for a *reduction* in the time teenagers spend playing violent video games.** 研究グループは、一致した見解として、ティーンエージャーが暴力性のあるテレビゲームで遊ぶ時間を**減らす**べきだと提唱した。

R

reference /réf(ə)rəns/

n. (書物や文書などへの) 参照、言及、関係〔to〕、参考書 (reference book)、参照文献 (箇所)、引用文 (箇所)、照会、問合わせ〔to〕、(前歴・身元などの) 証明書、推薦状、照会先、身元保証人

adj. [限定的] 参考の

v. (文献、データなどを) 参照する

基本例文

- ☐ ***Reference*** **was made to the event in *The Times*.** タイムズ紙はその事件に**論及**した。
- ☐ ***Reference*** **[A *reference*] to a dictionary would have enlightened him.** 辞書を**引く**だけで、すっきり解決しただろうに。
- ☐ **This section is not *referenced* in the main body of the text.** この節はテキスト本文中からは**参照されて**いない。
- ☐ **He made no *reference* to the plan in his paper.** 彼の論文はその計画のことに全然**触れて**いなかった。
- ☐ **He came to me with excellent *references*.** 彼は立派な**人物証明書**を何枚も持って来た。

関連語

reference machine 基準となる機種、レファレンスマシン (ソフトウェアなどの動作確認をする際に基準とする機種)
reference model 基準参照モデル　**reference room** 参考図書室、資料室
reference standard 標準品、標準試料　**reference value** 基準値
reference on margin 欄外引照　**reference to sources** 出典の参照
reference to footnotes 脚注への参照　**for reference** 参考のために
cross-reference *n.* (同一書中の) 相互参照、印照　**point of reference** 評価 (判断) の基準
technical reference manual 技術便覧、テクニカルレファレンスマニュアル

科学・技術例文

- ☐ **The parts of a machine all have *reference* to each other.** 一つの機械の各部分はたがいに**関連して**いる。
- ☐ **The *referenced* image does not exist.** **参照されて**いる画像は存在しない。
- ☐ **A specific element of an array can be *referenced* by two numbers.** 配列の特定の要素は二つの数字によって**参照される**。
- ☐ **A virtual device is a device that can be *referenced* by the system but that does not physically exist.** バーチャルデバイスとはシステムが**指定して利用する**ことはできるが物理的には存在しないデバイスのことである。

refine /rɪfáɪn/

v. 不純物を除く、（金属を）精錬する、改良する、洗練させる

⇨「終わる、終わり（finish）」に由来する -fine に、反復・強調を表わす re- がついて、手を入れる余地がないほど「細かく仕上げる」「完成させる」という意味になった。

R

基本例文

☐ **All the natural flavors are *refined* out of white sugar.** 白砂糖からは天然の風味がすべて**取り除かれ**ている。

☐ ***Refining* iron ore into steel involves many complicated processes.** 鉄鉱石から鋼鉄への**精錬**には、多くの複雑な処理が必要とされる。

☐ **This course will help you *refine* your writing skills.** この授業は、書く技術を**向上させる**一助になるだろう。

関連語

refined *adj.* 精製した、洗練された、精密な　**refined oil** [**sugar**] 精製油［糖］

Theories of orogenesis are now greatly *refined*. （地学の）造山運動の理論は今日きわめて**精密だ**。

refinement *n.* 精製、精錬、洗練

This violinist pursued his art to its utmost *refinement*. このバイオリニストはもっとも**細かなところ**まで演奏技巧を追求した。

refinery *n.* 精錬所、製油所

New technology has reduced the cost for cane treatment in the sugar *refinery*. 新技術のおかげで**精糖所**ではサトウキビの処理費用が削減された。

electrorefine *v.* 電解精錬を行なう　**electrorefinery** *n.* 電解精錬

***Electrorefining* is used to raise the purity of copper to more than 99.99%.** **電解精錬**を利用して、銅の純度を 99.99% よりも高いレベルまで引き上げる。

fine *adj.*（金属の）純度が高い、純度（**f., F.**）　**vessels of fine copper** 純銅の器

gold 18 carats fine 18 金

科学・技術例文

☐ **Metallurgical grade silicon is further *refined* to achieve the high purity required by the semiconductor industry.** 金属級のシリコンは、半導体産業が求める高い純度に達するようさらに**不純物を除去**される。

☐ **Today's cutting-edge hybrid cars are based on highly *refined* energy-saving technologies utilizing electric motors in conjunction with a gasoline engine.** 今日最先端にあるハイブリッド車は、電気モーターとガソリンエンジンとを連携させて利用するきわめて**進んだ**省エネ技術を基盤としている。

reflect /rɪflékt/

v. 反射（反響）する、映す、投影する、熟考（熟慮）する〔on〕

⇨「折り返す、（方向を）そらす」という原義から、鏡や水面が映像を「投げ返す」、心の中で「思い返す」、評判として「はね返す」。また反映や思慮の結果を「見せる、声に出す」。動詞の「折る、曲げる」に由来する flexible とは類縁関係にある。

基本例文

☐ **The placid lake *reflected* the white clouds.** 静かな湖面が白雲を**映してい**た。

☐ **The language of a nation *reflects* the characteristics of its people.** 一国の言語はその国民の特性を**反映する**。

☐ **I must *reflect* on what she said.** 彼女の言ったことを**考えてみ**なければならない。

関連語

reflected binary【情報通信】交番二進　**reflected resistance** 反射抵抗
reflecting microscope 反射顕微鏡　**reflecting telescope** 反射望遠鏡（= **reflector**）
reflectance *n.* 反射率、反射係数（= **reflectivity, reflection coefficient, reflection factor**）
reflection *n.* 反射、鏡映、反映、熟考
　reflection angle 反射角　**reflection diffraction** 反射回折
　reflection high-energy electron diffraction（**RHEED**）反射高速電子線回折
　specular reflection 鏡面反射 ⇔ **diffuse reflection** 拡散反射
　⇨ 用例はほかに「科学・技術例文」に示した。
reflective *adj.* 反射する、反省する　**reflective insulation** 反射断熱材
reflectometer *n.* 反射（率）計
reflector *n.* 反射器、反射電極（= **repeller**）、反射体、反射望遠鏡（= **reflecting telescope**）
reflex *adj., n.* 反射作用の、反射　**reflex angle** 反射角、優角（= **major angle, superior angle**）
reflect on（ある評判として）反映される、影響を及ぼす
　This scandal *reflects* badly *on* all of us. このスキャンダルで、全員の面目が丸つぶれだ（＝全員の評判に悪い方向に**影響を及ぼす**）。

科学・技術例文

☐ **When light *reflects* off a surface, the angle of incidence and the angle of *reflection* are the same.** 光が表面から**反射する**時、入射角と**反射**角とは等しい。

☐ **Some surfaces *reflect* only a part of the incident light, and absorb the rest.** 入射光の一部のみを**反射し**、残りを吸収してしまう表面もある。

☐ **What we call moonshine is a *reflection* of the light of the sun.** 月光と呼ばれているものは太陽光の**反射**である。

regulate /régjʊlèɪt/

v. 規制する、調整する

⇨ ルールに則って、また（機械や人体の）機能を保つように管理する、という意味。

基本例文

☐ **It's the parents' job to *regulate* what their children watch on TV.** 子供が見るテレビ番組を**管理する**のは親の役目だ。

☐ **Some people are better able to *regulate* negative emotion than others.** ネガティブな感情を**抑える**能力には個人差がある。

☐ **Actually, there is not much you can do to *regulate* advertising on the Internet.** インターネットの広告**規制**は、まず無理というのが実情だ。

関連語

regulatory *adj.* 規制力のある、調節性の、制御的な

regulatory agency 監督官庁

regulatory T-cell 制御性 T 細胞

It takes time to obtain *regulatory* approval to market a new drug. **規制**当局から新薬の販売許可を得るには時間がかかる。

regulation *n.* 規則、規制

To stay in business, you have to comply with environmental *regulations*. 事業をつづけるなら、環境**法規**を順守しなければならない。

regulator *n.* 監督者、監督機関、調整装置

regulator gene 調節遺伝子

self-regulation *n.* 自己規制

self-regulating *adj.* 自動制御の

科学・技術例文

☐ **The use of animals for experimental purposes has been tightly *regulated*.** 実験動物の使用には厳しい**基準がある**。

☐ **Maintain a regular schedule, and it will help *regulate* your body clock.** 生活習慣を保てば、体内時計が**整ってくる**。

☐ **The hypothalamus in the brain acts as a thermostat to *regulate* body temperature, activating physical responses to cool or warm the body.** 脳の視床下部はサーモスタットのような働きをして、体を冷やしたり温めたりする反応を促し、体温を**調節する**。

☐ **This valve is designed to automatically *regulate* the flow of compressed air into or out of the cylinder.** このバルブはシリンダーに出入りする圧縮空気の流れを自動**調整する**ようにできている。

relation /rɪléɪʃən/

n. 関係、間柄、利害関係、交際、親類、物語ること

基本例文

☐ **The *relations* between the two countries have become rather strained.**
二国間の**関係**がかなり緊張してきた。

☐ **Diet has a close *relation* to health.** 食事は健康と密接に**関係**している。

☐ **Are you any *relation* to her?** あなたは彼女と**親戚**ですか。

関連語

in relation to . . . 〜に関して、〜と比較して
binary relation 【数学】二項関係
relate *v.* 関係がある、関係づける、物語る
We cannot *relate* these events to/with any particular cause. これらの出来事を特定の原因に**関連づける**ことはできない。
⇨ 用例はほかに「科学・技術例文」に示した。
relative *adj.* 相対的な、関連した、相互の　*n.* 親族、同類の動植物
relative risk 相対リスク
***Relative* humidity is the ratio of the amount of water vapor in the air to the maximum amount that the air could hold at that temperature, usually expressed in percent.** **相対**湿度とは、空気中に含まれる水蒸気の量と、その温度の空気が含むことのできる水蒸気の最大量との比率で、通常はパーセントで表わされる。
relativity *n.* 相対性、相対性理論
the general［special］theory of relativity 一般［特殊］相対性理論
⇨ 用例はほかに「科学・技術例文」に示した。

科学・技術例文

☐ **This article aims to illustrate that there is no *relation* between birth order and intelligence and that factors *relating* to family size should be given more attention.** この論文は、兄弟の誕生の順番と知能とのあいだには何の**関連**もなく、家族の大きさに**関する**要因にもっと注意を向けるべきだということを示そうとするものである。

☐ **The researchers will conduct several experiments to see whether animals were able to infer the *relation* between cause and effect in the same way as humans do.** 研究者たちは、動物が人間と同じように因果**関係**を推察することができるかどうか調べるため、いくつかの実験を行なう予定である。

☐ **He has decided to write a dissertation on the theory of *relativity* and four-dimensional space-time.** **相対性**理論と四次元時空についての論文を書くことに決めた。

release /rılíːs/

v. 解放する、解除する、(情報などを) 公開する、(ガスなどを) 放出する
n. 解放、解除、公開、放出

⇨ 原義は「緩める」こと。そこから意味が分かれて、束縛からの「解放」にも、仕事からの「解雇」にも、権利の「放棄」にもなる。また、力を制御する「装置」、映画の「封切り」、商品の「発売」など。

基本例文

☐ **The little girl *released* a balloon into the sky.** 女の子が風船を空に**飛ばし**た。

☐ **The new album will be *released* next month.** 新しいアルバムは来月に**出る**。

☐ **They were eagerly waiting for the *release* of the next book in the series.** 続刊の**発売**を、いまかいまかと待っていた。

[類語情報]
release は、つかまえていた力を緩めて、放す (逃がす、行かせる) という意味合い。**discharge** は、たとえば「放電」のように、内部のエネルギー (また圧力、荷重など) を外へ出すことで、「放逐、発射」のように強制的な力を感じさせることも多い。**emit** は、ガスや光などを空中に発散する、また音声を発する。 ⇨ DISCHARGE, EMIT

関連語
press/news release プレスリリース、記者発表 (また、その時の資料)
on (general) release (映画が) 一般公開されている
re-lease *n., v.* (再びリースする ⇨) 転貸 (する) [土地・家屋について言う]
re-release *n., v.* (再びリリースする ⇨) 再発売 (する)、再公開 (する)

科学・技術例文

☐ **Human bodies *release* heat into the atmosphere.** 人体は大気中に熱を**放出する**。

☐ **All factories should take utmost care not to *release* environment-damaging chemicals into the rivers and oceans.** あらゆる工場が、環境に害のある化学物質を川や海に**流さ**ないように、最大限の注意を払うべきだ。

☐ **Sustained-*release* drugs, also called timed-*release* drugs, are designed to gradually *release* ingredients over a period of time, producing a sustained effect.** 徐**放性**、持続性などと呼ばれる薬剤は、少しずつ時間をかけて成分を**放出し**、効果を長つづきさせるようにできている。

☐ **This brake is of the type that is electrically *released* and mechanically applied.** このブレーキは、電気的に**解除**して、機械的にセットする方式だ。

renew /rɪn(j)úː | -njúː/

v. 更新する、一新する、回復する、再生する

⇨ 古くなったり傷んだりしたものを新しいものに交換する、新品同様にする、というのが基本的な意味。

基本例文

☐ **I *renewed* my subscription to *Nature* two days ago.** 二日前に『ネイチャー』誌の定期購読（契約）を**更新した**。

☐ **The trip provided an opportunity to *renew* my acquaintance with several old friends.** 旅行のおかげで、友人たちと**旧交を温める**機会に恵まれた。

☐ **There are signs of *renewed* activity in the oil market.** 石油市場に**新たに**活況の兆しが見える。

関連語

renewal *n.* 再開、復活、更新

urban renewal project 都市再開発プロジェクト

self-renewal ability（幹細胞の）自己複製能

She felt the *renewal* of courage. 勇気が**よみがえる**のを感じた。

The lease comes up for *renewal* at the end of the month. 月末に賃貸契約の**更新**時期を迎えます。

renewable *adj.* 更新（再生）できる

sustained economic growth driven by cheap, renewable energy 安価で再生可能なエネルギーによる持続的経済成長

科学・技術例文

☐ **We have to *renew* laboratory equipment periodically.** 実験設備は定期的に**更新し**なくてはならない。

☐ **A tropical rain forest, once destroyed, cannot *renew* itself.** 熱帯雨林は一度破壊されると**再生し**ない。

☐ **Diaphragms must be *renewed* unless impurities are sufficiently purified.** 不純物が十分に浄化されなければ、隔膜を**交換する**必要がある。

☐ **There is sure to be some *renewed*, excited debate about the unrealistic plan to reduce CO_2.** 非現実的な CO_2 削減計画に関して、激しい論議が**蒸し返される**に違いない。

R

DOWNLOAD 198

resist /rɪzíst/

v. 抵抗する、〜に耐える、反対行動をとる

基本例文

☐ **He didn't *resist* when he was arrested.** 逮捕時には**抵抗**しなかった。

☐ **The tabletop is made of hard plastic that can *resist* heat.** 天板は**耐熱性**のある硬いプラスチック素材でできている。

☐ **I bought this useless thing, because it was offered at a price no one could *resist*.** 使い道はないけれど、値段に釣られて買ってしまった（＝**買わずにいられない**ほどの安値だった）。

R

関連語

resistor *n.* 抵抗器
resistance *n.* 抵抗（電気抵抗を明確に表わすには **electrical resistance**）
passive resistance 消極的（受動的）抵抗［非暴力・非協力の抵抗運動のこと］
⇨ 用例はほかに「科学・技術例文」に示した。
resistivity *n.* 抵抗率、比抵抗（単位長さ・単位断面積あたりの抵抗＝**specific electrical resistance**）［比抵抗の逆数を電気伝導率 **electrical conductivity** という］
resistant *adj.* 抵抗する、抵抗力（耐性）のある
microbes resistant to antibiotics 抗生物質に耐性のできた病原体
fire-resistant *adj.* 耐火性の、火の作用を受けにくい *cf.* **fireproof** 難燃性（不燃性）の
⇨ 用例はほかに「科学・技術例文」に示した。
irresistible *adj.* 抵抗できないほどの
irresistibly *adv.* 抵抗できないほど
They found themselves *irresistibly* drawn to each other. どうしようもなく惹かれ合った。

科学・技術例文

☐ **A very low *resistance* to electric current makes a material a conductor, while a very high *resistance* makes it an insulator.** 電流への**抵抗**が低い素材は導体で、高ければ絶縁体である。

☐ **These chemicals are known to improve the steel's *resistance* to corrosion.** こういう化学物質はスチールを錆び**にくくすること**が知られている。

☐ **Drag, or air *resistance*, is the force of air that pushes against a fast-moving body, acting to slow down its speed.** ドラッグとは空気**抵抗**のことで、高速で動く物体を押し戻すように作用し、速度を落とさせる。

☐ **Cases of person-to-person transmission of Tamiflu-*resistant* swine flu began to be reported.** タミフルの**効かない**豚インフルエンザが人から人に感染したという報告が出てきた。

resolve /rɪzá(ː)lv | -zɔ́lv/

v. 解決する、決心する、議決する、解像する、（化合物を構成要素に）分解する、分散（消散）させる
n. 意志の固さ

基本例文

☐ **I *resolved* to give up smoking.** たばこをやめようと**決心した**。

☐ **The committee *resolved* that the measure should be authorized.** 委員会はその措置を認可するものと**議決した**。

☐ **They failed yet again in their attempt to *resolve* the long-standing dispute.** 年来の争点を**解決する**ことに、またしても失敗した。

関連語

resolvable *adj.* 解決可能な
⇨ 用例は「科学・技術例文」に示した。
resolvent *adj.* 解決（溶解）をもたらす
n. 解決になるもの、溶剤、消散剤、【数学】解核（レゾルベント＝**resolvent kernel**）
resolution *n.* 解決、決意、決議、分解（能）、解像（度）、（物語の）結末、（炎症、腫れものの）消散
resolution of a chemical compound into its elements 化合物の元素への分解
⇨ 用例はほかに「科学・技術例文」に示した。
resolute *adj.* 意志の固い、毅然とした

科学・技術例文

☐ **Blood first coagulates and then *resolves*.** 血液は、まず凝固して、それから**分解する**。

☐ **Water is *resolved* [*resolvable*] into oxygen and hydrogen.** 水は酸素と水素に**分解される**。

☐ **The matter *resolves* itself into three elements.** その物質はおのずと**分解して**3つの元素となる。

☐ **The DNS server *resolves* the host name to its IP address by looking at its DNS table.** DNSサーバーがDNSテーブルを参照してホスト名を**解読し**、IPアドレスに変換する。

☐ **The telescope *resolves* a nebula into stars.** 望遠鏡で見ると星雲は星群に**分かれて見える**。

☐ **This laptop can support an external display with a *resolution* of 1,920 × 1,080, which means 1,080 horizontal lines of 1,920 pixels running across.** このノートパソコンは1,920×1,080、つまり1,920個の画素が水平方向に走っている線が縦に1,080本並んでいる**解像度**の外部ディスプレーをサポートする。

respond /rɪspɑ́(:)nd | -spɔ́nd/

v. 応答する、対応する、反応する

⇨ 相手からの働きかけに対して言葉や動作で反応することをいう。元来は、「約束・誓いを返す」という意味だった。

基本例文

☐ **He *responded* briefly to my question.** 私の問いに簡潔に**答えた**。

☐ **We are *responding* excellently to the increasing demand for the product.** その商品への高まる需要に抜かりなく**対応している**。

☐ **The patient is *responding* well to treatment.** その患者は治療に**反応**して快方に向かっている。

関連語

response *n.* 応答、反応

My automatic *response* was to look away. 私は**反射**的に目をそらした。

⇨ 用例はほかに「科学・技術例文」に示した。

responsive *adj.* すぐ反応する、敏感な

Statesmen are acutely *responsive* to opinion polls. 政治家は世論調査に**敏感に**反応する。

respondent *adj.* ～に応じる、反応する〔to〕　*n.*（調査などの）回答者

The pupil of the patient's eye was not *respondent* to light. 患者の眼の瞳は光に**反応し**なかった。

responsible *adj.* 責任がある、～の原因となる〔for〕

Both parents are equally *responsible* for their child's behavior. 両親は子供の行動に関して等しく**責任がある**。

Cigarette smoking is *responsible* for at least 80% of lung cancer. 紙巻きたばこは肺癌の**原因の**少なくとも８割を占めている。

correspond *v.* 一致する、対応する、通信する

科学・技術例文

☐ **Fish sense and *respond* to changes in weather as quickly as plants and land animals do.** 植物や陸生動物と同じように魚も、天気の変化をすばやく感じとって**対応する**。

☐ **If the firewall is not properly configured, hackers can send signals to scan how the system *responds*.** ファイアウォールが適切に設定されていないと、ハッカーが信号を送り込み、システムの**反応**を調べることができる。

☐ **Some scientists argue that plants have evolved in *response* to lightning-induced fires and developed different strategies to protect themselves from burning.** 植物は雷が引き起こす火災に**対応**して進化し、燃えないよう自衛するためにさまざまな戦略を発達させてきた、と主張する科学者たちがいる。

result /rɪzʌ́lt/

v. 結果となる、結果として生じる
n. 結果、(所期の) 成果、成績

基本例文

☐ **The war *resulted* from a mistaken policy.** 戦争は誤った政策**から起**こった。

☐ **His work has *resulted* in a large profit.** 彼の仕事は大もうけ**に終わ**った。

☐ **Every time I add these numbers, I get a different *result*.** この数字を足してみるたびに毎回**答え**が違ってしまう。

☐ **As a *result* of the President's careless statement, the stock market fell five percent.** 大統領の不用意な発言の**結果**、株式相場は5パーセント下落した。

関連語

resultant *adj.* 結果として生ずる、合成的な
n. 合力、終結式
resultant force【物理】合力
end result 最終結果
as a result 結果として

科学・技術例文

☐ **Greater sampling frequency *results* in better resolution.** サンプリング周波数が大きければ解像度もよく**なる**。

☐ **The search *results* are ranked according to their relevance.** 検索**結果**は重要性（関連性）に従って順位付けされる。

☐ **The *results* of these experiments support our hypothesis.** これらの実験**結果**は我々の仮説の正しさを裏付ける。

☐ **The *result* was computed to two decimal places.** **結果**は小数第2位まで計算された。

☐ **The *result* of the experiment has not been conclusive, so we need to set up a new experiment.** 実験**結果**が決定的ではないので、新たな実験を準備する必要がある。

☐ **It is reported that a new medication shows positive test *results*.** 新薬が肯定的な**結果**を出していると報告されている。

☐ **The increase of the control gain *resulted* in instability of the system.** 制御ゲインの上昇は、システムの不安定化を**もたらし**た。

retrieve /rɪtríːv/

v. 取り戻す、復旧する、埋めあわせる、思い出す、（コンピュータで情報を）検索する

⇨（テニスなどで）むずかしいボールをうまく返す、という意味もある。「猟犬が撃った獲物を捜して持ってくる」というのが原義。犬のレトリーバー（retriever）は獲物の回収が巧みな犬種。

n. 回復、回収

基本例文

☐ **I *retrieved* my umbrella from the lost-and-found.** 傘を遺失物取扱所から**取ってきた**。

☐ **She wanted to *retrieve* him from ruin.** 女は男を破滅から**救い出し**たかった。

☐ **They tried frantically to *retrieve* the situation.** 死に物狂いで事態の**収拾**に努めた。

☐ **The new system can *retrieve* data much faster.** 新しいシステムはデータをいっそう速く**引き出せる**。

関連語

retrieval *n.* 回復、修繕、償い、（情報の）検索

They finally finished the *retrieval* of plane wreckage. 飛行機の残骸の**回収**がついに終了した。

beyond retrieval 回復の見込みがない

By the time I arrived there, the whole situation was *beyond retrieval*. 私がそこに着いた時には、すべてが**収拾不可能**な状態だった。

⇨ 用例はほかに「科学・技術例文」に示した。

retrievable *adj.* 取り戻せる、取り返しのつく、回復できる（⇔ **irretrievable**）

科学・技術例文

☐ **We still do not know whether we can *retrieve* the satellite safely when its mission in space is over.** 宇宙でのミッションが終わった時に無事に衛星を**回収**できるかどうか、われわれにはまだわからない。

☐ **If the answering machine recognizes the access code, it will allow you to *retrieve* messages, delete messages, and turn the machine on or off.** 留守番電話がアクセスコードを認識すると、メッセージを**聞いたり**、消去したり、留守番電話をオン・オフしたりすることができるようになる。

☐ **They worked hard to figure out a quick and accurate method of information *retrieval*.** 迅速で正確な情報**検索**方法を考案しようと懸命に働いた。

reverse /rɪvə́ːs | -vəːs/

adj. 逆の、裏の
n. 逆、裏側、逆行
v. 逆になる、逆進（逆回転）させる

基本例文

☐ **Look at the *reverse* side of the opposite page.** 反対側ページの**裏**面を見なさい。

☐ **When the car got stuck in the mud, I didn't know whether I should put it in *reverse* or keep it in drive.** 車がぬかるみで立ち往生して、**バック**させようか前進のままにするか迷った。

☐ **The city's population began to decline, *reversing* the trend of previous years.** 従来の傾向とは**逆に**、町の人口が減り始めた。

☐ **Several local governments angrily demanded that the central government *reverse* its decision.** いくつかの自治体が、政府は決定を**覆す**べきだという怒りの要求を発した。

関連語

reverse light 後退灯（= **backup light, backing light**）
reverse psychology 逆心理（わざと反対のことを言って相手を操縦しようとする心理作戦）
reverse transcription 逆転写（RNA を鋳型に DNA を合成する）
reverse mutation 復帰（突然）変異
reverse-engineer *v.* リバースエンジニアリングをする（既存の製品を解析して、模倣品ないし改良品を作ろうとする）
reversal *n.* 反対にする（なる）こと
role reversal（= **reversal of roles**）役割の転換
reversal of fortune 運命の逆転

科学・技術例文

☐ **The Earth has *reversed* its magnetic field many times, the last being 780,000 years ago.** 地球は何度も磁場を**反転させ**てきた。最近の例は78万年前である。

☐ **One way of producing pure water is *reverse* osmosis, which involves applying pressure to saline or impure water to force it through a semipermeable membrane that does not allow salts or impurities to pass.** 真水を得る方法に**逆**浸透がある。これは塩水（または不純物を含む水）に圧力をかけ、塩類や不純物を通さない半透膜を強制的に通過させる方法である。

revise /rɪváɪz/

v.（意見や計画を）変える、修正する、改訂する

⇨ 原義は「見直す」「再び見る」（⇨ PROVIDE, SURVEY）。生物学では「分類し直す」。

基本例文

☐ **The government may need to *revise* its policy in the light of this report.**
政府は、この報告書を考慮に入れて政策を**見直さ**なくてはならないかもしれない。

☐ **The completely *revised* and enlarged third edition is a great improvement on [over] the second.** 全面**改訂**した増補第三版は第二版よりも格段によくなっている。

☐ **You should *revise* your outdated criterion to meet modern conditions.**
時代遅れの評価基準は現代の実情にあわせて**改める**べきです。

関連語

revision *n.* 修正、改訂

The plan underwent seven major *revisions*. 計画は7ヵ所に及ぶ大きな**修正**がほどこされた。

Thoroughgoing *revision* of this theory is absolutely necessary. この学説には徹底的な**修正**が絶対に必要だ。

revisionism *n.* 修正主義［正統派の路線から外れるものとして、批判的な文脈で使われることが多い］

科学・技術例文

☐ **The Atomic Energy Act was enacted in 1946 and then *revised* in 1954.**
原子力エネルギー法は1946年に制定され、1954年に**改正**された。

☐ **Equipment and procedures must be *revised* to stay current with the latest technology.** 最新のテクノロジーに遅れないように、機器や方法を**改訂**（**修正**）しなくてはならない。

☐ **The author has *revised* the book so as to bring it into accordance with recent advances in the field.** 著者はその分野における最近の進歩にあわせて著書を**改訂**した。

☐ **In the middle of the year, the researchers had no choice but to *revise* CO_2 reduction projections downward from 3.7 to 2.1 percent.** その年の半ばになって、研究者はCO_2削減予測を3.7%から2.1%に下方**修正せ**ざるをえなかった。

R

科学技術創成研究院の英語
Institute of Innovative Research

■科学技術分野に必要な英語力と学習法

「ノーベル賞受賞者との議論に必要な英会話力」 私が修士を取得して間もなくのこと、米国で開催された信号処理の国際会議で発表する機会を得ました。私にとって最初の海外での発表でした。本会議では、ノーベル物理学賞受賞のベル研究所 Arno Penzias 博士が基調講演を行いました。講演後、同博士に直接質問したい人たちが群がり、私もその中にいましたが、とても皆の議論に割り込んでいく英会話力はなく、議論に参加することはできませんでした。その時は大変悔しい思いをしましたが、英会話力さえあればノーベル賞受賞者とも直接議論できることを知った、貴重な経験となりました。

それをきっかけに私は、普段から常に英語に触れる生活を心がけました。ニュース記事は英字新聞で読み、ラジオや映画は英語で聴き、研究ノートは英語で書きました。外国人講師による英会話コースにも参加しました。英語の読み書きは、記憶力と左脳の論理思考で行えますが、聞く（特に聴く）、話す能力は、言わば身体能力に近く、右脳で直感的に身に付ける必要があり、毎日鍛錬することが必要です。

「渡米のきっかけとなった国際会議」 博士号を取得する少し前のこと、米国で開催された国際会議で研究成果を発表しました。セッションの間にあるコーヒーブレイクで、医療 AI 分野で当時世界一と言われていた米国シカゴ大学の研究所の所長に自身の研究について話し、議論を交わしました。話の終わりに所長から、同研究所で研究員を募集していることを伝えられました。その半年後に渡米し、シカゴ大学で長年研究することとなりました。このように、世界を舞台に仕事をするきっかけを得るためにも、英語が大きな役割を果たします。その後私は同大学で助教授となりましたが、その後間もなくのこと、経済学部の Roger Myerson 教授がノーベル経済学賞を受賞しました。教員専用のクラブで受賞祝賀会が行われた際、私は同じ大学の教員として Myerson 教授に話しかけることができました。

■AI 分野の発表と論文執筆

「先端研究を知る」 研究とは、これまでの知見や研究成果を更に進歩させることですから、最先端の研究を知ることが研究の第一歩となります。standing on the shoulders of giants、万有引力を発見した英国の科学者、Isaac Newton が使った言葉で、新しい発見、研究の進歩は、先人が積み重ねた研究や発見の上に成り立つことを比喩的に表現しています。AI 研究は北米が進んでおり、スタンフォード大学、マサチューセッツ工科大学、カリフォルニア大学バークレイ校やロサンゼルス校などの北米の一流大学や GAFAM（米国の巨大 IT 企業 5 社 Google, Apple, Facebook, Amazon, Microsoft を指す）の AI 研究者が、研究仲間であり競争相手でもあります。最先端の研究を記載した英語の論文を読む、国際会議で英語の発表を聴くことが、一流の AI 研究を行う第一歩となります。

「研究成果を発表する」 国際会議は、最新の研究成果をいち早く世界の研究者に伝える場です。世界初の手法や誰も到達していない研究成果をわかりやすく正確に説明し、世界中の人に伝える英語力が必要です。研究成果が新しいほど理解してもらうのはむずかしく、今までの常識を覆せば覆すほど研究者の興味を惹き、人々の疑問、質問が増えます。2013 年頃から始まった第 3 次 AI ブームのきっかけとなったディープラーニング（深層学習）と同様の手法を、私は 2002 年から医用画像工学分野で発表してきました。15 分の発表、5 分の質疑に対し、10 分の質問をいただきましたし、セッション後も、その分野の一流の研究者や重鎮に囲まれ、1 時間も議論することがしばしばありました。これらの研究者に納得してもらえる説明をするには、幅広く深い知識に基づいた英語表現が必要となります。常日頃から、同分野の論文をたくさん読み、同分野の研究者と議論することが重要です。一流の研究者の間で使われる grandmother test という言葉があります。これは、自分の祖母にでもわかるように説明するということですが、むずかしい研究をその本質を変えずに分かりやすく正確に説明することは、研究者に必須の素養と言えます。

一つの研究が完成すると、一流の国際論文誌（ジャーナル）への掲載を目指して論文を書きます。米国シカゴ大学は世界ランキング 10 位程度の大学ですが、ここでは、二流のジャーナルに論文を発表するぐらいなら発表しない方がましだ、なぜならそれは研究者としての reputation（名声）を傷つけるからだ、という言葉をよく耳にしました。日本有数の研究大学としての使命を負っている本学も同様です。一流のジャーナルに論文を掲載させるためには、厳しい審査を通過せねばなりません。書く英語として高いレベルの英語が必要となりますし、論文の査読者を納得させるだけの論理的な筆記能力が必要です。

■私の研究と英語との関係

「国際コミュニティへの参加」　私はAI分野のいくつかの国際ジャーナルの編集長、国際会議の大会長を務めています。編集長は、編集委員を決め、論文の査読と評価のプロセスを行い、採録を決定します。大会長はプログラム委員長・委員、基調講演者などを決め、国際会議を企画、運営します。このため、日常的に委員の先生と電子メールでやり取りし、ミーティングをします。日本は科学技術立国であり、科学技術分野での世界のリーダーの一つです。日本がこうあり続けるためには、国際的なコミュニティにおける日本の大学と企業、その中の研究者と技術者のプレゼンス（存在感）と活躍が重要であり、日常的な英語の読み書き、英会話が必須です。

2018年、ディープラーニングによるAIが第4次産業革命を起こすと言われ始めた頃、オバマ元大統領の科学技術補佐室長だった方からメールをもらいました。米国下院でAI関連の法案を策定するので、その円卓会議にAIの専門家として招待したい、というものでした。その会議では、AI時代において、米国の産業や労働者をどのように育て、発展させ、そして守るかを議論しました。このように、専門知識を英語で議論できれば、米国の法律作りにも意見をすることができます。その後、私は本学へ移籍したため、この話の続きはありませんが、本書の読者である皆さまが、自身の専門分野で世界的に認められ、英語で議論できれば、ホワイトハウスで米国大統領に科学技術を助言する立場にもなりうるものと思います。

「グローバル化と英語」　今日のようなグローバルな社会において、英語で物怖じなくコミュニケーションがとれる学生、技術者、研究者が世の中で大いに必要とされています。世界中でグローバル化は更に進み、日本の企業の新入社員採用も留学生や海外の学生との競争になりますし、製品開発や販売も世界中の企業との競争になります。一流の研究者になるためだけでなく、日本の一般的な企業への就職や仕事にも、英語の能力や国際感覚と経験が問われる時代がきています。

以上、色々と述べて参りましたが、英語、これさえできれば世界を相手にすることができるのです。本書を活用される皆さまが、英語の知識と能力を身につけ、国際的に活躍されることを願っています。

鈴木賢治（科学技術創成研究院　未来産業技術研究所）

scope /skóʊp/

n. (知力・研究・活動などの) 範囲、領域、視野、見通し、余地〔for〕、(量記号［数量詞］の) 作用域
v. ［口語］じっくりと見る、見定める

基本例文

☐ **Their *scope* of business has been constantly extended.** 事業の**範囲**が着実に拡大してきた。

☐ **There is still ample *scope* for the procedures to improve.** そのやり方にはなお改善の**余地**が大いにある。

☐ **They *scoped* out the city as a possible place to move to.** 引っ越すことになるかもしれないその町を**下見した**。

関連語

microscope *n.* 顕微鏡
strong microscope 倍率の高い顕微鏡
This *microscope* magnifies objects 100 times. この**顕微鏡**は物体を 100 倍に拡大する。
microscopic *adj.* 顕微鏡でしか見えない、極微の
microscopic organism 顕微鏡的有機体、微生物
microscopic examination 顕微鏡検査
microscopic analysis 顕微（鏡）分析
make a microscopic study of . . . ～を顕微鏡で研究する
microscopic observation 顕微鏡観察
cf. **macroscopic** 巨視的、肉眼的、肉眼での　**macroscopic observation** 肉眼的観察
-scope は、「～を見る器械、～鏡」の意の名詞語尾。次のような例がある。
endoscope 内視鏡　**fiberscope** ファイバースコープ　**gastroscope** 胃カメラ
periscope 潜望鏡　**spectroscope** 分光器　**stereoscope** 立体（写真）鏡
telescope 望遠鏡

科学・技術例文

☐ **That is outside the *scope* of this study.** それはこの研究の**範囲**外だ。

☐ **This is a good opportunity to broaden the *scope* of our research.**
＝**This is a good opportunity to expand the *scope* of our research.** これは研究の**範囲**を広げる良い機会だ。

☐ **A new science needs to define its *scope*, to clarify its terminology, and to establish its fundamental principles.** 新しい科学は、その領域の**範囲**を定め、用語を明確にし、基本的な原則を確立しなければならない。

S

seal /síːl/

v. (封筒などに) 封をする、密閉する、確証する、目塗り (目張り) をする

n. 印章、密閉、(確証の) しるし、封印紙

⇨ 印章の使用は、バビロニアでも用いられた円筒印章 (cylinder seal) をはじめとして、文書などが真正であることを示すための手段である。また、それを使用することで最終的な決定を意味することになる。

基本例文

□ **He picked up the piece of evidence and *sealed* it tightly in a plastic bag.** その証拠品を拾いあげるとビニールの袋に入れてしっかりと**封をした**。

□ **The police *sealed* off the accident site.** 警察は事故現場を**立入禁止**にした。

□ **The treaty was officially signed and *sealed* by both governments.** その条約に両国政府が正式に署名**捺印**した。

□ **ISO certification is the *seal* of quality in manufacturing and administration processes.** ISO 認証は製造と管理のプロセスについて品質を**保証**するものだ。

関連語

unseal *v.* 開封する

Secret documents concerning the case will be *unsealed* in 2025. その事件に関する秘密文書は 2025 年に**開示**される。

sealant *n.* 密閉・充填用の材料、シーラント (材料の表面に塗ることにより水分、空気などが出入りすることを防止するもの。**sealer** ともいう)

A polyurethane *sealant* is effective to protect the floor and wall from water and moisture. ポリウレタンの**シーラント**は床と壁を水分から保護する効果をもっている。

科学・技術例文

□ **The pest management company *sealed* up the room for fumigation.** 害虫駆除業者が、燻蒸消毒のために部屋を**密閉**した。

□ **Alcohol is added to *seal* in the sweetness of the grape by preventing conversion of the sugar.** 糖分の転化を防ぐことでブドウの甘味を**封じこめる**ためアルコールが添加される。

□ **Radioactive substances in the laboratory are stored in lead-*sealed* containers.** 実験室の放射性物質は鉛の**密閉**容器に貯蔵されている。

S

search /sə́ːtʃ | sə́ːtʃ/

v. 捜す、探る、調査する

n. 捜索、調査、検索

⇨「円を描いて動きまわる」が原義で、circle と同じ語源をもつ。

基本例文

☐ **They *searched* the woods for the missing child.** 行方不明の子供を見つけようと森の中を**捜索**した。

☐ **Many people come to Tokyo in *search* of employment.** 職を**求めて**上京する人が多い。

☐ **There were ten hits for this *search* key.** この**検索**キーに対してヒットが 10 件あった。

関連語

Search me! (質問に対して) 知らないよ！
search algorithm 検索アルゴリズム
search coil 検出コイル、探りコイル (= **exploring coil, magnetic probe, probe coil**)
search engine 検索エンジン　**search expression** 検索式　**searchlight** サーチライト
search time 探索時間　**Boolean search** ブール検索、ブーリアン検索
searchable *adj.* 検索可能な、調査できる
searcher *n.* 探索者、検査官、検索エンジン

科学・技術例文

☐ **He *searched* the current directory for files with .EXE extensions.** カレントディレクトリーから .EXE の拡張子をもつファイルを**検索した**。

☐ **In order to *search* the Internet effectively, you need to discover the best keywords for your *search*.** インターネットで効率的に**検索する**ためには、**検索**のためのもっともよいキーワードを見つけることが必要である。

☐ **Looking at the concept of the sacred and profane may serve as a starting point for *searching* for similarities and differences between cultures.** 聖と俗の観念を見れば、異なる文化間の類似と相違を**探る**ための出発点になるかもしれない。

S

sense /séns/

n. 感覚、正気、感じ、分別、意味
v. 感じる、了解する、探知する ⇨ DETECT, DISCOVER

基本例文

□ **Hawks have a keen *sense* of sight.** 鷹は視**覚**が鋭敏だ。

□ **She must have taken leave of her *senses*.** **正気**を失ったにちがいない。

□ **He has a great *sense* of humor.** すばらしくユーモアのわかる人だ（＝ユーモアの**センス**のある人だ）。

□ **There's some *sense* in what you say.** 君の言うことにも**一理**ある。

□ **In what *sense* are you using the word?** どういう**意味**でその語を使っているのか。

□ **I *sensed* what she was thinking.** 彼女が何を考えているか**察しがついた**。

関連語

sensor *n.* 感知装置、センサー ⇨ 用例は「科学・技術例文」に示した。
sensible *adj.* 分別のある、相当の
sensitive *adj.* 敏感な、神経質な、扱いに注意を要する、高感度の
Don't be so *sensitive* about your appearance. 外見をそんなに**気にする**な。
Dogs are *sensitive* to smell. 犬はにおいに**敏感**である。
⇨ 用例はほかに「科学・技術例文」に示した。
sixth sense 第六感 **sense organ** 知覚器官 **common sense** 良識、常識
nonsense *n.* 無意味な言葉、馬鹿げた考え、ナンセンス

科学・技術例文

□ **According to some researchers, cows and deer may be able to *sense* the change in the Earth's magnetic fields caused by high voltage power lines.** 一部の研究者によると、牛や鹿は高圧電線によって生じた地球の磁場の変化を**感知する**能力がある。

□ **Most animals have *sense* organs that can detect a far wider range of stimuli than humans.** たいていの動物は、人間よりはるかに広範囲の刺激を感知できる**知覚**器官をもっている。

□ **The new gas leak *sensor* is designed to *sense* all mixtures of combustible gases.** 新しいガス漏れ**探知**機は、可燃ガスのあらゆる混合物を**探知する**よう設計されている。

□ **In this experiment, we studied the behavior of squirrels by using the latest touch-*sensitive* device.** この実験において、触れると**反応する**最新装置を用いて、リスの習性を調査した。

shape /ʃéɪp/

n. 形、型、人影
v. 形をつくる（定める）

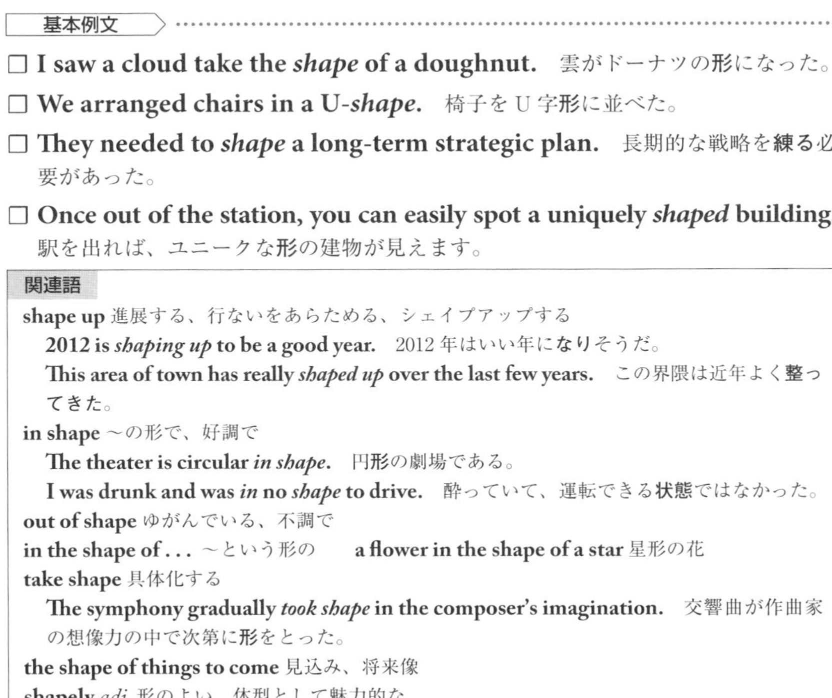

基本例文

☐ **I saw a cloud take the *shape* of a doughnut.** 雲がドーナツの形になった。

☐ **We arranged chairs in a U-*shape*.** 椅子をU字形に並べた。

☐ **They needed to *shape* a long-term strategic plan.** 長期的な戦略を練る必要があった。

☐ **Once out of the station, you can easily spot a uniquely *shaped* building.** 駅を出れば、ユニークな形の建物が見えます。

関連語

shape up 進展する、行ないをあらためる、シェイプアップする
2012 is *shaping up* to be a good year. 2012年はいい年になりそうだ。
This area of town has really *shaped up* over the last few years. この界隈は近年よく整ってきた。
in shape ～の形で、好調で
The theater is circular *in shape*. 円形の劇場である。
I was drunk and was *in* no *shape* to drive. 酔っていて、運転できる状態ではなかった。
out of shape ゆがんでいる、不調で
in the shape of . . . ～という形の　**a flower in the shape of a star** 星形の花
take shape 具体化する
The symphony gradually *took shape* in the composer's imagination. 交響曲が作曲家の想像力の中で次第に形をとった。
the shape of things to come 見込み、将来像
shapely *adj.* 形のよい、体型として魅力的な
shapeless *adj.* はっきりした形のない、ずさんな構造をした

科学・技術例文

☐ **Given its size and *shape*, this fish is an impressive example of its species.** この大きさと形なら、同種の魚としては、みごとな例である。

☐ **The astronomers closely studied the *shapes* of the galaxies in the images from the huge telescope.** 巨大望遠鏡がとらえた映像を見て、天文学者が星雲の形を仔細に調べた。

☐ **The *shape* of the teeth, as evidenced by the newly found fossils, suggests that this dinosaur was an omnivore, eating plants and also a little meat.** 新発見の化石から歯の形を考えると、この恐竜は雑食性であり、植物のほかに少量の肉も食べていたのだろう。

S

signal /síɡn(ə)l/

n. 信号、合図、サイン、兆候、きっかけ

v. 信号で知らせる、信号を送る、合図を送る

⇨ 語源はsignと同じだが、signalは「他者への指示」という意味合いが強い。

基本例文

☐ **The antenna receives and transmits *signals*.** アンテナは**信号**を受信し、発信する。

☐ **The siren was a *signal* for everyone to leave the building.** サイレンの音は、全員が建物から出るようにという**合図**だった。

☐ **The rise in inflation is a clear *signal* that the government's policies are not working.** インフレの進行は、政府の政策がうまくいっていないことを**明示するもの**だ。

☐ **The Truman Doctrine *signaled* the beginning of some 30 years of cold war.** トルーマン・ドクトリンが、約30年に及ぶ東西冷戦の始まりを**告げた**のだった。

関連語

signal *adj.* すばらしい、めざましい、顕著な

The discovery of penicillin was a *signal* achievement. ペニシリンの発見は**偉業**であった。

signal-to-noise (SN) ratio 信号対雑音比（SN比）

signal transduction（細胞内）シグナル伝達

signaling pathway シグナル伝達経路

科学・技術例文

☐ **Scanners translate the code into electric *signals*.** スキャナーはコードを電気的**信号**に変換する。

☐ **The oxygen sensor transmits a *signal* to the electronic control.** 酸素センサー（探知器）は電子制御装置に**信号**を送る。

☐ **The video *signals* were amplified by the amplifier and fed to the indicator.** 映像**信号**はアンプによって増幅され、表示装置に送られた。

☐ **The controller is for cutting off the motor when *signals* from a sensor indicate excessive vibration.** このコントローラは、センサーからの**信号**が過度の振動を示した時に、モーターへの送電を断つためのものである。

☐ **The alarm is designed to *signal* a drop in battery voltage.** 警報装置は、蓄電池電圧の低下を**信号で知らせる**仕組みになっている。

size /sáɪz/ *n.* 大きさ

⇨ DIMENSION

length /léŋ(k)θ/ *n.* 長さ、全長

width /wítθ, wídθ/ *n.* 幅

breadth /brédθ, brétθ/ *n.* 幅

⇨ 物理的な意味では width と同じと考えてよいが、比喩的に使われることが多いのは breadth である (*e.g.* the breadth of knowledge「幅広い知識、博学」)

height /háɪt/ *n.* 高さ、高所、身長

depth /dépθ/ *n.* 深さ、深み

基本例文

☐ **Can you imagine an animal the *size* of the space shuttle?** 大きさがスペースシャトルくらいの動物を考えられますか。(=an animal as big as the space shuttle)

☐ **The volleyball court is 18 meters in *length* and 9 meters in *width*.** バレーボールのコートは、**長さ** 18 メートル、**幅** 9 メートルだ。

☐ **The stage spanned the full *width* of the hall.** 舞台はホールの全**幅**に広がっていた。

関連語

sized *adj.* ～の大きさの [**small-sized, medium-sized** のような複合語になる]
　4GB sized file 4 ギガバイトの大きさのファイル
full-length *adj.* 全体に及ぶ
　full-length mirror 全身が映る鏡
　book-length study 一冊の本になるくらいの研究
　shoulder-length hair 肩まで届く髪
lengthwise, lengthways *adv.* 縦方向に
　fold a piece of paper lengthwise 紙を縦長に折る
widthwise, widthways *adv.* 横方向に
fixed-width font 等幅フォント (=**non-proportional font**)
variable-width font プロポーショナルフォント (=**proportional font**)
the height of summer 盛夏　**the depth(s) of winter** 真冬
at length ついに、長々と
in depth 深く、徹底して　**in greater depth** より詳細に
in-depth *adj.* 徹底的な、詳細な
go to any length(s) どんなことでもする [**any** の位置に **great** や **extreme** のような形容詞を使うことも多い]

He *goes to great lengths* to make a secret of everything he does.　極端なくらい何でも秘密主義の男だ。

bandwidth *n.* 帯域幅、回線容量

wavelength *n.* 波長

on the same wavelength 波長が合う

on different wavelengths 波長が合わない

⇨ 用例はほかに「科学・技術例文」に示した。

科学・技術例文

□ **In a psychological experiment the subjects were tested for the *breadth* of their thinking, as well as their visual attention.**　ある心理学の実験で、被験者は視覚的な注意力のほかに、思考の及ぶ**範囲**も調べられた。

□ **The volcanic ash from the mountain's eruption reached a maximum *height* of 5 km above sea level.**　火山の爆発による灰が、海抜５キロの**高さ**に達した。

□ **The object is roughly cubical in shape and greater in *height* than in *depth*.**　その物体は立方体に近いが、**奥行き**よりは**高さ**がある。

□ **The stuff known as dark matter doesn't emit or reflect light of any *wavelength*.**　ダークマターとして知られるものは、いかなる**波長**の光を発することも反射することもない。

S

solution /səlúːʃən/

n. 解決、解法、（数学の）解、分解、溶解、溶液

⇨ラテン語の「ほぐす、ほどく」の意味から来ているので、まさに「解」である。意味の差によって、組みあわせる前置詞に注意。たとえば a solution to a problem なら、問題に対する一つの「解答」。だが、a solution of a problem だと、問題を「解決」する行為を思わせる。また「溶液」の場合にも of が使われるが、「〜を溶かすこと」の意味でも使われる。

基本例文

☐ **We need to find a cost-effective *solution* to meet the new specifications.**
新基準に適合するように採算のとれる**解決策**を考えなければならない。

☐ **This project aims to provide a workable long-term *solution* for dealing with our household waste.** この計画は、実行可能で長期的な家庭ゴミ**対策**を考えるものだ。

関連語

an electrolyte solution 電解質溶液、電解液　**a saturated solution** 飽和溶液
a dilute/diluted solution 薄めた溶液、希釈液
solve *v.* 解決する、（パズルや計算問題の）答えを出す ⇨ DISSOLVE
solvent *n.* 溶剤、溶媒　*adj.* 〜を溶かす力がある、支払い能力がある
Water is an excellent *solvent* for most ionic compounds. 水はイオン化合物をよく**溶かす**。
Heat increases the *solvent* action of water on other substances. 水を熱すると、**ものを溶かす**性質が強まる。
solute *n.* 溶質
In a sugar water solution, water is the solvent and sugar is the *solute*. 砂糖水の場合、水が溶媒で、砂糖が**溶質**である。
soluble *adj.* 〜に溶ける、可溶性の、解決可能な　**soluble receptor** 可溶性受容体
water-soluble *adj.* 水溶性の（= **soluble in water**）

科学・技術例文

☐ **The mixture was heated at 80°C for several minutes, with more solvent added cautiously, to produce a homogeneous *solution*.** 慎重に溶剤を追加しながら、数分間 80 度で熱して、均一な**溶液**を得た。

☐ **The *solution* of carbon dioxide in water is sometimes known as carbonic acid.** 二酸化炭素の水**溶液**は、いわゆる炭酸である。

☐ **Carbonic acid is produced by the *solution* of carbon dioxide in water.**
炭酸は二酸化炭素が水に**溶けて**できる。［この文の solution は「溶けること、溶かすこと」の意］

DOWNLOAD 213

specific /spɪsífɪk/

adj. 明白に提示された、明確な、具体的な、特定の、(〜に) 特有の (peculiar)、独特の (characteristic)、種(しゅ)の、種に関する、(ある酵素に) 特異的な、(病気が) 特異的な、特殊原因で起こる、(薬が) 特効のある

n. [通例複数形] 細目、詳細 (detail)

基本例文

☐ **Do you have anyone *specific* in mind?** 誰か**特定の**人を考えているのですか。

☐ **Will you be a little more *specific* on that last point, please?** 最後の点に関してもう少し**具体的に**言ってくれませんか。

☐ **It's nothing *specific*—just a vague feeling.** 何も**はっきりした**ものではありません、ただ漠然とした感じだけです。

☐ **The style is *specific* to the Impressionist school.** その画法は印象派**独特の**ものです。

☐ **Without going into *specifics*, what is your general assessment?** **細目**は抜きにして、君は全体的にどう評価するんだ。

関連語

specific immunity 特異免疫
specific radioactivity 比放射能
a specific remedy/medicine 特効薬
specific weight/gravity【物理】比重、比重量 (単位体積の物質の重量)
specific heat/capacity【物理】比熱 (1 グラムの物質の温度を 1℃ 高めるのに必要な熱量)
specification *n.* 仕様、仕様書、明確化
The *specifications* must be strictly adhered to. **仕様書**どおりにしなくてはいけません。
specificity *n.* (検査の) 特異度　*cf.* **sensitivity** 感度

科学・技術例文

☐ **This disease has no *specific* symptoms in its early stages.** この病気は初期の段階では**特に**症状を示さない。

☐ **The information is device-*specific*.** その情報はデバイス**固有**のものです。

☐ **Each network which comes together to make up the internet has its own *specific* rules and usage policies.** インターネットを構成するネットワークはそれぞれ**独自の**ルールと使用方針を持っている。

☐ **The resistance of fluids varies with their *specific* gravity.** 流体の抵抗はその**比重**によって異なる。

stable /stéɪbl/

adj. しっかりした、安定した、(物理学で) 復原力の大きい、非放射性の、永続 (持続) 性のある

基本例文

☐ **Prices are fairly *stable* now.** 今は物価がかなり**安定**している。

☐ **We need a *stable* person for this job.** この仕事にはしっかりした人が必要だ。

関連語

stability *n.* 安定、安定性、安定度、(船舶・飛行機の) 復原性 [*cf.* 復元力 **memory** ⇨ MEMORY]
⇨ 用例は「科学・技術例文」に示した。

stabilize *v.* 固定させる、安定させる、固定する、安定する
It will take some time before his condition *stabilizes*. 彼の容体が**安定する**までしばらくかかるでしょう。

stabilization *n.* 安定化

stabilizer *n.* 安定化装置、スタビライザー、補助輪

unstable *adj.* 不安定な
⇨ 用例は「科学・技術例文」に示した。

科学・技術例文

☐ ***Stable* isotopes are isotopes that are not radioactive and maintain constant concentrations over time.** **安定**同位体は放射性ではない同位体であり、時間が経過しても一定の濃度を維持する。

☐ **Those poles make it possible to achieve a horizontal floor as a *stable* foundation.** それらの杭は、**固定した**土台となる水平の床を作るのを可能にするものである。

☐ **An airplane is considered to be laterally *stable* when its wings are not easily tilted sideways.** 航空機は、その翼が容易に横に傾かない場合に、横**安定**があると見なされる。

☐ **Ballast tanks are to give an empty ship *stability*.** バラストタンクは、何も積んでいない船に**安定**をあたえるためにある。

☐ ***Stability* has improved over previous versions.** 先行バージョンよりも**安定性**が改善した。

☐ ***Unstable* isotopes undergo radioactive decay with an excess of either neutrons or protons in the nucleus and emit energy that may be measurable with a detector.** **不安定**同位体は原子核における中性子か陽子の過剰によって放射性崩壊を起こし、検知機で計測可能なエネルギーを放出する。

S

station /stéɪʃən/

n. （鉄道・バスなどの）駅、停留所、（官公庁の）署、局、研究所、観測所、立場、持ち場

v. 部署につかせる、配置する

⇨ 原義は「立つ場所」。さまざまな業務の遂行やサービス提供のために人員・物資が配置された拠点の意味で使われる。

基本例文

□ **The bus *station* is about half a mile away from the railroad *station*.** 鉄道の**駅**から**バスターミナル**まで半マイルほど離れている。

□ **The International Space *Station* (ISS) is in orbit about 400 kilometers above the earth.** 国際宇宙**ステーション**（ISS）は地上約400キロメートルの周回軌道にある。

□ **Several guards were newly *stationed* at the entrance.** 入口に数名の警備員が新たに**配置**された。

関連語

stationary *adj.* 静止した、変化（増減）がない、（惑星が）一見して経度に変化がない

stationary front 停滞前線　**stationary satellite** 静止衛星（＝**synchronous satellite**）

stationary state 定常状態　**stationary wave** 定常波（＝**standing wave**）

n. 動かないもの、（惑星の）留（＝**stationary point**）［**stationery**（文房具）と綴りが似ているので注意］

⇨ 用例はほかに「科学・技術例文」に示した。

station-to-station *adj.* （長距離電話が）番号通話の［相手の番号に通じた時に課金が始まる］

Access the operator and choose either a *station*-to-*station* call or a person-to-person call. オペレーターを呼び出して、**番号通話**か指名通話かをご選択ください。

科学・技術例文

□ **A ground *station* retransmits television signals that it receives from satellites.** 地上**局**は衛星から受信したテレビ信号を再発信する。

□ **Edison opened the first commercial power *station* on Pearl Street in New York City in 1882.** エジソンは1882年に初の商用発電**所**をニューヨーク市のパールストリートに開設した。

□ **When a planet that has been direct is about to turn retrograde, it becomes *stationary* and looks as if it were standing still for a day or two.** 順行していた惑星が逆行に転じようとする時、その惑星は**留**の状態となり一日か二日のあいだまるで静止しているかのように見える。

steam /stíːm/

n. 水蒸気、蒸気、湯気、力
v. 蒸気を出す、蒸発する、蒸気で進む、蒸す

基本例文

☐ **The windows were clouded with *steam*.** **湯気**で窓が曇っていた。

☐ **The kettle is *steaming*.** やかんが**湯気を立て**ている。

☐ **My glasses have *steamed* up.** 眼鏡が**曇って**しまった。

☐ **A ship *steamed* down the river.** **蒸気**船が川を下って行った。

関連語

steam age 蒸気時代　**steam bath** 蒸気浴、蒸気浴装置（＝**vapor bath**）
steam boiler 蒸気ボイラー　**steam condenser** 復水器（＝**condenser**）
steam cracking【化学】水蒸気分解　**steam cylinder** 蒸気シリンダー、気筒
steam distillation 蒸気蒸留（法）　**steam engine** 蒸気機関（車）
steam-generating heavy water reactor（**SGHWR**）蒸気発生重水炉
steam hammer 蒸気ハンマー　**steam jacket** 蒸気ジャケット
steam lance 蒸気ノズル（＝**steam nozzle**）　**steam locomotive** 蒸気機関車
steam port 蒸気口　**steam pressure** 汽圧、蒸気圧力　**steam pump** 蒸気水揚げポンプ
steam reforming【化学】水蒸気改質　**steamship**（**SS**）*n.* 汽船
steam shovel 蒸気ショベル　**steam trap** 蒸気トラップ
steam turbine 蒸気タービン　**superheated steam** 過熱蒸気
exhaust steam 排出気　**high-pressure**［**low-pressure**］**steam** 高［低］圧気
saturated steam 飽和蒸気
steamer *n.* 汽船、蒸気機関、蒸し器
steamroller *n., v.*（地ならし用）スチームローラー（でならす）
steamboat *n.* 蒸気船

科学・技術例文

☐ **An example of a vapor is *steam*, which is water vaporized when it is boiled.** 蒸気の例として**水蒸気**があります。これは水が沸騰する時に気化したものです。

☐ ***Steam* engines existed before James Watt was born, but he is the one who built the famous improved *steam* engine, which became one of the essential elements of the Industrial Revolution.** **蒸気**機関はジェイムズ・ワットが生まれる前からあったが、彼こそが有名な改良型の**蒸気**機関を生み出した人物であり、それは産業革命にとってもっとも重要な要素の一つとなった。

S

stimulate /stímjʊlèɪt/

v. 刺激する、元気づける、鼓舞する、(酒、麻薬、コーヒーなどで) 興奮させる
⇨「突き棒で刺激する」というのが原義。

基本例文

□ **The teacher showed the film to *stimulate* discussion among students.**
教員は学生の議論が**活発になる**よう、その映画を見せた。

□ **Success will *stimulate* a man to further efforts.** 成功は人を**刺激して**さらに一層の努力をさせる。

□ **Warm weather *stimulates* seeds to germinate.** 暖かい気候は種子の発芽を**促す**。

□ **Coffee *stimulates* me.** コーヒーを飲むと**元気**になる。

関連語

stimulation *n.* 刺激、鼓舞
The major advantage of magnetic *stimulation* over electrical one is that it can *stimulate* the brain and peripheral nerves without causing pain. 磁気**刺激**が電気刺激より優っている主な点は、苦痛を生じさせることなく脳や末梢神経に**刺激をあたえ**られることである。

stimulus *n.* 刺激、鼓舞、刺激物、～の刺激になるもの［複数形は **stimuli**］
stimulus-response coupling 刺激応答連関
⇨ 用例はほかに「科学・技術例文」に示した。

stimulating *adj.* 刺激となる、興奮させる
⇨ 用例は「科学・技術例文」に示した。

stimulative *adj.* 刺激的な、刺激性の、興奮させる、鼓舞する　*n.* 刺激剤、刺激物

stimulator *n.* 刺激するもの、刺激装置、刺激薬

科学・技術例文

□ **Light *stimulates* the optic nerve.** 光は視神経を**刺激する**。

□ **The baby showed no reaction to auditory *stimuli*.** 赤ちゃんは音の**刺激**に反応しなかった。

□ **Theobromine and caffeine contained in cocoa and chocolate have a *stimulating* effect on the central nervous system and the heartbeat.** ココアやチョコレートに含まれるテオブロミンとカフェインは、中枢神経系や心拍を**刺激する**効果がある。

□ **They had a *stimulating* discussion about the ethics and the future of genetic engineering.** 彼らは遺伝子工学の倫理とその行く末について、**刺激的な**議論をした。

strain /stréɪn/

v. 力をかける、濾過する、必死になる
n. 緊張、(物理学・工学で) ひずみ、(音楽や詩歌の) 一節、系統、(動植物の) 品種
⇨ 原義は「ぴんと張る」こと。そこから、無理に力をかける行為、張りつめた状態、その原因となるもの、などを指す。音楽に関する意味は、声や弦を「張る」ことから生じたらしい。「血統、気質」の意味もあるが、語源的には別系統。 ⇨ DISTORT, TENSION

基本例文

☐ **You don't have to take the *strain* alone.** 一人で**責任を背負い込**まなくていい。

☐ **The *strain* began to show on his face.** **苦労**が顔に出てきた。

☐ **She *strained* her ears to listen for possible footsteps.** 足音が聞こえるかもしれないと思って、**懸命に**耳をすました。

[類語情報]
負荷になるものの意味で **stress** と同義になるが、**strain** には「変形をもたらす」ニュアンスが強い。身体の損傷として、**strain** は「無理をして痛める」(*e.g.* **strain a muscle**)、**sprain** は「(関節を) 捻挫する」(*e.g.* **sprain an ankle**)。

関連語

repetitive strain injury 反復性疲労傷害 (たとえば腱鞘炎のように、同じ動きを繰り返すことによる損傷)　**eye strain** 眼精疲労
engineering strain【物理・工学】工学的ひずみ　**stress-strain curve**【物理・工学】応力—ひずみ曲線
a strain of . . . の形でさまざまに用いられる
　a strain of idealism in the author's writings 著作に見られる理想主義の傾向
　a strain of virus never seen before いままで見つからなかった種類のウイルス
　an inbred strain of mice 近交系マウス、純系マウス
strained *adj.* 無理をした、不自然な、濾過した　**a strained alliance** 緊張した同盟関係

科学・技術例文

☐ **Use the formula given below to calculate theoretical *strain*.** ひずみの理論値を求めるには、次の計算式を用いよ。

☐ **Our old server finally went down under the *strain* of recent traffic growth.** 最近のトラフィック増加が**負担**となって、ついに古いサーバーがダウンした。

☐ **We need to look for new fuels that may help alleviate the *strain* placed on the environment.** 環境にかかっている**負荷**の軽減につながる新しい燃料をさがす必要がある。

☐ **The rats used in this experiment all came from a genetically identical *strain*.** この実験では、遺伝的に同じ**系統**のラットだけを使った。

S

DOWNLOAD 219

stream /strí:m/

n. （液体・気体などの）流れ、流出、光線、気流、海流、（定冠詞をともなって）時の勢い、趨勢、傾向、風潮
v. 流れる、流れ出る、流れ込む

基本例文

□ **Powerful *streams* of water gushed from the pipe.** 激しい水**流**が管からほとばしり出た。

□ **The statesman was one of the few who strove against the *stream* under the despotism.** その政治家は、独裁政権下にあって、**時流**に抗した数少ない一人だった。

□ **Profuse perspiration *streamed* down from his face.** おびただしい汗が顔から**流れ**落ちた。

□ **Western ideas *streamed* into Meiji Japan.** 明治時代の日本に西洋思想がどっと**流れ込んだ**。

関連語

streamer *n.* ストリーマー（気体放電の一種）、（皆既日食の際のコロナの）射光、輝き
streamline *n., adj.* 流線（の）、流線型（の）　*v.* 流線型にする、合理化（能率化）する
We observed that all particles of the fluid moved along individual *streamlines* with equal velocity. 流体の粒子すべてが、個々の**流線**に沿って等速度で運動するのが観察された。
The changes have been along the line of *streamlining* management. 変革は経営**合理化**の線に沿ったものである。
streamlined *adj.* 流線型の
The influence of air resistance R_1 is small especially for *streamlined* vehicles. 空気抵抗 R_1 の影響は、**流線型の**車体で特に小さい。
mainstream *n., adj.* 本流（の）、主流（の）　*cf.* **sidestream** *n.* 支流

科学・技術例文

□ **The nurse pushed down the plunger of the syringe until a fine *stream* of liquid jetted out.** 看護師は、注射液の細い**流れ**が噴き出るまで、注射器の頭を押し下げた。

□ **A *stream* of molten rock, glass and slag was passed through a jet of air to make fibrous insulation.** 溶融した岩石、ガラス、スラグの**流れ**を噴射空気中に通して、繊維状断熱材をつくった。

□ **The astronomers hope to see the dusts and gases that *stream* from the surface of the comet.** 彗星の表面から**流れ出る**塵やガスが見られるのではないかと、天文学者は期待している。

S

structure /strʌ́ktʃɚ | -tʃə/

n. 構造建築物、建造物（建物・橋・ダムなど）、（組織・器官などの）構成、体制（organization）

v. 構造をあたえる、体系化する ⇨ CONSTRUCT

基本例文

☐ **The social *structure* of the United States is complex.** アメリカ合衆国の社会**構造**は複雑だ。

☐ **We are *structuring* a plan to hire a new teacher.** 新人教員を雇う計画を**作成**中だ。

☐ **Your arguments need to be more carefully *structured*.** あなたは論点をもう少し注意深く**組み立てる**必要がある。

関連語

the structure of the human body 人体の構造

a map that preserves the group structure【数学】群の構造を保存する写像（群の演算を和とすると、群の２要素 a, b に対し、a＋b の像が a の像と b の像の和になるもの）

structure-activity relationship（化学物質の）構造活性相関

primary structure（分子の）一次構造

cf. **secondary structure** 二次構造　**tertiary structure** 三次構造

quaternary structure 四次構造（三次構造をもつ分子同士が形成する空間配置、高度な立体構造）

科学・技術例文

☐ **Insects are meristic in *structure*.** 昆虫は体節**構造**をもつ。

☐ **The two teams actively competed with one another for discovery of the *structure* of DNA.** その二つのチームは DNA の**構造**の発見に向かって激しく競った。

☐ **Her heart murmur is due to an abnormality in the *structure* of her heart.** 彼女の心臓の雑音は心臓の**構造**の異常による。

☐ **The bone *structure* demonstrates a close affinity to that of modern man.** その骨**格**は現代人のものとかなり近いものである。

☐ **The two substances are analogous to one another in their chemical *structure*.** その二つの物質は基本的な化学**構造**がたがいに似ている。

☐ **The earthquake shook the *structure* to its foundations.** 地震で**建物**は土台まで揺れた。

subject

n. /sʌ́bdʒɪkt/ 主題、問題、(教授すべき) 学科、(試験の) 科目、主体、主観、対象、臣、家来、解剖［剖検］用死体 (＝subject for dissection)、被験者、(催眠術などの) 被術者、(文法の) 主語
adj. 服従する、従属する、～の支配下にある、受ける、受けやすい、こうむりやすい、(承認などを) 受けなければならない
v. /səbdʒékt/ 服従させる、従属させる、(ある試練、条件などに) さらす〔to〕

基本例文

☐ **Let us change the *subject*.** **話題**を変えよう。

☐ **It is a required［an elective］*subject*.** それは必修［選択］**科目**だ。

☐ **I took five *subjects* in my examination. = I took an examination in five *subjects*.** 試験を 5 **科目**受けた。

☐ **I am *subject* to colds. = I am *subject* to attacks of fever.** 風邪をひき［発熱し］やすい。

☐ **The plan is *subject* to your approval.** 本案はあなたの賛成を**必要とする**。

☐ **We are all *subject* to the laws of nature.** われわれは皆自然の法則に**支配されている**。

関連語

a medical［surgical］subject 内科［外科］患者
a subject of a clinical trial 臨床試験の被験者
a subject for dissection 解剖用死体
a hysterical［gouty］subject ヒステリー［痛風］性の人
subjective *adj.* 主観的な、自覚的な ⇔ **objective** 客観的な、他覚的な
subjective symptom 自覚症状

科学・技術例文

☐ **This will be a *subject* of consideration for further studies.** これは今後の研究の**対象**となるだろう。

☐ **Being a medical test *subject* is an interesting way to help researchers develop new potentially lifesaving medications.** 臨床試験の**被験者**になることは、生命を救う可能性のある新薬の研究開発を手助けする興味深い方法だ。

☐ **The metal was *subjected* to intense pressure.** その金属は強い圧力を**かけられた**。/ **The metal was *subjected* to various tests.** その金属は数々のテストに**かけられた**。

☐ **Japan is a country *subject* to earthquakes.** 日本は地震が**よく起きる**国だ。

substance /sʌ́bstəns/

n. 物質、実質、内容、主旨、概要

⇨「下に (sub-)」+「立っているもの (-stance)」から、「根底にある実質・内容」を意味する。固体、液体、気体など、ある空間を占有する具体的な物質としての matter、作られたものの原材料をいう material に対して、特定の化学的・物理的性質、または機能に注目する時に substance が用いられる。 ⇨ MATERIAL, MATTER

基本例文

☐ **Her proposal is, in *substance*, that we should reorganize the department.** 彼女の提案は、**要**するに部を再編すべきだということだ。

☐ **The *substance* is more important than the form.** **内容**は形式よりも大切だ。

☐ **I accept the *substance* of your proposal, but not all the details.** 提案の**主旨**は認めるが、その細目すべては認めがたい。

関連語

substantiate *v.* 実体化する、強固にする、実証する　**substantiation** *n.* 実証、立証、裏付け

The claim has not been fully *substantiated*. その主張は十分**裏付けがなされて**いない。

substantial *adj.* かなりの、内容のある、重要な　**substantially** *adv.* 十分に、実質的には

Their opinions are not *substantially* different. 彼らの意見は**実質的には**違わない。

substantive *adj.* 実質的な、確固とした

The international conference did not achieve *substantive* progress to reduce CO_2 emissions. その国際会議で CO_2 排出量の削減に向けた**実質的な**進展はみられなかった。

insubstantial, unsubstantial *adj.* 実質のない、非現実的な

The former theory collapsed like an *insubstantial* dream. 以前の理論が**虚しい**夢のように崩れさった。

科学・技術例文

☐ **Carcinogenic *substances* are contained in both mainstream and side-stream smoke of cigarettes.** たばこの煙には、主流煙と副流煙いずれにも発癌性**物質**が含まれている。

☐ **Common salt is not a simple *substance*, but a chemical compound of sodium and chlorine.** 食塩は単**体**ではなく、ナトリウムと塩素の化合物である。

☐ **Einstein's relativity theory is one of the best examples that show how science has changed the *substance* and structure of our world view.** アインシュタインの相対性理論は、科学によって人類の世界観がその**本質**と構造にいたるまでいかに変わってきたかを示す最高の例の一つだ。

survey /sə́ːveɪ, sɚ(ː)véɪ | sə́ːveɪ, səːvéɪ/

v. 調査する、概観する、測量する、見渡す

n. 調査、概観、測量（図）、標本調査、サーベイ、掃天観測

⇨「上から見る」が原義（⇨ PROVIDE, REVISE）。高い場所から全体を見渡す、という意味から、調査するという意味が派生した。

基本例文

☐ **We *surveyed* the beautiful scene below us.** 眼下の美しい光景を**眺めた**。

☐ **Nearly 66% of those *surveyed* opposed the bill.** **調査した**人の66%近くがその法案に反対だった。

☐ **His essay provides a good *survey* of current trends in broadcasting.** 彼の論文は放送の現在の傾向をうまく**概観**している。

S

関連語

survey meter サーベイメーター（携帯型の放射線測定器）
surveying *n.* 測量（術）、測量学
surveyor *n.* 測量者、（建物）鑑定士、調査官、検査官
surveyor's compass/dial 測量コンパス　**surveyor's level** 水準儀、レベル
surveillance *n.* 監視、見張り、【疫学・医学】調査監視、サーベイランス
National Epidemiological Surveillance of Vaccine-Preventable Diseases（国立感染症研究所による）感染症流行予測調査［インフルエンザなどの重大な感染症の日本国内での発生状況を常時監視、分析している］

科学・技術例文

☐ **According to the *survey* conducted by a group of researchers, more than half of people in the U.S. say that they cannot live without the Internet.** 研究者のグループによって行なわれた**調査**によると、アメリカに住んでいる人の半数以上がインターネットなしでは生きていけないと答えている。

☐ **The U.S. Geological *Survey* announced that the earthquake that struck Indonesia yesterday was centered 50 miles southeast of Jakarta at a depth of 20 miles.** 米国地質**調査所**は、昨日インドネシアを襲った地震について、震源はジャカルタの50マイル南東、その深さが20マイルだったと発表した。

☐ **A recent *survey* of the Andromeda Galaxy confirms the theory that says galaxies grow by incorporating smaller galaxies.** アンドロメダ銀河の最近の**調査**は、銀河がより小さな銀河を取り込むことによって大きくなるという理論を確証している。

☐ **They *surveyed* the biological diversity of Antarctica.** 彼らは南極大陸の生物多様性を**調査**した。

DOWNLOAD 224

suspend /səspénd/

v. 吊るす、一時停止する、停職・停学させる、保留にする、(空中・液体中に) 浮遊させる、はらはらさせる

⇨「(パソコンの動作を) 一時的に中止する」という意味にもなる。原義は「下に吊るす」。

基本例文

☐ **A mirror ball was *suspended* from the ceiling.** ミラーボールが天井から吊るされていた。

☐ **All flights were *suspended* because of the thick fog.** 濃霧のために全便が欠航になった。

☐ **The two boys have been *suspended* from school.** 少年二名が停学になっている。

☐ **We will *suspend* judgment until the facts are clear.** 事実が明確になるまで判断を保留しよう。

☐ **I saw dust *suspended* in the air.** 塵が空中を漂っているのが見えた。

関連語

suspense *n.* 未定、宙ぶらりん、不安、サスペンス

The novel kept her in *suspense* until the final scene. 彼女はその小説を読んでいるあいだ、最後のシーンまでずっとはらはらしどおしだった。

suspension *n.* 吊るすこと、浮遊、宙ぶらりん、停職・停学、一時停止、(車や電車の) サスペンション、【化学】懸濁液 [乳濁液は **emulsion**]

suspension culture 懸濁培養、浮遊培養

⇨ 用例はほかに「科学・技術例文」に示した。

suspensive *adj.* 中止の、未決定の、不確かな、気をもたせる

科学・技術例文

☐ **The first task assigned to the students is to observe the motion of an oscillating body *suspended* from a coil spring.** 学生にあたえられた最初の課題は、コイルばねから吊るされた振動する物体の動きを観察することだ。

☐ **Solid colloids *suspended* in liquid are called sols, or hydrosols, when waterborne.** 液体中に浮遊する固体コロイドはゾルと呼ばれ、液体が水の場合はハイドロゾルと呼ばれる。[hydrosol には「ヒドロゾル」という表記もある]

☐ **When you design a *suspension* bridge, it is important to anchor the *suspension* cables in the abutments at each end of the bridge.** 吊り橋を設計する際、吊りケーブルを橋の両端の橋台に固定することが重要だ。

S

synthesis /sínθəsɪs/

n. 統合、合成　⇨ INTEGRATE

⇨ いくつかの要素を一つにまとめること。また、そのようにまとめられたもの。人為的に合成するとは限らず、自然に生ずる場合もある。対になる概念が analysis (⇨ ANALYSIS).

基本例文

□ **This work shows a remarkable *synthesis* of traditional craftsmanship and modern technology.**　この作品は、伝統工芸とテクノロジーを**統合**した、みごとな例になっている。

□ **Insulin stimulates protein *synthesis*.**　インスリンはタンパク質**合成**を刺激する。

[類語情報]

「結びつける」という意味では **combination** に近いが、**synthesis** は「一つの新しいものができる」ことを含意する。**compound** は元素が結びついて化合する。**mixture** は、ただ混ざっているだけでよい。⇨ COMBINE, COMPOUND, MIXTURE

関連語

speech synthesis 人間の声に近い音声を電子的に合成すること
synthetic *adj.* 統合的な、合成の、作り物の　**synthetic leather** 人造皮革
　n. 合成品、合成物質　**organic synthetic chemistry** 有機合成化学
　⇨ 用例はほかに「科学・技術例文」に示した。
synthesize *v.* 合成する
synthesizer *n.* シンセサイザー
biosynthesis *n.* 生合成（生物による化合物の合成）
photosynthesis *n.* 光合成　⇨ 用例は「科学・技術例文」に示した。
photosynthesize *v.* 光合成をする

科学・技術例文

□ **About 90% of diamonds used for industrial purposes are "*synthetic*," which means they are synthetically made from carbon and have the same chemical composition as natural ones, while "imitation" diamonds, usually for ornamental purposes, can refer to anything looking like a diamond but obtained in a variety of less expensive ways.**　工業用ダイヤモンドの 90% は「**合成**」ダイヤ、すなわち、炭素から合成され、天然のダイヤモンドと同じ化学組成をもつものである。他方、「模造」ダイヤというのは、よく装飾用に使われ、見かけはダイヤそっくりで、価格に幅はあっても、とにかく本物よりも安価に入手できるものの総称である。

□ **Plants carry out *photosynthesis* and release oxygen as a byproduct of that process, benefiting animals that need to breathe it in.**　植物は**光合成**をして、その副産物として酸素を放出する。酸素を吸う動物にはありがたいことである。

system /sístəm/

n. 体系、組織、システム、制度、体制、系、系統
⇨ さまざまな分野において異なる日本語で表現される（関連語を参照）。

基本例文

□ **These symptoms indicate abnormality in the functioning of the *system*.** これらの徴候は、システムに異常が生じたことを示している。

□ **The accident led to paralysis of the entire transport *system*.** 事故によって交通**網**全体が麻痺した。

関連語

systems engineering システムズ・エンジニアリング（システム工学）
binary system【数学】二進法　【物理・化学】二成分系、二元系
circulatory system【医学】循環器系　**Copernican system** コペルニクスの地動説
Devonian system【地質学】デボン系　**high pressure system**【気象学】高気圧配置
hydraulic system 油圧装置　**Linnaean system**【植物学】リンネの分類法
monoclinic system【鉱物学】単斜晶系　**welfare system** 福祉制度
systematize *v.* 体系化する、系統立てる、組織化する
　It is necessary to *systematize* our knowledge. 知識を**系統立てる**ことが必要だ。
systematic *adj.* 系統的な、体系的な
　systematic error 系統誤差　⇔ **random error** 偶然誤差

科学・技術例文

□ **The disease acts on the immune *system*.** この疾患は免疫**系**に作用する。

□ **The Milky Way *System* is a dense aggregate of matter.** 銀河**系**は物質の密集した集合体である。

□ **We try to analyze where the virus comes from and how it enters the *system*.** そのウイルスがどこから来て、どのように**身体**に入り込むかを分析しようとする。

□ **These products are designed and manufactured by an elaborately interlinked *system* of computers, robots, and machine tools.** これらの製品は、コンピュータ、ロボット、工作機械の精巧な連携**システム**によって設計、製造された。

□ **This *system* of symbols devised by chemists consists of letters, numbers, and marks denoting the chemical element and formula of the molecule or compound.** 化学者が考案したこの記号**体系**は、分子または化合物の化学元素と式を示す文字、数字、符号から構成されている。

S

DOWNLOAD 227

tension /ténʃən/

n. ぴんと張った状態、緊張、張力、(弾性体の)応力、内力、歪力(わいりょく)(stress)、(気体の)膨張力、圧力(pressure)、電圧、動電力(electromotive force)、引っ張り(装置)

⇨ 原義は「伸ばす(to stretch)」。 ⇨ STRAIN

基本例文

□ **The string will be broken by too much *tension*.** あまり強く糸を**張る**と切れる。

□ **International *tensions* are mounting [subsiding].** 国際**緊張**が高まりつつある[緩和しつつある]。

□ **The bill aims to reduce the *tension* between freedom and control.** その法案は自由と統制のあいだの**対立**の緩和をめざすものだ。

T

関連語

vapor tension 蒸気圧、蒸気張力　**surface tension** 表面張力
high tension current 高圧電流　**high tension wire** 高圧線
tension fuse 電圧ヒューズ
arterial tension 動脈圧
hypertension *n.* 高血圧　**hypotension** *n.* 低血圧
tensile *adj.* 引張りの
　tensile stress 引張り応力

科学・技術例文

□ **The *tension* had left her shoulder muscles in knots.** **緊張**したため肩の筋肉が凝ってしまった。

□ **First and foremost, we must relax the *tension* of the muscles.** 何よりもまず、筋肉の**緊張**をほぐさなければならない。

□ **The tremolo arm on an electric guitar alters string *tension* to produce a vibrato-like effect.** エレキギターのトレモロ・アームは弦の**張力**を変動させてビブラートのような効果を生じさせる。

□ **High *tension* voltage is generated in the coil and fed via the system.** **高電圧**がコイルの中に生じ、そのシステムを通じて加えられる。

test /tést/

n. 試験、検査、試練

v. 試験する、(～の) 試験を受ける、(結果が) ～と出る

⇨ある基準に達するかどうかの検査、という意味合い。experiment は「どういう結果が出るか試す」、trial は「一定の試用期間を設けて品質を試す」。DNA test, test results のように、ほかの名詞とあわせて使うことも多い。よく組みあわせられる動詞として、試験を「する」のは give、「受ける」のは take, have、「合格 (不合格) になる」のは pass (fail).「検査する」なら run, do などを覚えておくとよいが、イギリス英語では do a test が「試験を受ける」意味にもなるので注意。 ⇨ EXPERIMENT

基本例文

☐ **The *test* will be on all of the material covered this semester.** **試験**範囲は、今学期に扱った教材のすべて。

☐ **Your doctor will probably run a blood *test* on you to check for anemia.** 貧血なのかどうか、医者に血液**検査**をされるだろう。

☐ **The well-known athlete *tested* positive for doping.** よく知られた選手がドーピング検査で陽性**になった**。

関連語

litmus test リトマス紙 [比喩的な意味でも]、試金石

The donation issue will be a *litmus test* for the quality of the politicians. 献金問題で政治家の資質が**わかる**だろう。

なお、**acid test** も比喩として「真価を問う試練」の意味になる [もとは硝酸で金の品質を試したことに由来する]。

The current administration will face an *acid test* next month. 来月が現政権の**試金石** (正念場) になる。

put to the test 実地に試す

put hypotheses to the test 仮説を検証する

stand the test of time 時の試練に耐える

test the water/the waters あらかじめ (評価、反応などを) さぐる [文字どおりの意味では次例を参照。***test the water* for the presence of harmful substances** (有害物質が存在するかどうか水質検査をする)]

field test (実験室ではなく) 現場でのテスト

paper test 英語教育の通説として、「ペーパーテスト」は和製英語であり、じつは「紙質検査」の意味にしかならない、とも言われる。もちろん **a written test** という言い方は知っておくべきだが、次のような例は少なくない。

You can take either the *pencil-and-paper tests* or the computer-based tests (CBT).

The TOEFL score required is approximately 550 (*paper-based test*) or 215 (CBT).

test case テストケース (その判決が先例として他の類似の事件に影響を与えるような訴訟事件)

test run 試運転 (= **trial run**)

test tube 試験管

> **It stunned him, how cold the water was, as though he'd been dropped into a huge *test tube* containing a pernicious chemical eating at his skin.** 水の冷たさにびっくりした。大きな**試験管**に投げ込まれ、じわじわと皮膚を痛める薬品に浸されたような気分だ。

科学・技術例文

☐ **They *tested* the samples for strength.**

= They performed a strength *test* on the samples. サンプルの強度**試験**をした。

☐ **Fatigue *tests* were conducted on the specimens of the same material under various temperature conditions.** 同じ材料の試料に、温度の異なる条件下で、疲労**試験**をした。

☐ **Blue litmus paper *tests* for acids, turning red when exposed to acidic solutions, while red litmus paper turns blue under alkaline conditions. If no change takes place, that is, blue litmus remains blue and red litmus remains red, the solution is neutral.** 青のリトマス紙は酸性の溶液に触れると赤になるので、酸性物質の**検出**ができます。逆に、赤のリトマス紙はアルカリ性の条件で青に変わります。もし色に変化がなく、赤は赤のまま、青は青のままであれば、溶液は中性です。

T

texture /tékstʃɚ | -tʃə/

n.（布地・皮膚・木材・岩石などの）肌理(きめ)、感触、織り方、組織、構造、気質、（CGの）質感、テクスチャー、石理(せきり)（岩石の組織、構造とも言い、岩石を構成する鉱物粒の形・大きさ、鉱物の組みあわせなどを指す）

v. 織って作る、（〜に）織り目を出す、（〜に）テクスチャー付けする

基本例文

☐ **Her skin is of a velvety *texture*.** 彼女は**肌理**こまやかな肌をしている。

☐ **The cloth has a rough *texture*.** その布はざらざらした**織り方**になっている。

☐ **The cake is smooth in *texture* and tastes excellent.** そのケーキはなめらかな**食感**ですばらしい味だ。

☐ **The poet has a mind of fine *texture*.** その詩人は**細やか**な心の持ち主である。

関連語

texture features for image classification 画像識別のためのテクスチャー特徴
textural *adj.* 織物の、組織の［**textual**（テキストに関する）と混同しないように］
textured *adj.* 目の粗い（風合いの）　**the textured feel of canvas** ざらっとした帆布の手ざわり

科学・技術例文

☐ ***Texture* mapping is a method for adding detail, surface *texture*, or color to a computer graphic, applying a *texture* to the surface of a shape.** テクスチャー・マッピングは、コンピュータグラフィックで形状の表面に**テクスチャー**を貼ることによって細部、表面の**肌理**、色などを付ける方法である。

☐ **The rocks were classified by their *texture* and mineral composition.** それらの岩石は、**石理**と鉱物組成で分類された。

☐ **In materials science, *texture* is the distribution of crystallographic orientations with some preferred orientation.** 材料科学において**テクスチャー**は優先方位をもつ結晶方位の配置である。

☐ **Surface *texture* is a sensory factor of food materials composed of those surface-related features which can be perceived by visual and tactile senses and has a great impact on consumers' perceptions and expectations of a food product.** 表面の**感触**は食物の一つの感覚的な要素であり、視覚的および触覚的に感知することができる表面特性から構成されるもので、消費者の食品に対する認識と期待に大きな影響をあたえる。

☐ **Represented in the diagram is the soil *texture*, the relative composition of sand, silt, and clay in soil, of the field concerned.** その図に示されているのは、当該の土地の**土性**、すなわち地中の砂、沈泥、粘土の構成比である。

T

theory /θíːəri, θí(ə)ri | θíəri/

n. 理論、学説、推測、理屈

⇨「見る、見て考える」を意味するギリシャ語が語源。学術的な分野では、ひとまずは間違いがないという程度にまで検証されている必要がある。law, principle などとの使い分けに注意。 ⇨ LAW, PRINCIPLE

基本例文

☐ **Newton's *theories* were the groundwork for classical mechanics.** ニュートンの**理論**が古典力学の土台となった。

☐ **My personal *theory* is that he doesn't know what he is talking about.** 私個人の**意見**ですが、彼は自分の話していることをよくわかっていない。

関連語

Copernican theory 地動説　**theory of evolution** 進化論

big bang theory ビッグバン宇宙論　**theory of probability** 確率論

theoretical *adj.* 理論的な　**theoretical physics** 理論物理学

⇨ 用例はほかに「科学・技術例文」に示した。

theoretically *adv.* 理論的に

theorize *v.* 理論を立てる

Darwin *theorized* on the adaptation of species to their environment. ダーウィンは種の環境への適合という問題について**説を立てた**。

theorem *n.* 定理、法則　**Pythagorean theorem** ピタゴラスの定理

T

科学・技術例文

☐ **Laws and *theories* in science are different. A law is a description of what constantly happens in nature. A *theory* tries to explain why it constantly happens.** 科学では、法則と**理論**とは別物である。法則は自然界で一貫して起きる出来事を記述したものであり、**理論**はそれがなぜ一貫して起きるかを説明する試みである。

☐ **If a hypothesis is generally accepted as true after rigorous testing, the hypothesis can be called a *theory* until it is disproved.** 仮説が厳密な検証をへて正しいと広く受け入れられるようになると、反証されるまでは**理論**と呼べるようになる。

☐ **Compared to applied mathematics, which emphasizes practical applications of mathematical concepts and techniques in the real world, *theoretical* mathematics focuses on creating new mathematical principles and finding new relationships among existing principles.** 数学的概念や技術を現実世界で実用的に応用することを強調する応用数学と比べると、**理論**数学は新たな数学原理を生みだすとともに、既存の原理のあいだに新しい関係を見つけることに焦点を当てている。

total /tóʊṭl/

adj. 全体の、総計の、完全な
n. 総計、総額
v. 合計する、合計～となる

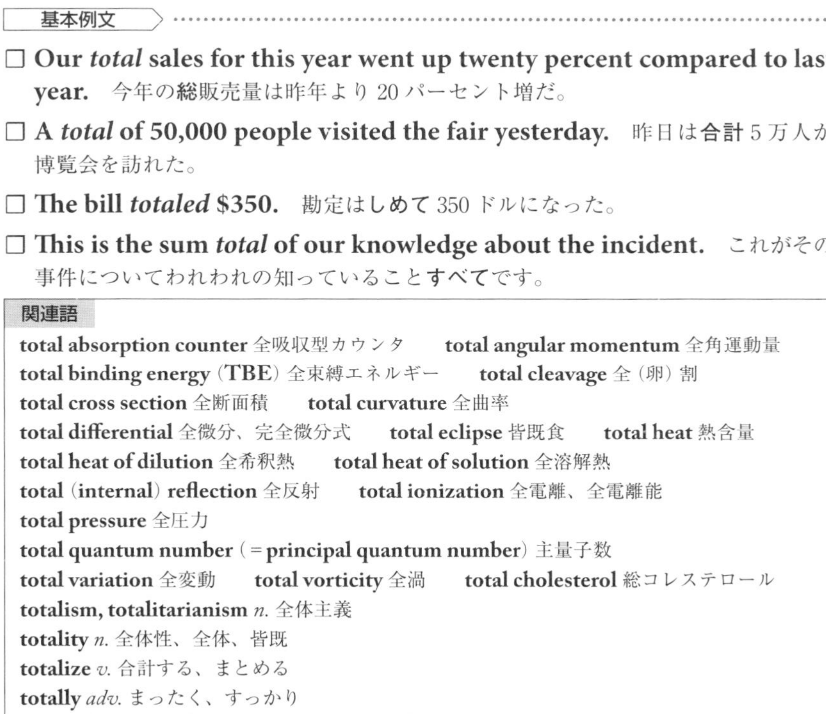

基本例文

☐ **Our *total* sales for this year went up twenty percent compared to last year.** 今年の**総**販売量は昨年より20パーセント増だ。

☐ **A *total* of 50,000 people visited the fair yesterday.** 昨日は**合計**5万人が博覧会を訪れた。

☐ **The bill *totaled* $350.** 勘定は**しめて**350ドルになった。

☐ **This is the sum *total* of our knowledge about the incident.** これがその事件についてわれわれの知っていることすべてです。

関連語

total absorption counter 全吸収型カウンタ　**total angular momentum** 全角運動量
total binding energy (TBE) 全束縛エネルギー　**total cleavage** 全(卵)割
total cross section 全断面積　**total curvature** 全曲率
total differential 全微分、完全微分式　**total eclipse** 皆既食　**total heat** 熱含量
total heat of dilution 全希釈熱　**total heat of solution** 全溶解熱
total (internal) reflection 全反射　**total ionization** 全電離、全電離能
total pressure 全圧力
total quantum number (=**principal quantum number**) 主量子数
total variation 全変動　**total vorticity** 全渦　**total cholesterol** 総コレステロール
totalism, totalitarianism *n.* 全体主義
totality *n.* 全体性、全体、皆既
totalize *v.* 合計する、まとめる
totally *adv.* まったく、すっかり
　totally bounded 全有界な　**totally differentiable** 全微分可能な
　totally disconnected 完全不連結な
　totally ordered set (=**linearly ordered set, simply ordered set**) 全順序集合

科学・技術例文

☐ **Energy changes form, but the *total* amount never changes.** エネルギーは形を変えてもその**総量**は決して変わらない。

☐ **We can see the corona of the sun during a *total* solar eclipse.** **皆既**日食中、太陽のコロナを見ることができる。

☐ **The *total* number of subjects in the experiment was 50.** 実験の被験者の**総数**は50人だった。

transfer /trænsfə́ː | -fɜ́ː/

vt. 移す、乗り換えさせる、転任・転校させる、伝える、譲渡する、転写する
vi. 移る、乗り換える、転任・転校する
n. 移転、乗り換え、転任・転校、譲渡、写し絵
⇨ trans- (across, beyond) + -fer (to bear) で、「向こうへ運ぶ」が原義。

基本例文

☐ **I would like to *transfer* 200,000 yen to my uncle's bank account.** 伯父の銀行口座に 20 万円を**振り込み**たい。

☐ **She has been *transferred* from the Liverpool branch to the main office in London.** リバプール支社からロンドンの本社へ**転勤になった**。

☐ **He refused to *transfer* his property to his son.** 彼は財産を息子に**譲る**のを拒んだ。

T

☐ **We have to *transfer* here from the train to a bus.** ここで列車からバスに**乗り換え**ねばならない。

☐ **There have been a lot of personnel *transfers* in our company recently.** 最近わが社では人事**異動**が多い。

関連語

transfer function【制御工学】伝達関数
gene transfer 遺伝子導入
bank transfer 銀行振込
cable transfer 電信為替 ［イギリス英語では **telegraphic transfer**］
transferable *adj.* 移動できる、譲渡できる、転写できる
This special discount ticket is not *transferable*. この特別割引チケットは他人に**譲渡**できません。
transference *n.* 移転、譲渡、【精神分析】転移

科学・技術例文

☐ **Heat is normally *transferred* from a high temperature object to a lower temperature object.** 熱は通常、高温の物体から低温の物体へと**伝達される**。

☐ **When he *transferred* data, he made sure that it had been scanned properly so that he would not inadvertently introduce viruses to his external hard drive.** 彼はデータを**転送する**時、外付けハードドライブにうっかりウイルスを伝染させないよう、きちんとスキャンされたかどうかを確認した。

☐ **In this experiment, they observed the *transfer* of kinetic energy from one particle to the other.** この実験では、粒子から粒子への運動エネルギーの**移動**が観察された。

transform /trænsfɔ́ɚm | -fɔ́:m/

v. 変える、変質させる

⇨「別の状態へ (into another state)」を表わす trans- に -form がついた形。変換、変圧、変形、変態、転移、変遷、形質転換...と、分野によって訳語は文字どおり "transform" する。形態、性質、構造などに変化をもたらすことで、一般的には望ましい方向への変化という語感がある。 ⇨ DIFFER, MODIFY, VARY

基本例文

☐ **She *transformed* herself overnight into a world-famous singer.** 一夜にして世界的な歌手に**変身した**。

☐ **Little changes can *transform* the look and feel of your living room.** ちょっと手直しすれば、居間の雰囲気が**がらりと変わる**。

☐ **The moonlight *transformed* the snowman into a ghost-like figure.** 月明かりで雪だるまが幽霊**のように見えた**。

関連語

transform fault トランスフォーム断層
Fourier transform フーリエ変換
transformation *n.* 変化、(舞台上の) 早変わり、(女性用の) かつら、形質転換
malignant transformation 悪性形質転換、癌化　**coordinate transformation** 座標変換
A substance underwent chemical *transformation*. ある物質に化学**変化**が生じた。
transformative *adj.* 変化を起こすような　**a transformative leader** 変革をもたらすリーダー
transformational *adj.* 変形に関わる　**transformational grammar** 変形文法
transformer *n.* 変圧器、トランス
In a *transformer*, electrical energy from one alternating circuit is transferred to another by electromagnetic induction, with a change in electric characteristics such as voltage, current, phase, or impedance. **変圧器**の内部では、電気エネルギーが電磁誘導によって別の交流回路へ導かれ、その際に、電圧、電流、位相、抵抗などの特性に変化が生じている。

科学・技術例文

☐ **Microorganisms *transform* organic matter into nutrients for plants to absorb.** 微生物は有機物に作用して、植物が摂取できる栄養に**変える**。

☐ **We need some expert advice on how to *transform* our office into a more eco-friendly and energy-saving workplace.** もっとエコで省エネ型のオフィス環境への**転換をはかる**ために、専門家のアドバイスが欲しいところだ。

☐ **It is still unknown how the oil has been chemically and physically *transformed* since it began gushing into the water from the leaking well.** 油井から海中に洩れだした油が、どのような化学的物理的**変化**を起こしているか、まだわかっていない。

T

DOWNLOAD 234

transition /trænzíʃən, -síʃən/

n. 状態が移り変わること、変化、変遷、推移、過渡期

⇨ 量子力学では「遷移」、物理学では「転移」「遷移」、分子生物学では「塩基転移」、電気学では「渡り」。

基本例文

□ **The *transition* from hunting to herding was very gradual.** 狩猟から牧畜への**移行**はきわめてゆっくりしたものだった。

□ **He is still making the difficult *transition* from child to adult.** いまだに大人になりきれないでいる（＝子供から大人への**過渡期**で悩んでいる）。

関連語

transition range 移行範囲
phase transition 相転移
transitional *adj.* 過渡的な
Everything is fluid in a *transitional* age like the present. 現代のような**過渡**期にはすべてが流動的である。
transitory *adj.* 一時的な
***Transitory* molecular fragments can be seen in the high heat.** **一時的な**分子の断片は高熱のところに見られる。
transit *n.* （天体の）子午線通過、正中、南中

科学・技術例文

□ **The computer revolution is the *transition* from information processing to knowledge processing.** コンピュータ革命とは、情報処理から知識処理への**移行**である。

□ **What we need now is nickel alloys which show an active to passive *transition*.** いま必要なのは、活性態から不動態への**遷移**を示すニッケル合金である。

□ **Glass *transition* refers to the transformation of a glass-forming liquid into a glass, which usually occurs upon rapid cooling.** ガラス**転移**とはガラス形成能のある液体がガラス状態に変化する現象を指し、通常は急速冷却によって生じる。

□ **In genetics, a *transition* is a point mutation that changes a purine to another purine.** 遺伝学でいう**トランジション**とは、プリン塩基が別のプリン塩基に変わる点突然変異のことである。

type /táɪp/

n. 型、型式、タイプ、様式、類型、典型、模範、手本、好例（model, pattern）
⇨ 生物学では、（一群の生物に共通に見られる）共通形態、類型、模式、標式。医学では、病型、菌型、血液型（blood type）。農業では、（ある用途に対する家畜・作物の）体型。化学では、タイプ、基型。コンピュータでは、データの型（整数型、実数型など）、type（DOS などの OS でファイルの内容を画面に表示させるコマンド）。
v.（手紙・書類などを）タイプする（typewrite）〔off〕、（データ・文書などを）キーボードで打ち込む、活字にする、類型に分ける、分類する
⇨ 医学では、「（血液などの）型を検査する」。

基本例文

☐ **She's an athletic *type* of girl.** スポーツの得意な**タイプ**だ。

☐ **He's the very *type* of English gentleman.** まさしくイギリス紳士の**典型**だ。

☐ **The figure of Christ can be represented in various *types* of symbols.** キリスト像は、さまざまな**形象**で表わされることがある。

関連語

archetype *n.* 原型、（ユング心理学の）元型　**prototype** *n.* 原型、初期形態
genotype *n.* 遺伝子型　**phenotype** *n.* 遺伝子表現型
multilocus sequence typing 多座配列タイピング、MLST 解析（複数の遺伝子座の塩基配列の違いから、種差や個体差を特定する解析手法）
revert to type もとのパターンにもどる
Garden plants sometimes *revert to type*. 園芸植物はもとの野生**種にもどる**ことがある。
typical *adj.* 典型的な、類型をなす

科学・技術例文

☐ **The structure is an admirable *type* of modern architecture.** その建造物は近代建築のすばらしい**手本**である。

☐ **She *typed* the information into her computer.** その情報をコンピュータに**入力した**。

☐ **If a patient receives an incompatible *type* of blood in a transfusion, serious medical complications will occur.** 患者が不適合な血液**型**の輸血を受けると、大変な症状を起こすだろう。

☐ **It is reported that so-called "good" cholesterol, generally thought to protect against heart disease, may do the opposite in women with *type* 1 diabetes.** いわゆる「善玉」コレステロールは、一般的に心臓病から保護すると考えられているが、1**型**糖尿病の女性には逆効果を及ぼす可能性があると報告されている。

T

リベラルアーツ研究教育院の英語
Institute for Liberal Arts

■英語力の多様性

「リベラルアーツ」とはもともとは古代ギリシャで生まれた概念で、端的にいえば人間を自由にする技芸のことを指し、「文系」を意味するものでも、専門教育の下位にある「一般教養」のことでもありません。いま大学教育は専門的な教育と同時に幅広い「教養」を持ち、多角的に物事を捉えられる人間を育てようとしています。劇的に変化していくグローバル社会でのリベラルアーツ教育の意義は、学問領域の横断性だといえるでしょう。

私の専門は、いわゆる人文学に属する表象文化論ですが、映画研究を中心に美術史、メディア論、社会学と幅広く学んできました。修士・博士課程で主に対象としていたのは占領期の映像文化で、この時代の多くの検閲資料はアメリカのメリーランド大学にあるプランゲ文庫、ワシントン DC にある米国国立公文書館に所蔵されています。したがって、毎年のように資料調査のためにアメリカを訪れ、限られた調査期間で膨大な量の資料を読み漁る必要があります。

こうした資料を読み解く力というのは、いわゆる学術論文を精読するのとはいささか異なり、強いていうならば TOEFL iBT や TOEIC L&R テストに出題されるメールや文書を読み解く能力に近いといえます。細部は飛ばし、とにかく効率よく重要な部分を集中的に読んで必要な資料かどうかを見極める必要があるのです。こうして複写し、持ち帰った資料を今度は丁寧に精読していきます。検閲官の直筆の書き込み（筆記体）を読み解かなくてはならないこともありました。要するに「読む」と一口にいっても効率よく読んだり、丁寧に読み解いたり、用途に応じた能力を身に着ける必要があるということです。

他にも人文学の研究者は英語で論文を読むだけでなく、翻訳する機会も多くあります。翻訳は内容を情報として「読む」以上のスキルが求められます。なぜならそれは英語を別の言語として「書く」創作行為だからです。知的な書き手は、絶妙なメタファーや機知に富んだダブルミーニングで文章を豊かに構成しています。それに気づかずにただ表面的に読んでいては、書き手の意図をことごとく見過ごしてしまうことになりかねません。だから単に情報を受け取る以上の精度の高い読解力を養っておく必要があります。また、翻訳は専門的知識があればできるというわけではありません。私が翻訳したのは黒澤明の映画の評論でしたが、実際に訳していくと近代日本文学、歴史学、美術史の知識なしには訳せないほど教養に満ち溢れた原著でした。専門の論文を読むだけではなく、普段から専門外の学問も主体的に学び、さらには文学や映画を通じて多様な表現に触れておく必要があるのです。

■英語でのアウトプット

人文学といえども今のアカデミアは、日本語で読んで議論し、日本語で書くという世界ではなくなっています。修士課程以降、日本の映像文化を研究している私でさえ、国際会議でほぼ毎年英語で発表しています（大学院のゼミですら英語で学位を取得するコースの学生が多く在籍していたため、英語で運営されていました）。もっとも研究発表が多いのは所属学会があるアメリカ、続いて中国です。英語による発表は事前に原稿を準備していけばいいのですが、質疑応答は実践的な英語の運用能力が問われます。こればかりは一人で勉強してできるようになるわけではなく、場数をこなしていくしかない。注意すべきは国際的な場所での議論で聞こえてくるのは、教科書の CD 教材のような、いわゆるネイティヴの綺麗な英語ではないということです。第二言語として英語を運用する研究者がかなり多く、国や地域ごとに多様な「訛り」（たとえばインド英語のヒングリッシュ、シンガポール英語のシングリッシュなど）があります。テキストでは学びにくい多様な英語で構成された議論の場は、実践的にこなすほかないわけです。

ちなみに日本の大学院でも、留学生が増え続け、授業もゼミも日本語だけでは成立しなくなっているのが現状でしょう。私の専門領域では英語で論文を書いて海外のジャーナルに投稿するということはそれほど多くはないですが、年々英語でも日本語でも論文を書く研究者が増えています。また海外で出版される本の執筆を依頼されるケースもあるので、やはり常に英語で書く準備をしておくことが大事です。

■留学から学んだこと

私は学部生の時、2010 年の秋から 1 年間カリフォルニア大学デイヴィス校に留学しました。語学留学というより、それはできる前提で（一定のスコアを超えていれば、大学付属の語学学校ではなく、学部に入ることができる制度の留学）、向こうの学部に入ってアートヒストリーやフィルム・スタディーズなど専門科目を学びに行ったのです。一言でいえば、思い描いていた理想と違いすぎて絶望しました。まず慣れない専門用語が次々に繰り出される。それ以上に先生の話していることが速すぎて聞き取れない。英語のテキストで学んだ綺麗で丁寧な話し方とはまるで違っていました。人間なので言い淀み、正確な文法を逸脱したしゃべりもあり（私たちも日本語で常に正しい文法で話しているわけではないはずです）、演習系の授業は日常会話に近い弾丸スピードで進んでいくことが多い。TOEFL iBT のリスニング問題は言い淀みを音声化しているので参考にするといいですが、こういう実践的な英語を聞き取る能力が重要だということを痛感しました。

そういう意味で、海外で実際に生活する経験はとても貴重です。講義以上にスーパーマーケットや銀行、友人とのリアルな英語は聞き取れません。向こうで知り合ったネイティヴの友人たちは、頼まないかぎり留学生にあえて丁寧にゆっくり話すことは基本ない（それが礼儀とされています）。It's going to be やI have got to など教科書的な言いまわしはせず、It's gonna be やI gotta など日常的な口語表現を当たり前のように口にします。しかも講義とは比べものにならないくらい速くて最初はまったくわからない。当然、若者特有のスラングもたくさん混じります。こうした日常生活を成り立たせる実用的な英語は、テキストを通じては学べません。むしろスラングが多用され、自然な速度で会話がなされている映画やドラマのほうがよい教材となるでしょう。

つまり「英語を学習する」といっても、「読む」「聞く」「書く」「話す」だけでなく、「読む」にも多様な読解の仕方があり、「聞く」にも話し手の訛りや日常的／専門的な表現があり、それぞれの技能はさらに細分化されているということです。幅広い教養を身につけ、多様な英語を理解することが、グローバルな国際社会で他者とよい関係性を築きながら、より充実した研究生活を送るための重要な要素だと思います。

北村匡平（リベラルアーツ研究教育院）

uniform /júːnəfɔ̀ɚm | -fɔ̀ːm/

n. 制服、軍服
adj. 画一的な、等しい、同じ形式（形状、型、色）の、一定不変の、均一の

基本例文

☐ **At our school we have to wear *uniforms*.** 私たちの学校では**制服**を着なければならない。

☐ **These sticks are of *uniform* length.** これらの棒はみな**同じ**長さだ。

☐ **Your stationery must be *uniform* with this.** あなたの便箋はこれと**同型**でなければいけません。

関連語

articles of uniform weight 重さの等しい物品　**uniform acceleration** 等加速度
uniform motion 等速運動
uniformed *adj.* 制服を着た　**uniformed police officer** 制服警官
uniformity *n.* 同じであること、画一性
uniformity of views among the members メンバーの意見がそろっていること
uniformly *adv.* 一様に、一律に
⇨ 用例は「科学・技術例文」に示した。

科学・技術例文

☐ **The laboratory is required to keep a *uniform* temperature.** 実験室はい**つも一定の**温度に保たなければならない。

☐ **The stratum consists of *uniform* clay.** その地層は**均質な**粘土から成る。

☐ **It is improper and impossible as well for the government to enforce any *uniform* control or regulation on 500-plus television channels.** 500以上のテレビチャンネルについて、政府が**一元**管理や規制を強行するのは不適切であり不可能である。

☐ **The building is *uniform* with its neighbors in design.** そのビルは周囲と**同じ**デザインだ。

☐ **The graph shows a straight line, which means the motion is *uniform*, where the velocity is the same at all points of the motion, so the average velocity has the same value as the velocity at any time during this interval.** グラフは動きが**一定**であることを示す直線で表わされている。この場合、速度がその動きのどの時点でも等しく、したがって平均速度はこのあいだのどの時点における速度とも等しい値である。

☐ **It is essential that the procedure be applied *uniformly* to any cases.** どのようなケースにも**一律に**その手順が適用されることが重要だ。

U

unit /júːnɪt/

n. 単一体、構成単位、設備・装置（一式）、（尺度基準としての）単位、（学課目の）単位、1の位、単位元

基本例文

☐ **All living things are composed of basic *units* called cells.** あらゆる生物は細胞という基本**単位**からつくられている。

☐ **The CPU (Central Processing *Unit*) is one of the essential parts of a personal computer.** CPU（中央処理**装置**）はパソコンに不可欠な部品の一つだ。

☐ **The recommended load is 16 *units* each semester, which will give you a total of 128 *units* in eight semesters.** 推奨される学習量は毎学期16**単位**であり、8学期で計128**単位**取得することになる。

☐ **The number 53.8 has 8 tenths, 3 *units*, and 5 tens.** 53.8という数で0.1の位は8、**1の位**は3、10の位は5である。

U

関連語

「単位」を表わす **unit** の例

astronomical unit (AU) 天文単位

Kepler's third law can be used to calculate the value of an *astronomical unit*, the mean distance from the earth to the sun. 地球と太陽との平均距離である天文**単位**を計算するためにケプラーの第三法則を利用できる。

atomic (mass) unit 原子（質量）単位　　**imaginary unit** 虚数単位（記号 **i**）

SI unit 国際単位［国際単位系 **Système International d'Unités** の単位。7つの基本単位 (**base units**) とそれらから導かれる組立（誘導）単位 (**derived units**) とがある］

⇨ 用例は「科学・技術例文」に示した。

The *unit* circle, a circle with a radius of one and its center at (0, 0), is a good tool to understand the trigonometric functions. 半径1で中心を (0, 0) に置いた円である**単位**円は、三角関数を理解するためのよい道具である。

科学・技術例文

☐ **Intensive care *units* (ICUs) are specially staffed and equipped to provide comprehensive and continuous care for the patients.** 集中治療**室** (ICU) には、患者に常時包括的な看護を提供できるよう特別な人員と設備とがおかれている。

☐ **In principle, any physical quantity can be expressed in terms of only seven *SI* base *units*: length, mass, time, electric current, temperature, luminous intensity and amount of substance.** 原則的には、すべて物理量は長さ、質量、時間、電流、温度、光度、物質量というわずか7つのSI基本**単位**によって表現できる。

utilize /júːṭəlàɪz/

v. 利用する、役立てる

⇨ use, usual と同様、「使う」という意味の語根から派生している。use よりは文章語で、実用目的に利するという語感が強い。

基本例文

☐ **The old castle is *utilized* as a hotel.** その古城はホテルとして**利用され**ている。

☐ **Concrete was *utilized* as a building material during the Roman Empire.** ローマ帝国時代にコンクリートが建材として**用いられた**。

☐ **We must *utilize* our resources effectively.** 資源を効率的に**用い**なければならない。

関連語

utility *n.* 諸設備、公共事業（体）、有用性、ユーティリティープログラム（＝**utility program**）
utility knife 万能ナイフ　**utility pole** 電柱　**utility vehicle** 多用途車
⇨ 用例はほかに「科学・技術例文」に示した。

utilization *n.* 利用、設備使用率
CPU utilization CPU 使用率、CPU 負荷率

科学・技術例文

☐ **They *utilized* a stream for driving machinery.** 機械を動かすために彼らは水流を**利用した**。

☐ **They have developed a wireless communication device that *utilizes* Bluetooth technology.** 彼らはブルートゥース技術を**利用した**無線通信装置を開発した。

☐ **The researchers at the institute *utilize* state-of-the-art equipment for analyzing DNA.** その研究所の研究者たちは DNA を分析するのに最先端の装置を**使っている**。

☐ **Scientists have not been very successful in *utilizing* the full potential of solar power, and many researchers are striving to overcome this problem.** 太陽エネルギーの大部分は、あまりうまく**利用**できていない。多くの研究者たちはこの問題を克服しようと努力している。

☐ **This system *utilities* software helps your computer to stay in peak operating condition.** このシステム**ユーティリティー**のソフトはコンピュータを最適な動作状況に保つのに役立ちます。

value /vǽljuː/

n. 価値、価格、評価、［複数形で］価値観、数値、（化学の）～価

v. 尊重する、（高く）評価する、値をつける

基本例文

☐ **This picture has no market *value*.**　この絵は市場**価値**がない。

☐ **He gave her a painting with a *value* of at least $750,000.**　彼は彼女に少なくとも75万ドルの**値打ち**のある絵画を贈った。

☐ **The government sets a high *value* on education.**　政府は教育を**重視**している。

☐ **The younger generation has a different set of *values*.**　若い世代の人間は異なる**価値観**をもっている。

☐ **The house and land was *valued* at $2,000,000.**　家屋敷は200万ドルと**評価**された。

☐ **I *value* your friendship more than anything.**　何よりも君の友情が**大切**だ。

☐ **How long will it take for an investment to triple in *value* if it earns 8% interest compounded continuously?**　8%の利率でずっと複利なら、投資額が3倍の**価値**になるまでにどのくらいかかりますか。

関連語

value analysis 価値分析　**value engineering** 価値工学　**absolute value** 絶対値
face value 額面価格　**take something at face value** 額面どおりに受け取る
valuable *adj.* 高価な、貴重な、大切な　⇨ 用例は「科学・技術例文」に示した。
valued *adj.* 大事な、大切にされている
valuation *n.* 評価、見積もり価格
evaluate *v.* 評価する、（価値、状態などを）判断する［金額の査定には **value** を使う］
evaluation *n.* 評価すること

科学・技術例文

☐ **This type of explosion-proof calorimeter is widely used to measure the heating *value* of various fuel gases.**　このタイプの防爆の熱量計は、さまざまな燃料ガスの熱**価**を測定するのに広く使われている。

☐ **These *values* apply to both dry and wet use conditions.**　これらの**数値**は乾燥した状態で使用しても濡れた状態で使用しても適用されます。

☐ **Cardiac pacemakers are very *valuable* tools in the treatment of patients with heart disease.**　心臓ペースメーカーは心臓病患者の治療において非常に**有用な**器具である。

vary /vé(ə)ri/

v. 変わる、変える、変異する、変奏する、〜とは異なる、逸脱する

⇨ 変更、差異が生じることを意味する。まったく別のものに入れ替わるのではない。

⇨ DIFFER, MODIFY, TRANSFORM

基本例文

☐ **The recommended dose *varies* with age and weight.** 推奨される服用量は、年齢、体重によって**異なる**。

☐ **The homes in this neighborhood *vary* widely in size and price.** このあたりの住宅は、大きさと値段に、相当の**幅がある**。

関連語

variety *n.* 多様性、品種、変種

a variety of . . . いろいろな〜

a variety of steel 種々の鋼材

a variety of everyday devices さまざまな日常の機材

They tried a new recipe to add *variety* to their diet. 新しいレシピで、いつもの食事に**変化**をつけようとした。

⇨ 用例はほかに「科学・技術例文」に示した。

variation *n.* 変化、変動、変異、【数学】変分、偏差

[「変わること」「変化の度合い」「変異した個体」などを意味する]

calculus of variations 【数学】変分法　**seasonal variations** 季節による差（移り変わり）

variations in temperature 温度の変動

Variations on a Theme by Haydn「ハイドンの主題による変奏曲」

⇨ 用例はほかに「科学・技術例文」に示した。

variance *n.* 変動・異同（の大きさ）、食い違い、【統計学】分散

at variance with . . . 〜と矛盾して、不和で

⇨ 用例はほかに「科学・技術例文」に示した。

covariance *n.* 共分散

variant *n.* 変種、変異体

variant Creutzfeldt-Jakob disease（CJD） 変異型クロイツフェルト・ヤコブ病

varied *adj.* 変化に富んだ　**a varied life** いろいろなことのある人生

various *adj.* さまざまな、何種類もの　**various lives** 人それぞれの生き方

variable *adj.* 変わりやすい、可変の　*n.*【数学】変数

⇨ 用例は「科学・技術例文」に示した。

variability *n.* 可変性

科学・技術例文

☐ **X *varies* directly with Y and inversely with Z.** X は Y に比例し Z に反比例して**変化する**。

☐ **The *variety* in temperature in this country comes primarily from the**

V

***variance* in elevation between different areas, and the average temperature does not *vary* greatly with the season.** この国に存在する気温の**差**は、主に各地の高度**差**によるものであって、季節ごとに平均気温が**変わる**ということは少ない。

□ **A team of scientists has come up with a hypothesis to explain how this *variation* evolved.** ある研究チームが、この**変異**の過程を説明する仮説に達した。

□ **If the number of equations is less than the number of *variables*, the problem is underdetermined.** 方程式の数が**変数**の数より少ない時、その問題は劣決定である。

verify /vérəfàɪ/

v. 真実であることを証明する、立証する、事実を確認する
⇨「真実の」「ほんとうの」を意味する形容詞が語源。

基本例文

☐ **A chain of events has *verified* the reality of her pessimistic prediction.** 一連の出来事によって、彼女の悲観的な予測が**現実のものになって**しまった。

☐ **I spent several hours *verifying* the statistical figures.** 何時間もかけて、統計の数字を**確かめた**。

☐ **Let me *verify* your credentials.** 資格証明書が**本物かどうか確認**させてください。

関連語

verify calculations 検算する
verity *n.* 真実であること、真実性、［複数形で］正しい言明、真理
The new experimental results cast doubt on the *verity* of his hypothesis. 新しい実験結果によって、仮説の**正しさ**に疑問が投げかけられた。
verification *n.* 立証、検証、確認
The *verification* program is used to check the digitalized design layout of the circuit board to the original wire list. **確認**用プログラムは、デジタル化した回路板設計と元の配線表を照合するのに使う。

科学・技術例文

☐ **We hope that other findings will *verify* our conjecture.** 他の研究結果によって私たちの推論の**正しさが裏付けられる**ことを期待する。

☐ **In a new design, the engineers should *verify* the effects of dynamic stiffness on cutting performance experimentally.** 新たに設計する場合、技術者は切削性能に対する動剛性の効果を実験によって**立証**しなくてはならない。

☐ **The strength of the attachment has already been *verified* by a set of pull-off tests.** 取り付けの強さは一連の引き抜きテストによって**立証ずみ**である。

☐ **The difference can be *verified* by making current measurements on two ammeters.** 二つの電流計で電流を測定することにより、その差を**確かめる**ことが可能だ。

V

wave /wéɪv/

n. 波、波浪、波動、うねり
v. 波打つ、波動する、うねる、揺り動かす、ひるがえす

基本例文

☐ **The *waves* began to rise as soon as the sun set.** 日没とともに**波**が立ちはじめた。

☐ **A banner *waved* on the city walls.** その町の外壁に旗が**ひるがえっ**ていた。

☐ **They *waved* their arms wildly to attract her attention.** 彼女の注意を引くために両腕を激しく**振っ**た。

関連語

wave function 波動関数
wave meter 電波計、波長計
wave motion 波動
wave number 波数（波長の逆数）
Q wave（心電図の）Q 波
electromagnetic wave 電磁波
wavelength *n.* 波長
on the same wavelength (**as . . .**)（〜と）波長が合う（＝趣味や考え方が合う）
⇨ 用例はほかに「科学・技術例文」に示した。
waveform *n.* 波形
⇨ 用例は「科学・技術例文」に示した。
microwave *n.* マイクロ波　**microwave oven** 電子レンジ

科学・技術例文

☐ **These small ripples, formed as wind passes over the water's surface, grow exponentially and form fully developed *waves*.** 風が水面を渡る時つくられる小さなさざ波が指数関数的に増大し、完全な大きさの**波**になる。

☐ **After you have found the approximate *wavelength*, use this knob for fine adjustment.** ほぼ近い**波長**を見つけたら微調整にはこのつまみを使いなさい。

☐ **If you know the frequency of a *wave* and its *wavelength*, you can find its velocity.** **波**の周波数と**波長**がわかれば速度がわかる。

☐ **An oscilloscope is commonly used to observe the *waveform* of electrical signals.** オシロスコープは電気信号の**波形**を観察するためによく用いられる。

weight /wéɪt/

n. 重さ、重量、重力、重圧、負担、重い物（物体）、おもり、影響力、重要さ
v. ～の重さを計る、重さを加える、重要性（価値）を付加する

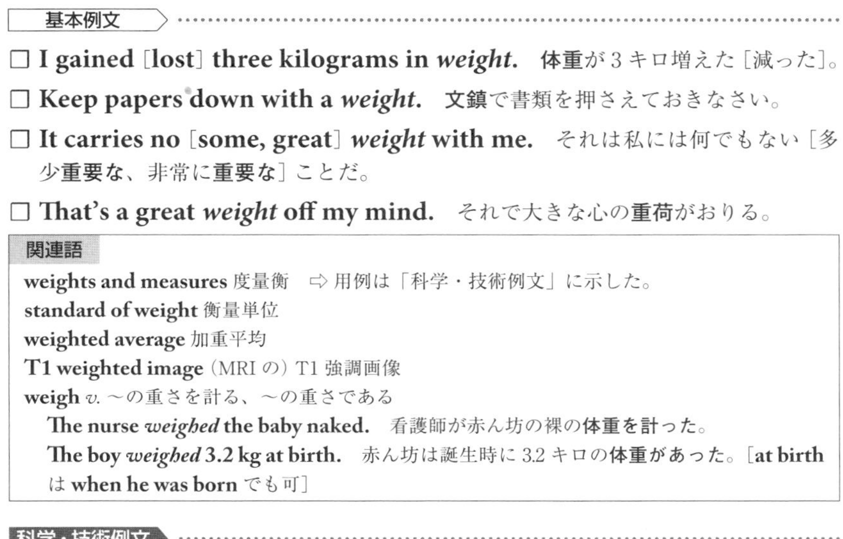

基本例文

☐ **I gained [lost] three kilograms in *weight*.** **体重**が3キロ増えた［減った］。

☐ **Keep papers down with a *weight*.** **文鎮**で書類を押さえておきなさい。

☐ **It carries no [some, great] *weight* with me.** それは私には何でもない［多少**重要な**、非常に**重要な**］ことだ。

☐ **That's a great *weight* off my mind.** それで大きな心の**重荷**がおりる。

関連語

weights and measures 度量衡　⇨ 用例は「科学・技術例文」に示した。
standard of weight 衡量単位
weighted average 加重平均
T1 weighted image（MRIの）T1強調画像
weigh *v.* ～の重さを計る、～の重さである
　The nurse *weighed* the baby naked. 看護師が赤ん坊の裸の**体重を計**った。
　The boy *weighed* 3.2 kg at birth. 赤ん坊は誕生時に3.2キロの**体重があ**った。［**at birth** は **when he was born** でも可］

科学・技術例文

☐ **These pillars cannot support the *weight* of the roof.** これらの柱では屋根の**重み**を支えられない。

☐ ***Weight* is the measurement of the pull of gravity on an object, while mass is that of the amount of matter it contains.** **重量**は物体にかかる引力の尺度であるのに対して、質量はその中に含まれる物質の量の尺度である。

☐ **The *weight* of oxidized metal is supposed to be proportionate to the *weight* of metal before oxidation.** 酸化した金属の**重量**は酸化前の金属の**重量**と比例すると考えられている。

☐ **The unladen *weight* of a vehicle is its own *weight* when free of any load.** 自動車の空荷の**重量**とは何も積まない場合の自**重**のことである。

☐ **To prevent commercial fraud, standard definitions of *weights and measures* are used.** 商取引における不正を防ぐために、基準となる**度量衡**が定められている。

W

yield /jíːld/

v. 生む、許す、あたえる、譲る、(秘密などを) 明らかにする、(努力などに対して) 報酬をもたらす、産する、屈服する、従う

n. 生産 (量)、収量、収率 (化学過程において、理論的に得られるはずの量に対する実際に得られた量の百分率)、(特に核爆発による) エネルギーの放射量

基本例文

☐ **Investments *yield* a profit.** 投下資本は利潤を**生む**。

☐ **His speech *yielded* only one good laugh.** 彼の話は一度しか皆の笑いを**誘い出さ**なかった。

☐ **The king *yielded* them citizenship. = The king *yielded* citizenship to them.** 王は彼らに市民権を**あたえた**。

☐ **The door *yielded* to a strong push.** ぐいと押すとドアは**あいた**。

☐ **She *yields* to no one in her respect for the law. = She *yields* to none in her respect for the law.** 法律を重んじる点では彼女は誰にも**負けない**。

関連語

yield stress【物理】降伏応力［降伏点 (**yield point**) の上限での応力］

high-yield *adj.* 多産の

⇨ 用例は「科学・技術例文」に示した。

科学・技術例文

☐ **Mines *yield* ore.** 鉱山は鉱石を**産する**。

☐ **The universe will never *yield* up its secrets.** 宇宙はその秘密を**明かす**ことはないだろう。

☐ **This land *yields* good crops.** この土地から作物が豊富に**とれる**。

☐ **Cotton can be treated to *yield* many kinds of products.** 綿は加工すると種々の製品が**できる**。

☐ **Ice *yields* to heat.** 氷は熱で**溶ける**。

☐ **The ground *yielded* under strong pressure.** 地面は強い圧力で**へこんだ**。

☐ **It is estimated that this enzymatic *high-yield* hydrogen production method will have a great impact on the future hydrogen and carbohydrate economy.** この酵素によって**大量**に水素を発生させる方法は、将来の水素と炭水化物の効率的な運用に大きなインパクトをあたえることが予想される。

Y

索　　引

・本書の見出しと関連語から抽出した。
・見出し語は太字で記した。

F

G

H

I

ダウンロード音声について

本書収録のリスニング音声は、研究社のホームページ(www.kenkyusha.co.jp)から、以下の手順で無料ダウンロードできます(MP3 データ)。

(1) 研究社ホームページのトップページで「音声ダウンロード」をクリックして「音声データダウンロード書籍一覧」のページに移動してください。
(2) 移動したページの「東工大英単　科学・技術例文集　新装版」の紹介欄に「ダウンロード」ボタンがありますので、それをクリックしてください。
(3) クリック後、ファイルのダウンロードが始まります。ダウンロード完了後、解凍してご利用ください。

音声ファイルの内容は、以下のとおりです。
DOWNLOAD ▶ 001–245
PRACTICE ▶ 001–245 ★(各文のあとに繰り返し発話練習できるように 6〜8 秒入っています)

※

DOWNLOAD と PRACTICE のトラック 1 とトラック 245 には、東京工業大学のサウンドロゴを使用しております。
このサウンドロゴにつきましては、以下の URL をご覧ください。
https://www.titech.ac.jp/public-relations/about/overview/logo/audio-logo

東京工業大学（Tokyo Institute of Technology）

1881 年（明治 14 年）、東京職工学校として創立され、140 年の歴史を持つ国内最高峰の国立理工系総合大学。6 つの学院（理学院、工学院、物質理工学院、情報理工学院、生命理工学院、環境・社会理工学院）があり、学士課程、大学院合わせて約 1 万人の学生と教職員約 3600 人を有する。

学部と大学院を統一した「学院」は、学士課程（※学部相当）と修士課程、修士課程と博士後期課程の教育カリキュラムが継ぎ目なく学修しやすく設計された教育体系を持つ。これにより、学生は入学時から大学院までの出口を見通すことができ、自らの興味・関心に基づく多様な選択・挑戦を可能としている。理工学分野における研究者および教育者、さらには産業界における技術者および経営者として世界に通用する人材を育成するため、学院での理工系専門教育とともに、リベラルアーツ研究教育院による学士課程入学直後の「東工大立志プロジェクト」を皮切りとした充実した人文・社会系科目群を揃えている。

また、科学技術創成研究院には、それぞれ明確なミッションを持つ研究所、研究センター、小規模のチームで最先端の研究を行う研究ユニットを設置し、新たな研究領域の創出、異分野融合研究の推進、人類社会の問題の解決、将来の産業基盤の育成、産学連携の強化などを使命として、生命科学、化学、材料、エネルギー、電子情報、機械、防災など幅広い分野で先導的な研究を行っている。

学生の約 17% が留学生であり、海外の 100 以上の大学等と協定を結び、5 つの海外拠点を持ち、学生・研究員・教職員の国際連携を活発に行なっている。国際化時代に対応した異文化理解と高度な外国語運用能力の育成には、リベラルアーツ研究教育院があたっている。

東京工業大学は、世界を舞台に科学技術の分野で活躍できる人材の輩出と地球規模の課題を解決する研究成果によって社会に寄与し、「世界最高の理工系総合大学」の実現を目指す。

公式 URL: https://www.titech.ac.jp/

編集協力

東京工業大学　研究・産学連携本部
東京工業大学　総務部　広報課

調査・照合

米本静子・井上毅郎

カバーのつばめキャラクター（名称：工太郎）・デザイン
株式会社アレフ・ゼロ

東工大英単(とうこうだいえいたん)
科学(かがく)・技術例文集(ぎじゅつれいぶんしゅう)
新装版(しんそうばん)

Practical English Expressions for Science and Technology

●2021年7月30日　初版発行●

●著者●
東京工業大学(とうきょうこうぎょうだいがく)

発行者 ● 吉田　尚志

発行所 ● 株式会社　研究社

〒102-8152　東京都千代田区富士見2-11-3
電話　営業03-3288-7777（代）　編集03-3288-7711（代）
振替　00150-9-26710
https://www.kenkyusha.co.jp/

装丁 ● 久保和正

本文デザイン ● （株）シータス＋亀井昌彦

CD ナレーション ● Peter Serafin＋Xanthe Smith（Golden Angel Studio）

印刷所 ● 研究社印刷株式会社

音声編集・製作 ● 東京録音・左右田勇志

ISBN 978-4-327-45301-5　C7082　Printed in Japan